Fritz Schulze

Lehrbuch Indonesisch

Fritz Schulze

Lehrbuch Indonesisch

2024
Harrassowitz Verlag · Wiesbaden

Bibliografische Information der Deutschen Nationalbibliothek
Die Deutsche Nationalbibliothek verzeichnet diese Publikation in der Deutschen Nationalbibliografie; detaillierte bibliografische Daten sind im Internet über https://dnb.de abrufbar.

Bibliographic information published by the Deutsche Nationalbibliothek
The Deutsche Nationalbibliothek lists this publication in the Deutsche Nationalbibliografie; detailed bibliographic data are available on the internet at https://dnb.de.

Informationen zum Verlagsprogramm finden Sie unter
https://www.harrassowitz-verlag.de

Gedruckt auf alterungsbeständigem Papier.
Druck und Verarbeitung: docupoint, Magdeburg
Printed in Germany
ISBN 978-3-447-12260-3

Inhalt

Vorwort

Das vorliegende Lehrbuch Indonesisch ist das Ergebnis vieljährigen Sprachunterrichts im universitären Umfeld, vor allem der Georg-August-Universität Göttingen. Hauptzielgruppe ist damit ein vorwiegend akademisches Publikum, aber keineswegs nur Studierende des Indonesischen bzw. der Südostasienwissenschaften und verwandter Fächer, sondern Studierende eines breiten Spektrums an Fächern, denen indonesische Sprachkenntnisse aus den verschiedensten Gründen für den weiteren akademischen Weg wichtig und hilfreich waren. In Göttingen zählten dazu unter anderem Islamwissenschaft, Ethnologie, Sprachwissenschaften und viele mehr. Entsprechend ist der Aufbau des Kursus sehr systematisch und grammatikorientiert. Das hat den Vorteil, dass das Lehrbuch auch zum Nachschlagen und zur Revision bereits erworbener Kenntnisse genutzt werden kann. Dem dient auch ein sehr ausführliches Inhaltsverzeichnis, in dem die einzelnen grammatischen Elemente schnell aufgefunden werden können.

Die 19 Lektionen, ergänzt durch einige Aufbautexte, sollen die Lernenden befähigen, in den verschiedenen Domänen der Sprache passive und aktive Fertigkeiten zu erwerben. Dazu gehören Lesen, Hörverständnis, Sprechen und Schreiben. Am Ende dieses auf grundsätzlich zwei Semester angelegten Kursus (selbstredend auch abhängig von der investierten Wochenstundenzahl) steht das Sprachniveau A2 bis B1. Der Aufbau aller Lektionen ist grundsätzlich gleich. Sie beginnt mit einem Grammatikteil, gefolgt von einem alphabetischen Vokabelverzeichnis, welches die in der Grammatik und die im folgenden Textteil neu eingeführten Wörter umfasst. Der Textteil beinhaltet, wenngleich mit von Lektion zu Lektion unterschiedlichen Gewichtungen, sowohl Fließtexte als auch Dialoge. Dadurch werden die Unterschiede zwischen geschriebener und gesprochener Sprache verdeutlicht. Auf den Text folgen Übungen, in denen die neuen grammatischen Elemente neben den neuen Vokabeln eingeübt werden. Es folgt zum Schluss ein Übungstext, der ausschließlich bereits erlernte Elemente noch einmal in Textform aufnimmt. Die vier Aufbautexte in Lektion 20 sollen das Vokabular einiger wichtiger Wortfelder vorstellen, dienen also der Wortschatzerweiterung. Der folgende Schlüssel zu den Übungen dient auch dazu, ein Selbstlernen zu erleichtern. Am Schluss findet sich ein Gesamtwörterverzeichnis. Bei jedem Lexem ist angegeben, in welcher Lektion das betreffende Wort eingeführt wird und erleichtert somit auch hier ein Nachschlagen.

Dieses Lehrbuch wäre nicht denkbar ohne den Input seitens derer, die am Unterricht teilgenommen haben sowie von Kollegen einschließlich Muttersprachler, denen ich viele Ratschläge verdanke. Ihnen allen mein herzlicher Dank. Ich möchte hier nicht einzelne Personen nennen, um das Gleichheitsprinzip nicht zu verletzen. Ich möchte lediglich meine Frau Erlina erwähnen, die das Projekt mit viel Geduld begleitet hat und die sich der Mühe unterzogen hat, hauptsächlich die indonesischen Textteile einer sprachlichen Revision zu unterziehen.

Selamat belajar!

Indonesisch – einleitende Bemerkungen

Das Indonesische (Bahasa Indonesia) ist die Staatssprache der Republik Indonesien. Die meisten der mehr als 270 Millionen Einwohner können diese Sprache zumindest rudimentär verstehen und sprechen. Indonesisch ist die Amtssprache im ganzen Land. Sie ist ferner Sprache der Medien und der Literatur, wird in den Schulen als Unterrichtssprache verwendet und ist auch Sprache der Wissenschaft an den Hochschulen. Somit ist sie in allen sprachlichen Domänen vertreten und allgemein verbreitet.

Neben dem Indonesischen existieren in Indonesien hunderte Lokalsprachen, die in der Regel an spezifische Ethnien gebunden sind. Die Regionalsprachen haben in einigen Regionen den Status einer Alltagssprache beibehalten. Und einige dieser Regionalsprachen werden auch auf verschiedenen Ebenen, vor allem der Literatur, gepflegt. Dazu zählen unter anderem das Javanische, Sundanesische und das Balinesische, welche die größten Regionalsprachen darstellen.

Das Indonesische beruht auf dem traditionellen Malaiisch, das in einer spezifischen Form in früheren Zeiten als Lingua Franca an den Küsten des ganzen Archipels und darüber hinaus verwendet wurde. Die Wahl des Malaiischen/Indonesischen zur zukünftigen Staatsprache war eine bewusste Entscheidung der nationalen Bewegung in den 1920er Jahren gewesen. Man wollte unter anderem vermeiden, die Sprache der größten Ethnie, der Javaner, zur Staatssprache zu machen, um auf diese Weise den Zusammenhalt aller Indonesier zu fördern.

Das Indonesische gehört, wie auch die allermeisten Regionalsprachen, zur austronesischen Sprachfamilie, deren Sprachen im ganzen insularen Südostasien, auf den pazifischen Inseln und sogar auf Madagaskar vorherrschend sind. Lediglich die Papuasprachen im Osten des Landes bilden eine substantielle Ausnahme.

Indonesisch wird heute mit dem lateinischen Alphabet geschrieben. Malaiisch wurde in Niederländisch-Indien bis Ende des 19. Jahrhunderts mit dem arabischen Alphabet geschrieben, das um einige Zusatzzeichen erweitert war; in religiösen Schriften auch noch länger.

Struktur, Betonung und Aussprache

Das Indonesische besteht aus Grundwörtern und abgeleiteten Wörtern. Die Grundwörter haben oft keine eigene Bedeutung, sondern repräsentieren ein semantisches Feld, innerhalb dessen durch abgeleitete Wörter konkrete Bedeutungsträger gebildet werden. Dies geschieht nicht durch Flexionen, sondern durch Affigierung in Form von Präfixen (auch in Kombination), Suffixen und Zirkumfixen sowie Reduplikationen.

Die Grundwörter bestehen meistens aus zwei, seltener drei Silben. Die Silben können offen oder geschlossen in verschiedenen Kombinationen sein. Am häufigsten sind: K(onsonant)-V(okal)-K-V-K, K-V-K-K-V-K, K-V-K-V. Konsonantenbündel in derselben Silbe kommen allenfalls in Fremdwörtern vor.

Die Betonung ist insgesamt schwach und liegt auf der vorletzten Silbe. Lediglich wenn die vorletzte Silbe offen ist und ein Schwa (s. u.) als Vokal hat, rutscht die Betonung auf die letzte Silbe.

Das Indonesische unterscheidet prinzipiell nicht zwischen langen und kurzen Vokalen. Variationen können sich lediglich aus der Stellung im Wort ergeben. Die Länge der Vokale liegt in etwa zwischen einem kurzen und einem langen Vokal im Deutschen, obschon es Variationen je nach Position im Wort gibt oder bedingt durch Intonation.

Aussprache der Vokale, Diphtonge und Konsonanten

1. Vokale

Das Indonesische kennt fünf Buchstaben für Vokale: a, e, i, u, o. Davon repräsentiert nur einer zwei bedeutungsunterscheidende Laute, nämlich das e. Die Aussprache aller anderen Vokale kann zwar je nach Stellung in Wort oder Silbe variieren, aber nicht im bedeutungsunterscheidenden Sinn.

Im Einzelnen handelt es sich um:

a	/a/	wie deutsches „a“, z.B. in *kata*
e	/e/	wie deutsches „e“ in Beet, nur kürzer, z.B. *peta*; dieser Vokal kann sich, je nach Stellung im Wort, lautlich nach /ɛ/ wie im Deutschen „wenn“ verschieben, z.B. in *loket*
	/ə/	sprachwissenschaftlich Schwa genannt, wie der letzte Vokal im deutschen Wort „Ratte“, z.B. *kentang.* Dieser Laut kann, im Gegensatz zu anderen Vokalen, bisweilen sehr kurz ausgesprochen werden.
		/e/ bzw. /ɛ/ und /ə/ sind bedeutungsunterscheidend; die Aussprache muss mit den Vokabeln gelernt werden. Zur Unterscheidung von /e/ und /ə/ ist in den Vokabellisten der Lektionen sowie im Wortregister das /e/ durch Akzent (é) kenntlich gemacht.
i	/i/	wie im deutschen „wieder“, nur kürzer, z.B. *pintu*
u	/u/	wie im deutschen „stumm“, nur länger, z.B. *buku*
o	/o/	wie im deutschen „Bohne“, nur kürzer, z.B. *toko*; dieser Vokal kann sich, je nach Stellung im Wort, lautlich nach /ɔ/ wie im deutschen „kochen“ verschieben

2. Diphtonge

Das Indonesische kennt zwei Diphtonge:

au	/aw/	wie im deutschen „Stau“, z.B. *mau*
ai	/ay/	wie im deutschen „Seil“, z.B. *santai*

3. Konsonanten

Als Konsonantenzeichen gibt es im Indonesischen b, c, d, f, g, h, j, k, l, m, n, p, r, s, t, v, w, y, z. Davon kommen f, v und z nur in Lehnwörtern vor. Ferner gibt es die Buchstabenkombinationen ny, ng, sy und kh, die letzten beiden ebenfalls nur in Lehnwörtern.

Folgende Buchstaben geben andere Laute als in der deutschen Schrift wieder oder weichen in der Aussprache signifikant von der deutschen ab (Es werden die Zeichen des Internationalen Phonetischen Alphabets IPA verwendet):

c	/ t͡ʃe/	ähnlich dem englischen „witch“, zwischen dem deutschen tj und tsch, z.B. cari
j	/d͡ʒ/	ähnlich dem englischen „joke“, z.B. jangan
r	/r/	immer gerollt, z.B. rugi
w	/w/	immer bilabial wie im englischen „water“, z.B. bawa
h	/h/	wird auch im Auslaut ausgesprochen, z.B. tanah
s	/s/	immer stimmlos wie in „Bus“, z.B. sama
sy	/ʃ/	wie das deutsche „Schiene“, z.B. syukur
kh	/x/	wie im deutschen „Bach“, niemals wie „ich“, z.B. akhir
ng	/ŋ/	wie im deutschen „Wange“, z.B. bunga
ny	/ɲ/	wie im spanischen „niño“, z.B. banyak

v	/v/	labiodental wie im deutschen „W̲ind“, bisweilen in Richtung f, z.B. visa
z	/z/	wie stimmhaftes deutsches s wie in „S̲uppe“, nie wie deutsches z, z.B. zaman
y	/j/	wie deutsches j in „J̲agd“, z.B. bayi

Der Stimmlippenverschlusslaut (glottal stop) bedarf größerer Aufmerksamkeit. Er erscheint zwischen zwei gleichen Vokalen, z.B. bei *maaf* (= maʔaf), d.h. nach dem ersten Vokal erfolgt ein Stimmeinsatz. Er erscheint auch am Silbenende und wird dann mit *k* wiedergegeben, z.B. *duduk* = duduʔ. Damit gibt auch das *k* zwei verschiedene Laute wieder, die aber durch die Stellung in der Silbe eindeutig sind.

Das indonesische Alphabet

Das indonesische Alphabet folgt dem Latein-Standardalphabet. Die alphabetische Reihenfolge und die Bezeichnungen für die Buchstaben sind wie folgt:

A a	a	I i	i	R r	er
B b	be	J j	je	S s	es
C c	ce	K k	ka	T t	te
D d	de	L l	el	U u	u
E e	e	M m	em	V v	ve
F f	ef	N n	en	W w	we
G g	ge	O o	o	Y y	ye
H h	ha	P p	pe	Z z	zet

Ofiziell existieren daneben auch die Buchstaben „q“ „x“. Sie werden allerdings ausschließlich in deutlich als solche zu erkennenden Fremdwörtern benutzt.

Lektion 1

I. Grammatik

1. Wortbildung und Wortarten - Grundsätzliches

Im Indonesischen gibt es Grundwörter, die eine eigenständige Bedeutung haben können, aber nicht müssen. Die Grundwörter repräsentieren ein semantisches Feld, das durch die Affigierungen differenziert wird. Wortbildungen erfolgen somit im Allgemeinen durch Affigierung dieser Grundwörter. Soweit Grundwörter eine eigenständige Bedeutung haben, kann diese mehrfach sein. *Sampai* kann zum Beispiel sowohl „ankommen" heißen wie auch „bis". In vielen Fällen ist diese Mehrdeutigkeit aber ein Ergebnis von Kategorisierungen von Wortarten, die der europäischen grammatischen Tradition entlehnt ist.

Grundsätzlich können wir je nach Affigierung oder syntaktischer Stellung auch von Substantiven, Verben, Adjektiven, Pronomen, Adverbien etc. ausgehen, obgleich diese Kategorisierung die Sprachstruktur nicht exakt trifft und eher der adäquaten Sprachvermittlung dient.

Im weiteren Verlauf wird, trotz aller Problematik, auch weiterhin auf diese Traditionen zurückgegriffen, um einen leichteren Zugang zur Grammatik des Indonesischen zu gewährleisten. Dass dieser Ansatz nicht linguistisch-wissenschaftlich ist, wird im Rahmen dieses Lehrbuches in Kauf genommen.

Die Affixe bestehen aus Präfixen (auch in Kombination), Suffixen und Zirkumfixen. Letztere setzen sich aus der Kombination von Prä- und Suffixen zusammen. Praktisch nie lässt sich das ganze Repertoire von Affixen auf ein einziges Grundwort anwenden.

Grundwort	+ Affigierung(en)	= abgeleitetes Wort
(semantisches Feld)	(Präfixe, Suffixe, Zirkumfixe)	(konkreter Bedeutungsträger)

Als Paradigma für verschiedene Affigierungen soll das Grundwort *beli* dienen:

beli	(Grundwort ohne eigene Bedeutung; semantisches Feld „kaufen")
membeli	kaufen
belian	Kaufware
pembeli	Käufer
pembelian	Kauf

membelikan	für jmdn. etw. kaufen
dibeli	gekauft
terbeli	kaufen können; aus Versehen gekauft

Weder die Grundwörter noch ihre abgeleiteten Formen werden flektiert. Das heißt, es gibt weder Konjugationen noch Deklinationen.

> Wichtig für den Gebrauch von Wörterbüchern:
>
> Der Haupteintrag besteht in den meisten gedruckten Wörterbüchern in Form des Grundwortes, im obigen Beispiel also *beli* und nicht *membeli*. Alle abgeleiteten Wortformen sind unter diesem Haupteintrag *beli* zu finden.

Alle Wortarten werden klein geschrieben. Ausnahmen sind lediglich Namen oder spezifische Personenbezeichnungen, vor allem in der Anrede.

2. Satzstellung

Die übliche Satzstellung ist Subjekt-Prädikat(-Objekt). Beispiel:

Subjekt	Prädikat	(Objekt)
Saya	makan	coklat.
Ich	essen	Schokolade.
Ich	esse	Schokolade.

Bei Fokussierungen bzw. Betonung von bestimmten Satzteilen kann davon aber – wie auch im Deutschen – abgewichen werden.

Zur Beachtung: Im einfachen Zustandssatz fehlt die Kopula, d.h. im Deutschen das Wort „sein". Beispiel:

Subjekt	Prädikatsnomen
Saya	besar.
Ich	groß
Ich	bin groß.

Anmerkung: In komplexeren Satzkonstruktionen kann bzw. muss zum Zwecke der Satzklarheit das deutsche „sein" durch eine spezifische Konstruktion wiedergegeben werden (s. Lektion 3).

3. Modalverben

Zu den Modalverben gehören:

mau	- wollen
suka	- gerne mögen/etw. gern tun
bisa	- können

Stellung der Modalverben:

Modalverben stehen vor dem Verb und werden nicht von ihm getrennt. Beispiel:

Subjekt	Modalverb + Verb	
Dia	mau	makan.
Er	wollen	essen
Er	will essen.	

4. Negation

Im Indonesischen werden die zwei Wörter *tidak* und *bukan* zur Negation verwendet. Die Verneinung steht stets vor dem zu verneinenden Wort. Entscheidend ist dabei, was verneint wird:

tidak	*bukan*
- Verben - Adjektive	- Substantive - Sinnzusammenhänge

a. Negation mit *tidak*

Verben und Adjektive werden mit *tidak* negiert. Die Verneinung steht vor dem verneinten Verb bzw. Adjektiv. Beispiel:

Dia tidak makan.
Sie /Negation/ essen
Sie isst nicht.

Saya tidak kecil.
Ich /Negation/ klein
Ich bin nicht klein.

Bei einer Verneinung mit Modalverb gilt weiter, dass Modalverb und Verb nicht voneinander getrennt werden. Im Gegensatz zum Deutschen steht die Verneinung entsprechend vor dem Modalverb. Beispiel:

Dia tidak mau makan.
Sie /Negation/ wollen essen
Sie will nicht essen.

b. Negation mit *bukan*

Mit *bukan* werden Substantive und ganze Sinnzusammenhänge verneint. Auch hier steht die Verneinung vor dem negierten Wort.

Saya bukan laki-laki.
Ich /Negation/ Mann
Ich bin kein Mann.

Siti	makan	di dapur,	bukan	di kamar mandi.
Siti	essen	in Küche	/Negation/	in Badezimmer

Siti isst in der Küche, nicht im Badezimmer.

Anmerkung: *bukan* wird in diesem Sinne auch in der Bedeutung von „nicht wahr?“ angewendet und steht dann am Satzende:

Dia kecil, bukan?
Er ist klein, nicht wahr?

5. Entscheidungsfragen und Fragepartikel apa/apakah

a. Entscheidungsfragen können durch die Intonation ausgedrückt werden. Beispiel:

Dia suka makan pisang. — Die Betonung liegt auf suka.
Er isst gerne Bananen.

Dia suka makan pisang? — Die Betonung liegt auf pisang.
Isst er gerne Bananen?

b. Durch die Verwendung der Fragepartikel *apa* oder *apakah* am Satzanfang ist der Fragesatz eindeutig. Beispiel:

Apa/apakah dia suka makan pisang?
Isst er gerne Bananen?

Die Antwort auf Entscheidungsfragen erfolgt positiv mit *ya* oder, entsprechend der unter 4. eingeführten Regeln, negativ mit *tidak* bzw. *bukan*. Beispiele:

ya - tidak	
(Apa/Apakah) dia mau minum teh? Möchte er/sie Tee trinken?	- Ya, dia mau minum teh. - Tidak, dia tidak mau minum teh.
(Apa/Apakah) dia kecil? Ist er/sie klein?	- Ya, dia kecil. - Tidak, dia tidak kecil.
(Apa/Apakah) dia di rumah? Ist er/sie zu Hause?	- Ya, dia di rumah. - Tidak, dia tidak di rumah.

ya - bukan	
(Apa/Apakah) saya laki-laki? Bin ich ein Mann?	Ya, saya laki-laki. Bukan, saya bukan laki-laki.

6. Aspekt-Marker

Im Indonesischen gibt es keine grammatischen Zeiten. Wichtig ist aber die Bildung von Aspekten. Das heißt, es wird angegeben, ob eine Handlung abgeschlossen, noch nicht abgeschlossen oder erfolgt ist, ob sie gerade im Verlauf ist oder erst in der Zukunft (s. Lektion 6) stattfinden wird. Die Kenntlichmachung der Aspekte erfolgt durch Aspekt-Marker. Die wichtigen sind:

Aspekt-Marker	Aspekt der Handlung	Übersetzung
sudah	abgeschlossen	bereits/schon
sedang	im Verlauf sein	dabei sein etw. zu tun
masih	noch dabei sein	noch
belum	noch nicht erfolgt	noch nicht

a. Stellung und Verwendung

Aspekt-Marker stehen vor dem Verb. Beispiel:

Dia sudah bangun.
Er ist bereits/schon aufgestanden.

Dia sedang bangun.
Er ist dabei aufzustehen/steht gerade auf.

Dia masih tidur.
Er schläft noch.

Dia belum bangun.
Er ist noch nicht aufgestanden.

Aspekt-Marker werden auch bei Adjektiven eingesetzt:

Siti masih kecil.
Siti ist noch klein.

Fatimah sudah besar.
Fatimah ist schon groß.

b. Aspekt-Marker in Entscheidungsfragen

Die Aspektmarker *masih* und *sudah* werden in der Bejahung entsprechender Enscheidungsfragen aufgegriffen. In diesen Fällen braucht man nicht, wie im Deutschen, „ja“ verwenden. Die Verneinung von *sudah* erfolgt mit *belum*. Beispiel:

<table>
<tr><th>Entscheidungsfrage mit Aspekt-Marker</th><th>+/-</th><th>Anwort mit Aspekt-Marker</th></tr>
<tr><td rowspan="2">Dia masih tidur?
Schläft sie noch?</td><td>+</td><td>- Masih, dia masih tidur.
- Ja, sie schläft noch.</td></tr>
<tr><td>-</td><td>- Tidak, dia sudah bangun.
- Nein, sie ist schon aufgestanden.</td></tr>
<tr><td rowspan="2">Dia sudah bangun?
Ist er schon aufgestanden?</td><td>+</td><td>- Sudah, dia sudah bangun
- Ja, er ist schon aufgestanden.</td></tr>
<tr><td>-</td><td>- Belum, dia belum bangun.
- Nein, er ist noch nicht aufgestanden.</td></tr>
</table>

II. Vokabeln

anak	Kind
apa/apakah	(Fragepartikel)
atau	oder
ayah	Vater
bangun	aufstehen
belum	noch nicht
bersih	sauber
besar	groß
bisa	können (Modalverb)
bukan	kein (Negation von Nomen); nicht (Negation von ganzen Sinnzusammenhängen);
coklat	Schokolade

dan	und
dapur	Küche
di	in, an, auf
dia	er/sie/es
duduk	sitzen, sich setzen
haus	durstig
ibu	Mutter
juga	auch; ebenfalls
kamar	Zimmer
kamar mandi	Badezimmer
kamar tidur	Schlafzimmer
kamar tamu	Wohnzimmer
kecil	klein
kopi	Kaffee
lapar	hungrig
makan	essen
mandi	baden, duschen
masih	noch
masuk	eintreten, eintreten in, etw. betreten; hereinkommen
mau	wollen
méja	Tisch
méja makan	Esstisch
meréka	sie (Pl.)
minum	trinken
mulai	beginnen
nasi	Reis (gekocht)
perempuan	Frau; weiblich
pisang	Banane
rapi	ordentlich, geordnet
sarapan	frühstücken; Frühstück
saya	ich
sayur	Gemüse
sedang	dabei sein etw. zu tun
sekarang	jetzt
selalu	immer
selesai	abgeschlossen, fertig; mit etw. fertig sein, etw. beendet haben
semua	alle, alles
siap	fertig, bereit
sudah	bereits
suka	mögen, etw. gerne tun
tamu	Gast
téh	Tee
telur	Ei
tidak	nicht, /Negation von Verben und Adjektiven/; nein
tidur	schlafen
untuk	für; um zu

ya	ja

III. Text – Sarapan

Ayah:	„Apakah Siti sudah bangun?“
Ibu:	„Sudah, dia sudah bangun. Dia sedang mandi di kamar mandi.“
Ayah:	„Apakah Fatimah sudah di dapur atau masih di kamar tidur?“
Ibu:	„Sudah. Dia duduk di meja sedang sarapan.“
Ayah:	„Saya juga mau sarapan. Kopi sudah siap?“
Ibu:	„Belum. Kopi belum siap. Tidak mau minum teh?“
Ayah:	„Tidak. Saya tidak suka minum teh. Siti dan Fatimah suka minum teh?“
Ibu :	„Ya, suka.“

Ayah duduk di meja makan dan mulai sarapan. Ibu belum mau sarapan. Dia belum lapar dan haus. Sekarang Siti juga sudah selesai mandi dan masuk dapur untuk mulai sarapan. Mereka makan nasi, sayur dan telur*. Siti masih kecil. Fatimah sudah besar. Mereka selalu makan di dapur, bukan di kamar tamu. Semua kamar rapi dan bersih.

Beantworten Sie folgende Fragen zum Text:

1) Apakah Siti sudah bangun?
2) Apakah ayah mau sarapan?
3) Apakah Siti dan Fatimah suka minum teh?
4) Apakah ayah, ibu, Siti dan Fatimah makan di kamar tamu?
5) Apakah kopi sudah siap?
6) Apakah Fatimah masih di kamar tidur?
7) Apakah semua kamar rapi dan bersih?

---

* Anmerkung: Bei *telur* handelt es sich um einen Gattungsplural. Das Wort kann entsprechend nicht nur für Singular, sondern auch für Plural stehen (zum Plural s. Lektion 3).

IV. Übungen

1. Übersetzen Sie ins Deutsche:

a) Siti sedang mandi.
Fatimah mau sarapan.
Ayah sudah sarapan.
Dewi tidak bisa tidur.
Ayah mulai tidur.
Fatimah selalu makan coklat.

b) Ibu suka minum teh.
Ayah tidak suka minum kopi.
Fatimah perempuan, bukan laki-laki.
Siti tidak mau makan coklat dan pisang.
Fatimah tidak mau bangun.
Ibu tidak bisa tidur.
Ayah duduk di dapur, bukan di kamar tidur.
Kamar mandi tidak rapi dan bersih.
Saya tidak mau makan.

c) Apakah ibu suka makan coklat?
Apakah Siti mau mandi?
Apakah ibu laki-laki?
Apakah Siti dan Fatimah duduk di meja?
Apakah ayah suka minum teh?

d) Ayah sedang makan.
Saya belum haus dan lapar.
Ibu mulai makan coklat.
Fatimah sudah mandi.
Siti belum bangun.
Sarapan belum siap.

e) Apa Widya suka makan pisang atau nasi?
Apakah sarapan sudah siap? - Belum, sarapan belum siap.
Apa Siti sudah bangun? - Sudah, dia sudah bangun. Dia sedang makan di dapur.

f) Apakah ayah mau makan? - Tidak, ayah tidak mau makan.
Apakah Siti di kamar tidur? - Tidak, dia tidak di kamar tidur.
Apakah ayah sudah selesai sarapan? - Ya, sudah.

2. Verneinen Sie die folgenden Sätze:

   a) Saya mau makan.
   b) Siti sudah bangun dan minum teh.
   c) Fatimah sudah besar.
   d) Ayah minum kopi.
   e) Siti haus.
   f) Ibu duduk di dapur sedang sarapan.
   g) Saya laki-laki.
   h) Saya di kamar tidur.
   i) Saya mau bangun.
   j) Ibu sudah selesai makan.

3. Ersetzen Sie:

   a) Ibu dan Siti tidak suka minum teh. (wollen)
   b) Apa Siti mau makan pisang atau nasi? (Vater)
   c) Ayah belum di dapur. (bereits)
   d) Sarapan sudah siap. (noch nicht)
   e) Fatimah belum besar. (noch klein)
   f) Ibu juga masuk dapur. (Wohnzimmer)
   g) Saya tidak makan telur. (Fatimah)
   h) Ibu duduk di meja. (Küche)
   i) Siti belum mau minum kopi. (können)
   j) Kamar tidur kecil. (groß)
   k) Saya sedang makan. (baden)

4. Übersetzen Sie ins Indonesische:

   a) Siti trinkt Tee und isst Bananen.
      Vater isst Reis und trinkt Kaffee.
      Fatimah steht gerade auf.
      Siti und Fatimah haben schon fertig gebadet.

   b) Ich möchte Bananen essen.
      Mutter will nicht frühstücken.
      Vater mag keinen Tee trinken.
      Ich will noch kein Gemüse essen.

   c) Will Fatimah baden?
      - Nein, sie will nicht baden.
      - Sie badet nicht gerne.

d) Ist Mutter schon hungrig und durstig?
   - Nein, sie ist noch nicht hungrig und durstig.

   Ist Siti noch im Schlafzimmer?
   - Nein, sie ist schon im Bad.

   Isst Vater gerade?
   - Ja, er isst gerade.

   Sind Mutter und Vater schon in der Küche oder noch im Schlafzimmer?
   - Sie sind noch im Schlafzimmer.

5. Beantworten Sie folgende Fragen jeweils positiv und negativ:

   a) Apakah Fatimah suka makan coklat?
   b) Ibu mau minum teh?
   c) Apakah ayah suka mandi?
   d) Ibu sudah makan sayur?
   e) Apakah ayah sudah mau sarapan?
   f) Apakah Siti sudah haus?
   g) Apakah Fatimah masih kecil?
   h) Apakah Dewi mandi di dapur?

Übungstext

Ayah tidak tidur. Dia sudah bangun. Ibu dan ayah duduk di dapur. Ibu minum teh dan ayah minum kopi. Ibu tidak suka minum kopi dan ayah tidak suka minum teh. Mereka lapar. Ibu mau makan pisang dan ayah mau makan nasi. Siti dan Fatimah masih kecil. Mereka sedang mandi di kamar mandi. Mereka belum sarapan. Mereka tidak suka makan sayur dan telur. Mereka suka makan coklat.

Lektion 2

I Grammatik

1.Personalpronomen

	Singular		Plural	
1. Person	aku	ich	kita	wir (exkl.)
	saya	ich	kami	wir (inkl.)
2. Person	engkau	du	kalian	ihr
	kamu	du	kalian	ihr
	Anda	Sie/ unpersönliches du	Anda/ Anda sekalian	Sie/ unpersönliches ihr
3. Person	dia	er/sie/es	mereka	sie
	ia			
	beliau	er/sie		

a. Erläuterungen zu den Personalpronomen

Insbesondere im Singular gibt es im Indonesischen mehrere Personalpronomen für die gleiche Person (Bsp. 2. Person Singular: *engkau* und *kamu*). Sie reflektieren verschiedene Höflichkeitsebenen. Entsprechend richtet sich die Wahl des jeweiligen Pronomens nach dem Verhältnis zwischen der sprechenden Person und der Person, die angesprochen wird bzw. über die gesprochen wird. Die verschiedenen Höflichkeitsebenen sind genau zu berücksichtigen, da Irrtümer recht peinlich wirken oder gar respektlos sein können.

<u>1. Person Singular</u>

Aku wird in der Regel gegenüber Kindern benutzt, teilweise auch bei großer Vertrautheit, aber niemals gegenüber Fremden oder Respektspersonen.

Saya ist dagegen neutral.

Saya mau makan sekarang.
Ich möchte jetzt essen.

2. Person Singular

Engkau sollte man nur bei Kindern verwenden. *Kamu* steht ebenfalls für Kinder oder größere Vertrautheit. Zur Beachtung: In Poesie und Liturgie kann von dieser Regelung abgewichen werden. Dies betrifft auch die Regelung für *saya* und *aku*.

Anda ist eigentlich ein Kunstwort. Es ist zwar neutral, aber unpersönlich. Daher findet man es oft in öffentlichen Verlautbarungen. In der persönlichen Anrede wird es gegenüber Fremden verwendet, die gleich alt oder jünger sind. Gegenüber Respektpersonen wird Anda dagegen nicht verwendet, sodass es nicht mit dem deutschem „Sie" identisch ist (s. dazu 1.b).

Apakah kamu sudah mandi?
Hast du schon geduscht?

3. Person Singular

Dia und seine Nebenform *ia* sind neutral. *Beliau* ist nicht sehr häufig und wird bei geehrten oder hochgestellten Personen verwendet. Es drückt besonderen Respekt aus.

Dia tidak mau duduk di meja.
Sie will nicht am Tisch sitzen.

1. Person Plural

Kita und *kami* sind neutral. Aber unbedingt zu beachten: Bei *kita* ist die angesprochene Partei eingeschlossen, bei *kami* nicht. Bei Nichtbeachtung sind Missverständnisse vorprogrammiert.

Kami suka minum teh. *versus* Kita suka minum teh.
Wir (exkl.) trinken gerne Tee. *versus* Wir (inkl.) trinken gerne Tee.

2. Person Plural

Für *kalian* gilt das über *kamu* Gesagte, d.h. es steht ebenfalls für Kinder oder größere Vertrautheit. Die neutrale, aber unpersönliche Form ist – wie im Singular – *Anda* bzw. *Anda sekalian*.

Apakah kalian sudah siap?
Seid ihr schon bereit?

<u>3. Person Plural</u>

Mereka ist neutral.

Mereka masih kecil.
Sie sind noch klein.

2. Weitere Erläuterungen zur Anrede

Im Indonesischen ist es typisch, dass bei der Anrede keine Personalpronomen, sondern Begriffe aus den Verwandtschaftsbezeichnungen verwendet werden. Dies gilt insbesondere gegenüber Respektpersonen. Für Männer ist dies *Bapak* oder abgekürzt *Pak*, bei Frauen *Ibu* oder abgekürzt *Bu*. *Bapak* bedeutet eigentlich Vater, und *Ibu* eigentlich Mutter. Für den leiblichen Vater wird heute aber in der Regel nicht *bapak*, sondern *ayah* benutzt.

Anreden mit *Bapak* und *Ibu* entsprechen dem deutschen höflichen „Sie“:

Apakah Ibu sudah makan?
Haben Sie (eine Frau wird angesprochen) schon gegessen?

In einem Aussagekontext stehen *Pak* und *Bu* nicht alleine, sondern werden mit dem persönlichen Namen verwendet. Beispiele:

Apakah Pak Harsono sudah makan?
Haben Sie (Herr Harsono) schon gegessen?

Apakah Bu Sudirman mau minum teh?
Wollen Sie (Frau Sudirman) Tee trinken?

Hinweis: Ohne den Kontext der Anrede könnten die Sätze ebenfalls bedeuten:

Hat Herr Harsono schon gegessen?
Hat Frau Sutrisno schon Tee getrunken?

Bei bloßer Anrede können *Pak* und *Bu* allerdings schon alleine stehen:

Ada apa, Bu?
Was gibt es?

Es gibt zahlreiche weitere Verwandtschaftsbezeichnungen, die als Ersatz für Personalpronomen verwendet werden. Sie können regional recht unterschiedlich sein. Für Java und darüber hinaus ist die Anrede mit *Mas* und *Mbak* sehr verbreitet. *Mas* wird gegenüber jüngeren Männern und *Mbak* gegenüber jüngeren Frauen verwendet. Bei Kindern – hauptsächlich den eigenen gegenüber – wird oft die abgekürzte Form von *anak*, *Nak*, verwendet.

Mbak sudah lapar?

Sind Sie schon hungrig?

Öfter Verwendung finden auch *Saudara* (eigentlich Bruder, Schwester, Verwandter, aber auch im übertragenen Sinne Kamerad) und die weibliche Form *Saudari*. Sie werden gegenüber gleichaltrigen oder jüngeren Personen verwendet, die man nicht gut oder gar nicht kennt. *Saudari* ist explizit weiblich, während *saudara* beide Geschlechter bedeuten kann.

Die Anrede mit dem bloßen Namen ist ebenfalls möglich, aber gewöhnlicherweise nur gegenüber Kindern und unter jüngeren Bekannten. Zu letzteren zählen auch Mitschüler oder Kommilitonen. Beispiel:

Siti sudah makan?

Hast du (Siti wird angesprochen) schon gegessen?

3. Attribute

Attribute stehen, im Gegensatz zum Deutschen, hinter dem Substantiv, auf das sie sich beziehen.

rumah baru
Haus neu
ein neues Haus

mobil besar
Auto groß
ein großes Auto

4. Geschlecht

Das Indonesische unterscheidet grammatisch nicht zwischen den Geschlechtern. Ausnahmen bilden nur einige aus dem Sanskrit abgeleitete Wörter, die Personen bezeichnen (z.B. das oben genannte *saudara* bzw. *saudari*, s. auch Lektion 16). *Dia* kann also „er“, „sie“ oder „es“ bedeuten. Das Geschlecht erschließt sich aus dem Zusammenhang oder ist irrelevant. Letzteres kann bei Übersetzungen bisweilen problematisch werden. Bei Bedarf kann das Geschlecht spezifisch kenntlich gemacht werden, und zwar über die Attribute *laki-laki* für „männlich“ (auch „Mann“ als Nomen) oder *perempuan* für „weiblich“ (auch „Frau“).[*] Beispiele:

[*] *laki-laki* und *perempuan* gelten nur für Menschen. Für Tiere gelten analog *jantan* und *betina*.

anak – Kind
anak laki-laki – Junge/Sohn
anak perempuan – Mädchen/Tochter

pegawai – Angestellter, Angestellte
pegawai laki-laki – Angestellter
pegawai perempuan – Angestellte

5. Demonstrativpronomen

Die Demonstrativpronomen lauten *ini* und *itu*. Dabei deutet *ini* auf das näher Liegende und *itu* auf das entfernter Liegende. Die Unterscheidung zwischen den beiden Pronomen ist flexibler als im Deutschen. *Itu* wird häufiger verwendet. *Ini* wird in der Regel verwendet, wenn die sprechende Person sich direkt an dem Objekt befindet, auf das verwiesen wird.

ini	*itu*
dies, dieser, diese, dieses	das, jener, jene, jenes

Die Demonstrativpronomen *ini* und *itu* werden als Attribut und als eigenständiges Satzglied verwendet.

a. attributiver Gebrauch von *ini* und *itu*

mobil ini – dieses Auto
rumah itu – jenes Haus

Mobil ini baru.
Auto dies neu.
Dieses Auto ist neu.

Rumah itu besar.
Haus das/jenes groß
Jenes/das Haus ist groß.

<table>
<tr><td colspan="2">Das Indonesische kennt weder bestimmte noch unbestimmte Artikel. Der attributive Gebrauch von ini und itu ist eine Möglichkeit, Bestimmtheit auszudrücken.
Vergleiche:</td></tr>
<tr><td>Dewi makan <u>sayur itu.</u>
Dewi isst <u>das (ein bestimmtes) Gemüse.</u></td><td>Dewi makan <u>sayur</u>.
Dewi isst <u>Gemüse</u>.</td></tr>
</table>

b. Gebrauch von *ini* und *itu* als eigenständiges Satzglied

Ini	Mbak Dewi.
dies	Dewi

Dies ist Dewi.

Itu	rumah	kecil.
das	Haus	klein

Das ist ein kleines Haus.

Achtung: Verwechslungsgefahr!
rumah ini – dieses Haus *versus* ini rumah – dies ist ein Haus

6. *ada* - es gibt

Ada bedeutet „anwesend sein“ bzw. „es gibt“. Es drückt ein Vorhandensein aus und wird niemals als Kopula verwendet:

Di kantor	ada	lemari.
In Büro	es gibt	Schrank

Im Büro gibt es einen Schrank.

Die Verneinung erfolgt mit *tidak*:

Di rumah itu	tidak ada	lemari.
In diesem Haus	es gibt nicht	Schrank

In diesem Haus gibt es keinen Schrank.

7. Objektpronomen

Da es im Indonesischen keine Deklination gibt, können die Personalpronomen unverändert auch als Objektpronomen verwendet werden.

kopi ini	untuk	saya.
dieser Kaffee	für	mich

Dieser Kaffee ist für mich.

8. das Grußwort *selamat*

Selamat ist ein allgemeines Grußwort. In Verbindung mit der Tageszeit wird es bei der Begrüßung verwendet, z.B.

Selamat pagi! – Guten Morgen!
Selamat malam! – Guten Abend! (nicht: Gute Nacht!)

Mit Verben kann es vielseitig eingesetzt werden, z.B.:

Selamat datang! – Herzlich willkommen!
Selamat makan! – Guten Appetit!

II. Vokabeln

ada	es gibt, vorhanden sein
Ada apa?	Was gibt's? (Um.)
aku	ich
Anda	du, Sie (unpersönlich)
banyak	viel, viele
Bapak, Pak	Sie (höfliche Anrede gegenüber Männern)
baru	neu
beberapa	einige
beliau	er, sie (sehr höflich)
bersama (dengan)	gemeinsam (mit)
bersama-sama (dengan)	gemeinsam (mit)
datang	kommen
dengan	mit
engkau	du
ia	er, sie, es (Nebenform von dia)
Ibu, Bu	Sie (höfliche Anrede gegenüber Frauen)
Indonesia	indonesisch; Indonesien
ini	dies (Demonstrativpron.)
itu	das, jenes (Demonstrativpron.)
jauh	weit (weg), weit (weg) sein
Jerman	deutsch; Deutschland
kalian	ihr
kami	wir (exkl.)
kamu	du

kantor	Büro, Dienststelle, Amt
kantor pusat	Hauptbüro, Hauptdienststelle
ke	hin zu (Ortsbestimmung)
kenapa? (Um.)	warum? Wieso?
kota	Stadt
kita	wir (inkl.)
kursi	Stuhl
laki-laki	Mann; männlich
lemari	Schrank
luar	außen
di luar	draußen; außerhalb
keluar	hinausgehen
lampu	Lampe
Maaf!	Entschuldigung! / Verzeihung!
malam	Abend, Nacht
Mas	/Anrede für jüngere Männer oder Bedienstete/
Mbak	/Anrede für jüngere Frauen oder Bedienstete/
mobil	Auto
Mohon maaf!	Entschuldigung!
muda	jung
nama	Name
pagi	Morgen
pegawai	Angestellter, Angestellte
pergi	gehen
pusat	Zentrum
rumah	Haus
Sama-sama!	Gern! (umg. Antwort auf Dank)
saudara	Bruder, Verwandter; Kamerad
saudari	Schwester
sekali	sehr (immer nachgestellt)
Selamat pagi!	Guten Morgen!
sibuk	beschäftigt
surat	Brief
Terima kasih (atas …)!	Danke (für …)!
tetapi	aber
tiba-tiba	plötzlich
tinggal	wohnen
tua	alt
waktu	Zeit

III. Text – Di kantor

Pegawai: „Selamat pagi, Bu! Apakah Pak Harsono di kantor?“

Ibu Sutrisno: „Belum, dia belum datang. Dia masih di rumah. Dia tidak tinggal di pusat kota. Kenapa, Mas?“
Pegawai: „Ada surat untuk dia.“
Ibu Sutrisno: „Tidak ada surat untuk saya?“
Pegawai: „Tidak ada, Bu.“

Di kantor Pak Harsono ada lemari dan meja. Ada juga lampu dan beberapa kursi. Tetapi Pak Harsono belum ada.

Pegawai itu pergi. Ibu Sutrisno masuk kantor. Kantor itu tidak besar. Ibu Sutrisno dan Pak Harsono sudah tua. Pegawai itu masih muda. Dewi juga masih muda. Dia pegawai baru di kantor ini.

Pegawai: „Apakah kamu sudah makan?“
Dewi: „Belum, saya belum makan. Belum ada waktu“
Pegawai: „Dewi, apakah kita mau makan bersama-sama?“
Dewi: „Mohon maaf! Saya belum bisa, Mas. Saya masih sibuk. Saya belum bisa keluar.

Pegawai itu keluar. Dia lapar sekali. Sekarang tiba-tiba Pak Harsono datang.

Pegawai: „Selamat pagi, Pak. Ada surat untuk Bapak“
Pak Harsono: “Selamat pagi, Mas. Terima kasih!“
Pegawai: „Sama-sama, Pak.“

Beantworten Sie folgende Fragen zum Text:

1) Apakah Pak Harsono sudah datang?
2) Apakah pegawai itu sudah tua?
3) Apakah Dewi mau makan bersama-sama?
4) Ada surat untuk Pak Harsono?
5) Apakah kantor ini besar?
6) Apakah pegawai itu lapar sekali?

IV. Übungen

1. Ersetzen Sie die Personalpronomen:

a)	Ini untuk saya!	(du)
b)	Engkau tidak bisa duduk di meja ini.	(ihr)
c)	Dia tidak mau duduk di meja.	(ich, vertraut)
d)	Kami mau sarapan bersama-sama.	(sie, Plural)
e)	Kita mau masuk kantor sekarang.	(wir, exkl.)
f)	Kalian tidak bisa masuk dapur sekarang.	(du, vertraut)
g)	Mereka masih di kamar tidur.	(ich, neutral)
h)	Kamu mau sarapan sekarang?	(Sie, unpersönlich)

i) Aku mau makan sekarang. (wir, inkl.)

2. Übersetzen Sie ins Indonesische:

a) Ich esse gerne Reis und Eier.
b) Du kannst jetzt nicht baden.
c) Sie sitzt im Büro.
d) Er trinkt gerade Kaffee.
e) Wir (inkl.) trinken gerne Tee.
f) Wir (exkl.) wollen noch nicht hinausgehen.
g) Ihr wollt nicht frühstücken?
h) Sie sind hungrig und durstig.

3. Übersetzen Sie ins Indonesische:

a) Dies ist ein Büro.
b) Wir wollen in dieses Büro eintreten.
c) Dies ist ein Kind.
d) Dieses Kind ist noch jung.
e) Sie ist Angestellte in diesem Büro.
f) Jene Angestellte ist noch nicht gegangen.
g) Hast du das Ei schon gegessen?
h) Jenes Auto ist neu.
i) Dieser Mann ist gerade beschäftigt.
j) Ich mag keine Bananen.
k) Dies ist ein sehr großer Tisch.

4. Übersetzen Sie ins Deutsche:

a) Mereka tidak mau makan bersama-sama.
b) Di kantor itu ada lemari besar dan beberapa kursi.
c) Ibu mau minum teh atau kopi?
d) Apakah Ibu Sutrisno tidak mau makan pisang ini?
e) Dewi duduk di meja.
f) Pak Harsono masih sibuk di kantor.
g) Sekarang Pak Harsono tidak di kantor. Dia sudah keluar.
h) Terima kasih, Bu!
- Sama-sama, Mas!

5. Übersetzen Sie ins Indonesische:

a) Im Büro gibt es einen Tisch.
b) Gibt es einen Brief für mich? - Nein, es gibt keinen Brief für Sie.

c) In der Küche gibt es keinen Stuhl.
d) Es gibt jetzt kein Frühstück.

6. Setzen Sie die richtige Verneinung ein:

a) Sulastri .... suka minum teh.
b) Bapak itu .... mau masuk kantor.
c) Ini .... mobil. Ini rumah.
d) Rumah ini .... besar.
e) Dia .... pegawai.
f) Bu Sutrisno .... di kantor. Dia di rumah.
g) Di kamar tamu .... ada meja.
h) Mereka .... mau keluar.
i) Pegawai itu .... Mas Udin.
j) Apakah surat ini untuk saya? -..........................., surat itu .... untuk Ibu. Surat ini untuk Pak Harsono.
k) Fatimah tidur di kamar tidur, ... di kamar tamu.

Übungstext

Dewi dan pegawai kantor mau makan bersama. Nama pegawai itu Udin. Mereka sudah lapar dan haus. Sekarang ada waktu untuk makan.

Dewi „Apakah Ibu mau makan bersama dengan kami?“

Ibu Sutrisno: “Sekarang, Mbak? Mohon maaf, saya belum lapar. Saya sudah makan.“

Mereka duduk bersama-sama di meja kantor. Ibu Sutrisno minum teh. Dewi dan Udin makan nasi. Tiba-tiba Pak Harsono masuk kantor.

Pak Harsono: “Selamat pagi, Bu.”

Ibu Sutrisno: “Selamat pagi Pak. Apakah Bapak sudah sarapan?”

Pak Harsono: “Sudah, saya sudah sarapan di rumah.”

Udin: “Apakah Bapak mau minum teh?”

Pak Harsono: “Ya, terima kasih. Apakah surat ini untuk saya?

Ibu Sutrisno: „Ya, Pak! Surat itu untuk Bapak!”

Pak Harsono: “Terima kasih, Bu!”

Ibu Sutrisno: „Sama-sama, Pak!”

Lektion 3

I. Grammatik

1. Besitzanzeige und Possessivpronomen

Besitzanzeige wird attributiv gebildet und erfolgt ebenfalls über Nachstellung.

rumah ibu
Haus Mutter
Mutters Haus / das Haus der Mutter

Dies gilt auch für die Personalpronomen und pronominal gebrauchte Substantive. Durch Nachstellung werden die Personalpronomen und die pronominal gebrauchten Substantive zu Possessivpronomen. Dabei gelten die getroffenen Anmerkungen zu den verschiedenen Höflichkeitsebenen (s. Lektion 2, 1. a) und b)).

rumah saya
Haus ich
mein Haus

rumah Ibu
Haus Sie (weiblich)
Ihr (w) Haus

Von einigen Personalpronomen werden enklitische Formen gebildet, die ans Wort angefügt werden. Diese lauten:

aku	→ …ku	=	rumah**ku**	(mein Haus)
kamu	→ …mu	=	rumah**mu**	(dein Haus)
engkau	→…kau	=	rumah**kau**	(dein Haus)
dia, ia	→…nya	=	rumah**nya**	(sein/ihr Haus)

Ebenfalls mit …*nya* wird der Plural von unbelebten Gegenständen oder Tieren wiedergegeben.

Die Verwendung der Enklitika ist nicht obligatorisch, in den meisten Fällen aber empfehlenswert. Die exakte Verwendung erfordert jedoch einiges Sprachgefühl. In der dritten Person besteht die Tendenz zum Gebrauch der vollständigen Form, sofern es um Menschen geht.

2. Interrogativpronomen *apa* und *siapa*: was? und wer?

Mit *apa* fragt man nach Dingen und deren Namen (*nama*) und mit *siapa* nach Personen und deren Namen.

Apa itu?
was das?
Was ist das?

Siapa dia?
wer er?
Wer ist er/Wer ist das?

Apa nama gunung itu?
was Name Berg jener?
Wie heißt jener Berg?

Siapa nama anak itu?
Wer Name Kind jenes?
Wie heißt jenes Kind?

Siapa nama Anda?
Wer Name Sie?
Wie heißen Sie?

Apa und *siapa* müssen nicht am Satzanfang stehen. Sie nehmen die Position des Satzteils ein, nach dem gefragt wird:

a) Wird nach dem Objekt gefragt, stehen sie an der Stelle des Objekts. Die Frage wird durch Intonation deutlich:

Subjekt	Verb	Objekt
Dia	mau makan	apa?
er	wollen essen	was
Was will er essen?		

b) In attributiver Stellung ist *siapa* possessivisch (wessen?).

Subjekt	Prädikatsnomen
Ini	rumah siapa?
Dies	Haus wessen?
Dies ist wessen Haus? / Wessen Haus ist das?	

3. Präpositionen und Bildung von Orts- und Richtungsangaben

a. Einfache Orts- und Richtungsangaben

Das Indonesische unterscheidet zwischen statischen Ortsangaben und dynamischen Richtungsangaben. Einfache Orts- und Richtungsangaben lassen sich mit den folgenden drei allgemeinen Präpositionen *di*, *ke* und *dari* bilden:

<table>
<tr><th>di</th><th>ke</th><th>dari</th></tr>
<tr><td>X
(in, an, auf usw.)</td><td>⟹ X
(in Richtung zu)</td><td>⟸ X
(von, her, aus)</td></tr>
<tr><td>statisch</td><td colspan="2">dynamisch</td></tr>
</table>

di (in, an, auf usw).

Dia duduk di meja.
Sie sitzen am Tisch
Sie sitzt am Tisch.

ke (hin, zu, in Richtung von)

Dia pergi ke meja.
Er gehen zum Tisch
Er geht zum Tisch.

dari (von, her, aus Richtung von)

Mereka dari Bandung.
Sie von/her/aus Bandung.
Sie sind aus Bandung.

b. spezifische Orts- und Richtungsangaben

Die allgemeinen Präpositionen *di*, *ke* und *dari* können zu spezifischen Orts- und Richtungsangaben ergänzt werden. Zu diesen Ergänzungen gehören u.a.

dalam	*atas*	*bawah*
innen, innen drin	auf	unter

dalam (innen, innen drin)

di dalam rumah – im Haus
ke dalam rumah – in das Haus
dari dalam rumah – aus dem Haus

atas (auf)

di atas meja – auf dem Tisch
ke atas meja – auf den Tisch
dari atas meja – vom Tisch

bawah (unter)

di bawah meja – unter dem Tisch
ke bawah meja – unter den Tisch
dari bawah meja – unter dem Tisch hervor

4. Plural

Das Indonesische kennt keine Ableitungsmorpheme für den Plural. Der Plural, soweit überhaupt erheblich, ergibt sich aus dem Zusammenhang. Tut er dies nicht und ist er für das Verständnis wesentlich, so wird er in Form einer Reduplikation des Substantivs kenntlich gemacht:

teman – Freund/Freundin (Freunde)
teman-teman – Freunde

Teman-teman dia tidak mau datang.
Seine Freunde wollen nicht kommen.

Pluralität kann auch durch unbestimmte Zahlwörter (indefinite Numeralia) ausgedrückt werden. Wichtig und häufig sind *banyak* (viele), *beberapa* (einige) und *semua* (alle). Nach unbestimmten Zahlwörtern erfolgt keine Reduplikation:

Tadi dia bertemu dengan banyak teman.
Vorhin hat sie sich mit vielen Freunden getroffen.

5. *ada* – haben

Neben der Bedeutung „es gibt“, „anwesend sein“ (s. Lektion 2), kommt *ada* auch in der Bedeutung „haben“ vor, allerdings weniger im Sinne von „besitzen“, sondern neutraler. Es hat in dieser Funktion immer eine Ergänzung, z.B.:

Saya tidak ada uang.
Ich nicht haben Geld
Ich habe kein Geld.

6. *adalah* – etwas darstellen

Adalah kennzeichnet ein „sein“ im Sinne von etwas darstellen (nicht mit Kopula zu verwechseln).

Dia	adalah	kolega saya.
Er	sein	mein Kollege

Er ist mein Kollege.

7. Gebrauch von *akan*

Akan ist ein Zukunftsindikator und somit mit den Aspekt-Markern vergleichbar. Er wird benutzt, wenn sich die Zukünftigkeit der Handlung nicht aus dem Kontext erschließt und explizit ausgedrückt werden soll, dass die Handlung in der Zukunft stattfindet. *Akan* steht, wie auch die Aspekt-Marker, vor dem Verb. Beispiele:

Dia akan datang.
Sie wird kommen.

Dia tidak akan datang.
Sie wird nicht kommen.

II Vokabeln

ada	haben, besitzen
adalah*	sein, etw. darstellen
administrasi	Verwaltung, Administration

* Siehe hierzu auch Lektion 15, Grammatik

akan	/Zukunftsindikator/
apa?	was?
atas	
di atas	auf
bagus	schön (nicht für Menschen und Gegenstände), gut, prima
bawah	
di bawah	unter
bésok	morgen
boléh	dürfen
cukup	genug, genügend, ausreichend; ziemlich
dalam	
di dalam	in
daérah	Gegend, Region
dari	von her
dekat*	nahe, in der Nähe (von)
énak	wohlschmeckend, lecker
dingin	kalt
gunung	Berg
hanya	nur
hari	Tag
hari ini	heute
harus	müssen
hotél	Hotel
ikut	mitmachen, folgen
jalan	Straße, Weg (auch im übertragenen Sinn)
kampus	Universitätsgelände
ke	hin zu
kenyang	satt
kerja	Arbeit, Tätigkeit, Beschäftigung
koléga	Kollege, Kollegin
lagi	wieder, erneut
mémang	in der Tat, wirklich, tatsächlich
menit	Minute
mudah-mudahan	hoffentlich
murah	preiswert; billig
nanti	nachher, später
orang	Mensch, Menschen; Leute; Person
panas	heiß
pasti	gewiss, sicherlich
penting	wichtig
pergi	gehen†, weggehen

* Die Präposition *dekat* kann bei Bedarf auch mit den Präpositionen *ke* oder *dari* kombiniert werden.

† stets im Sinne der Bewegung von einem Ort zum anderen, nicht im Sinne der Bewegungsform, also „gehen“ versus „laufen“.

perlu	benötigen, brauchen
pinggir	Rand, Saum
pinggir jalan	Straßenrand
pos	Post
kantor pos	Post(gebäude)
sampai	bis
senang	zufrieden, erfreut
sering	oft
setelah + Verb	nach, nachdem
siapa?	wer?
syukur	glücklicherweise
téko	Kaffeekanne, Teekanne
teman	Freund, Freundin (platonisch)*
tempat	Platz, Ort, Stelle
tempat kerja	Arbeitsstelle
terminal	Station, Endhaltestelle
terminal bus	Busterminal
uang	Geld
universitas	Universität
warung	Warung, Garküche

III Text – Tamu dari Jerman

Di kantor Pak Harsono semua orang sedang sibuk. Besok Pak Meier akan datang dari Jerman. Pak Meier adalah kolega Pak Harsono. Hari ini semua harus siap.

Pak Harsono: „Sudah ada kamar hotel untuk Pak Meier, Mbak?"

Dewi: „Ya, sudah, Pak. Ada kamar di Hotel Sri Wedari dekat terminal bus dan kantor pos. Dari hotel itu ke kampus hanya beberapa menit. Kamar itu cukup bagus. Pasti tamu Bapak akan senang."

Pak Harsono: „Bagus! Saya senang sekali Pak Meier akan datang lagi."

Ibu Sutrisno: „Boleh saya pergi sekarang, Pak?"

Pak Harsono: „Kenapa?"

Ibu Sutrisno: „Saya mau makan di warung. Saya lapar."

Pak Harsono: „Maaf, Ibu sekarang belum bisa keluar. Kerja kita belum selesai. Nanti bisa. Tetapi masih ada kopi panas di teko saya. Mudah-mudahan kopi itu belum dingin. Ibu mau ikut minum kopi?"

* Mit *teman* werden im Indonesischen weitaus lockerere, nicht-amouröse Beziehungen bezeichnet als im Deutschen, etwa im Sinne von Bekannten. Bei engeren Freundschaften benutzt man das Wort *kawan*.

Ibu Sutrisno: „Mau, Pak! Terima kasih!"

Memang masih ada banyak kerja. Di atas meja Ibu Sutrisno ada banyak surat. Dia masih perlu banyak waktu sampai semua selesai.

Pak Harsono: „Apa itu, Bu? Ini surat dari siapa?"

Ibu Sutrisno: „Ini surat penting dari administrasi universitas."

Setelah semua kerja sudah selesai Ibu Sutrisno ada waktu. Dia bisa keluar dan ikut teman-teman makan di warung. Warung itu tidak jauh. Di pinggir jalan ada banyak warung. Ibu Sutrisno dan teman-temannya sering makan di warung. Warung-warung di daerah ini memang bagus. Di warung mereka bisa makan murah dan enak sampai kenyang.

Beantworten Sie folgende Fragen zum Text!

1) Sudah ada kamar hotel untuk Pak Meier?
2) Kenapa Ibu Sutrisno mau pergi?
3) Apakah Ibu Sutrisno mau ikut minum kopi?
4) Apakah Pak Harsono suka minum kopi dingin?
5) Ada apa di atas meja Ibu Sutrisno?
6) Apakah Pak Meier mau datang besok atau hari ini?
7) Siapa nama kolega Pak Harsono?

IV. Übungen

1. Ersetzen Sie:

a) Itu surat saya. (dein)
b) Apakah ini kamarmu? (Ihr)
c) Ada apa di dalam kamar dia? (euer)
d) Apakah ada banyak kamar di rumah Anda? (sein)
e) Apakah ayah Ibu Sutrisno masih di kantor? (Ihr)
f) Ini teko saya, bukan teko Pak Siregar. (ihr)
g) Hotel mereka jauh dari kampus. (unser (inkl.))
h) Terminal bus dekat rumah kami. (mein)
i) Kerjanya bagus sekali. (unser (exkl.))
j) Aku tidak boleh masuk kamar dia (Frau Siregars)

2. Übersezten Sie ins Indonesische:

a) Dies ist mein Haus.
b) Mein Haus ist groß.

c) Dies ist Kamsis Auto.
d) Kamsis Auto ist klein.
e) Unser (inkl.) Auto ist auch klein.
f) Wessen Stuhl ist das?
g) Ist das Herr Siregars Stuhl?
h) Ist das dein Schrank?
i) Ist das mein Brief?

3. Übersezten Sie ins Deutsche:

a) Ini apa?
b) Siapa dia?
c) Siapa nama orang itu?
d) Apa nama kota ini?
e) Ini kantor siapa?
f) Siapa mau ikut?
g) Dia anak siapa?

4. Übersetzen Sie ins Indonesische und antworten Sie:

a) Was willst du?
b) Was ist auf dem Tisch?
c) Was ist unter diesem Stuhl?
d) Wer sitzt in der Küche?
e) Wer will mitmachen?
f) Wessen Haus ist das?
h) Was wollen Sie essen?
i) Wie heißt du?
j) Was gibt es in deinem Zimmer?
k) Was gibt es in Herrn Harsonos Büro?

5. Übersetzen Sie ins Indonesische:

a) Dia datang dari mana?
b) Kamu mau ke mana?
c) Ada banyak surat di atas meja.
d) Kami mau pergi ke atas.
e) Apakah teman-teman kita akan datang ke sini?
f) Di mana suarat-suratku?

6. Übersetzen Sie ins Deutsche:

   a) Ibu saya ada banyak uang.
   b) Dekat kampus ada banyak rumah baru.
   c) Sekarang kamu ada waktu untuk saya?
   d) Di kantor Ibu Sutrisno tidak ada lemari.
   e) Apakah ada surat untuk saya, Bu?
   f) Ini adalah kantor pos pusat.
   g) Semua teman saya sudah pergi.

7. Übersetzen Sie ins Indonesische:

   a) Heute geht er gemeinsam mit seinen Freunden essen.
   b) Alle meine Kollegen wollen mitmachen.
   c) Meine Kollegen sind heute beschäftigt.
   d) In dieser Stadt gibt es einige Universitäten.
   e) Wir haben viele Freunde.

Übungstext: Ibu Sutrisno makan di warung.

Sekarang Ibu Sutrisno ada waktu. Dia pergi untuk makan bersama-sama dengan teman-temannya. Mereka semua perempuan. Tidak ada teman laki-laki. Mereka masuk warung di pinggir jalan. Di warung itu mereka makan nasi dengan sayur dan telur. Pak Harsono tidak suka makan di warung. Dia suka makan di kantor atau di rumah.

Setelah selesai makan Ibu Sutrisno sudah kenyang. Dia tidak masuk kantor lagi. Semua kerja sudah selesai. Besok adalah hari penting. Pak Meier akan datang dari Jerman. Pasti besok ada banyak kerja lagi di kantor dan semua kolega akan sibuk sekali.

Lektion 4

I. Grammatik

1. Das Päfix ber…

Mit dem Präfix *ber…* werden aus Grundwörtern intransitive Verben gebildet (weitere Funktionen folgen später). Diese intransitiven *ber…* Verben können verschiedenen Bedeutungsgruppen zugeordnet werden.

a. Bildung

Die Bildung von intransitiven Verben mit *ber…* erfolgt über die Präfigierung des Grundwortes:

ber...	+	Grundwort
ber…	+	nama (Name)
= bernama (heißen)		
Besonderheiten: Beginnt das Grundwort mit „r“, wird dieses nicht verdoppelt, z.B.: ber + renang (Wortfeld „schwimmen“) → berenang (schwimmen) Erscheint in der ersten Silbe des Grundwortes „er“, entfällt das „r“ im Präfix „ber“, z.B.: ber + kerja (Arbeit) → bekerja (arbeiten) Eine weitere Ausnahme bildet das Grundwort *ajar* (Wortfeld Lernen und Lehren): ber + ajar → belajar (lernen).		

b. Funktionen und Bedeutungsgruppen von *ber-*

1) Verbbildung ohne spezifischen Bedeutungsinhalt
ber… hat in vielen Fällen lediglich die Funktion, ein transitives Verb an sich zu bilden, ohne dass spezifische Bedeutungsgruppen konstruiert werden könnten, z.B.:

renang → berenang (schwimmen)

Ayah saya tidak suka berenang.
Mein Vater mag nicht schwimmen.

diri → berdiri (stehen; aufstehen)

Anak itu tidak mau berdiri.
Das Kind will nicht aufstehen.

2) „etw. haben/besitzen, was im Grundwort bezeichnet wird“
Eine große Gruppe von *ber...*-Verben hat die Bedeutung von „etwas oder eine Eigenschaft haben oder besitzen“, das Grundwort ist entsprechend immer ein Substantiv z.B.:

nama (Name)→ bernama = heißen (einen Namen haben)

Anaknya bernama Indrawati.
Ihr Kind heißt Indrawati.

anak (Kind) → beranak = ein Kind oder Kinder haben

Mas Ahmad belum beranak.
Ahmad hat noch keine Kinder.

3) „etw. verwenden, was im Grundwort bezeichnet wird (Kleidungsstück oder Transportmittel)“
Eine weitere Gruppe hat die Bedeutung von „etwas als Kleidungsstück tragen“ oder „etwas als Gefährt benutzen“, das Grundwort ist entsprechend immer ein Substantiv, z.B.:

baju (Oberteil) → berbaju = ein Oberteil (Jacke, Bluse etc.) tragen

Di kantor dia berbaju putih.
Im Büro trägt sie eine weiße Bluse.

sepeda (Fahrrad) → bersepeda = Fahrrad fahren

Saya tidak suka bersepeda.
Ich fahre nicht gerne Fahrrad.

4) „etw. hervorbringen, was im Grundwort bezeichnet wird“
Ber… kann auch bedeuten, etwas hervorzubringen, z.B.:

bohong (Lüge) → berbohong = lügen

Anak-anak mereka suka berbohong.
Ihre Kinder lügen gerne.

anak (Kind) → beranak = gebären

Istri bapak ini baru beranak.
Die Frau dieses Mannes hat gerade ein Kind geboren.

5) Wiedergabe eines reziproken Beziehungsverhältnisses,
Manche *ber...*-Konstruktionen haben reziproke Funktion, z.B.:

teman (Freund) → berteman = Freunde sein

Sudah lama mereka berteman.
Schon lange sind sie Freunde.

6) Ausüben der Tätigkeit, die das Grundwort vorgibt
Eine weitere Bedeutung ist das Ausüben der Tätigkeit, die das Grundwort vorgibt, z.B.:

belanja (semantisches Feld „einkaufen“) → berbelanja = einkaufen

Hari ini ibuku tidak mau berbelanja.
Heute möchte meine Mutter nicht einkaufen.

Die Ausführung der durch das Grundwort vorgegebenen Tätigkeit kann dabei berufsmäißg sein, z.B.:

dagang (semantisches Feld „Handel“) → berdagang = Handel treiben

Orang di kota ini suka berdagang.
Die Menschen dieser Stadt treiben gerne Handel.

7) „sich in dem Zustand befinden, den das Grundwort wiedergibt“
Bei adjektivischem Grundwort gibt das *ber-* Verb den bezeichneten Zustand wieder, z.B.:

sedih (traurig) → bersedih (traurig sein)

Hari ini kita bersedih sekali.
Heute sind wir sehr traurig.

c. Anmerkungen zu der Kategorisierung nach Funktions- und Bedeutungsgruppen

Die Möglichkeit einer Kategorisierung nach Funktions- und Bedeutungsgruppen beschränkt sich nicht auf intransitive *ber...*-Verben. Die indonesische Sprache zeichnet sich dadurch aus, dass jede Affigierung am Grundwort jeweils verschiedene Funktions- und Bedeutungsgruppen entfaltet. Die Kenntnis der Funktions- und Bedeutungsgruppen erleichtert folglich das Lernen und

Verstehen. Die Kategorisierungen dienen dabei hauptsächlich dazu, Bedeutungen zu erkennen oder zu erschließen. Dagegen sollte – besonders zu Beginn des Indonesischlernens – unbedingt vermieden werden, selbständig Konstruktionen zu bilden, da diese im Zweifelsfall nicht lexikalisiert sind.

In einigen Fällen können *ber...*-Verben mehreren Bedeutungskategorien zugeordnet werden, sodass Doppeldeutigkeiten entstehen, die erst durch den Kontext geklärt werden. Beispiele:

beranak „ein Kind haben" (Bedeutung: Grundwort haben/besitzen)

„ein Kind gebären" (Bedeutung: Grundwort hervorbringen)

berteman „einen Freund/eine Freundin haben" (Bedeutung: Grundwort haben/besitzen)

„miteinander befreundet sein/Freunde sein" (Bedeutung: reziprokes Beziehungsverhältnis)

Die Klärung ergibt sich bei letzterem Beispiel durch das entsprechende Personalpronomen:

Saya berteman. – Ich habe einen Freund.
Kita berteman. – Wir (inkl.) sind Freunde.

2. Zeitangaben I

a. Tageszeiten und zugehörige Zeitangaben

Im Indonesischen wird zwischen vier Tageszeiten unterschieden:

pagi	*siang*	*sore*	*malam*
Morgen (bis ca. 11 Uhr)	Mittag (bis ca. 15 Uhr)	Nachmittag (bis Sonnenuntergang)	Abend und Nacht*

Zur Bildung von Zeitangaben werden diese Tageszeiten mit der Partikel *pada* kombiniert.† Dabei wird stets *hari* (Tag) angefügt:

pada sore hari – nachmittags, am Nachmittag

Kita bangun pada sore hari.
Wir stehen am Nachmittag auf.

---

* Das Indonesische unterscheidet nicht zwischen Abend und Nacht.

† Beachte: *pada* hat auch weitere Bedeutungen und Funktionen, z.B. als Präposition bei Personen (s. Lektion 9).

Weitere Zeitadverbien sind:

kemarin dulu/ kemarin lusa	*kemarin*	*hari ini*	*besok*	*(besok) lusa*
vorgestern	gestern	heute	morgen	übermorgen

Sie werden ohne die Partikel *pada* gebildet, Beispiel:

Kemarin kita tidak datang ke kantor.
Wir sind gestern nicht ins Büro gekommen.

b. Die Zeitadverbien *nanti* und *tadi*

Mit *nanti* und *tadi* werden das in Kürze Folgende bzw. das vor kurzem Erfolgte gekennzeichnet.

nanti	*tadi*
in Kürze folgend; später, nachher	vor Kurzem erfolgt; vorhin, vor Kurzem

Kami mau datang nanti.
Wir wollen später/nachher kommen.

Tadi mereka datang.
Vorhin kamen sie.

Verbunden mit den Tageszeiten bezeichnen *nanti* und *tadi* die entsprechenden kommenden oder vergangenen Zeiten:

tadi malam = gestern Abend oder gestern Nacht
tadi pagi = heute Morgen
tadi siang= = heute Mittag (zurückliegend)
tadi sore = heute Nachmittag (zurückliegend)
nanti siang = heute Mittag (kommend)
nanti sore = heute Nachmittag (kommend)
nanti malam = heute Abend oder heute Nacht

Tadi siang mereka minum kopi di kantor.
Heute Mittag haben sie im Büro Kaffee getrunken.

Nanti sore mereka mau berbelanja.
Heute nachmittag wollen sie einkaufen gehen.

3. *baru* und *dulu*

a. *baru* hat zwei Bedeutungen:

Als Attribut bedeutet es „neu“ und wird entsprechend dem Nomen nachgestellt.

rumah baru – neues Haus

Als Zeitadverb bedeutet es „eben erst“, „soeben“ und wird – wie die Aspekt-Marker – dem Verb vorangestellt.

Dia baru bangun.
Er ist eben erst aufgestanden.

b. *dulu* hat ebenfalls zwei Bedeutungen:

Vorgestellt bedeutet es „früher, früher einmal“:

Dulu kami berteman.
Früher waren wir Freunde.

Nachgestellt bedeutet es „erst“, „zuerst“, „erst mal“:

Sekarang kita ke kantor dulu.
Jetzt gehen wir erst mal ins Büro.

4. *mana*

a. *mana* als Interrogativpronomen: wo?, wohin?, woher?

In Verbindung mit den allgemeinen Präpositionen *di*, *ke* und *dari* fragt man mit *mana* nach dem Ort bzw. der Richtung.

di mana? (wo)	*ke mana?* (wohin)	*dari mana?* (woher?)
✕	⟹ ✕	⟸ ✕

Beispiel:

Anak saya di mana? – Wo ist mein Kind?

Mereka mau ke mana? – Wohin wollen sie?

Ayahmu dari mana? Woher ist/kommt dein Vater?

b. In einer Nominalphrase bedeutet *mana* „welcher/welche/welches“.

Dia mau mobil mana? – Welches Auto will sie?

Anda suka minum teh mana? – Welchen Tee trinkst du gern?

5. *sana* und *sini* – dort und hier

Sana und *sini* bilden Ortsangaben, wenn sie mit den allgemeinen lokativen Pronomen kombiniert werden. Dabei deutet *sana* auf das weiter Entfernte (Ferndeixis) hin und *sini* auf das Näherliegende (Nahdeixis).

di (an, bei, in)	*ke* (in Richtung, hin, zu)	*dari* (aus, von, her)
✕	⟹ ✕	⟸ ✕
di sana (dort) *di sini* - (hier)	*ke sana* (dorthin) *ke sini* (hierher)	*dari sana* (von dort) *dari sini* (von hier)

Beispiele:

Di sana ada rumah baru. – Dort gibt es ein neues Haus.

Saya suka duduk di sini. – Ich sitze gerne hier.

II. Vokabeln

airport	Flughafen
ajar	
belajar	lernen
anak	
beranak	ein Kind/Kinder haben; gebären, ein Kind bekommen
bahasa	Sprache
berbahasa	eine Sprache sprechen
bahasa Indonesia	Indonesisch (Sprache)
bahasa Jerman	Deutsch (Sprache)
baik	gut, schön; Okay!
baju	Oberteil (Jacke, Bluse etc.)
berbaju	ein Oberteil tragen
baru	neu; eben erst
belanja	
berbelanja	einkaufen, Einkäufe machen

bésok	
bésok lusa	übermorgen
bohong	Lüge; gelogen
berbohong	lügen
cakap	
bercakap-cakap	plaudern, sich unterhalten
dagang	
berdagang	Handel treiben
diri	
berdiri	stehen; aufstehen
dulu	früher, früher einmal; erst mal, erst
gembira	froh, fröhlich
bergembira	froh/fröhlich sein
istirahat	
beristirahat	ausruhen
jalan	
berjalan-jalan	spazierengehen
kabar	Nachricht
Apa kabar?	Wie geht's?
Kabar baik!	Gut!
kapan	wann (InterrPron)
keliling	
berkeliling	an einem Ort umhergehen
kemarin	gestern
kemarin dulu	vorgestern
kemarin lusa	vorgestern
kemudian	dann, danach
kerja	
bekerja	arbeiten
laboratorium	Laboratorium
lama	lange (zeitlich)
langsung	direkt, unmittelbar
lengkap	vollständig, komplett
lusa	übermorgen
makan siang	Mittagessen; zu Mittag essen
mana	welcher, welche, welches (InterrPron.)
(di, ke, dari) mana	wo?, wohin?, woher?
nama	
bernama	heißen
nanti	nachher
nanti (+ Tageszeit)	/verweist auf eine in der Zukunft liegende Tageszeit/
pada	/Partikel zur Bildung von Zeitangaben/
pada (+ Tageszeit) hari	/verweist auf Tageszeit/
pagi	Morgen (bis ca. 11 Uhr)
pesawat	Flugzeug
proyék	Projekt

putih	weiß
renang	
berenang	schwimmen
réstoran	Restaurant
riset	Forschung
sampai	ankommen
sana	
di sana	dort
sedih	traurig
bersedih	traurig sein
sepéda	Fahrrad
bersepéda	Fahrrad fahren
setelah	
setelah itu	danach
siang	Mittagszeit (ca. 11 Uhr bis 15 Uhr)
sini	
di sini	hier
soré	Nachmittag (ca. 15 Uhr bis Sonnenuntergang)
tadi	vorhin
tadi (+ Tageszeit)	/verweist auf eine zurückliegende Tageszeit/
teman	
berteman	befreundet sein; einen Freund haben
temu	
bertemu	sich treffen
bertemu dengan	sich treffen mit
untung	
untungnya	glücklicherweise

III. Teks – Pak Meier sampai di Indonesia

Hari ini Pak Harsono datang ke kampus untuk bertemu dengan temannya. Tadi pagi mereka sudah bertemu di airport. Teman itu dari Jerman. Mereka ada proyek riset bersama. Pak Meier baru datang dari Jerman. Untungnya dia bisa berbahasa Indonesia. Pak Harsono dan Pak Meier sudah lama berteman.

Pak Meier: „Selamat siang, Pak! Apa kabar? Sudah lama kita tidak bertemu.“

Pak Harsono: „Selamat datang, Pak Meier! Kabar baik. Saya senang sekali bertemu lagi dengan Bapak. Bapak sudah makan siang?“

Pak Meier: „Belum. Tetapi saya sudah makan banyak di pesawat tadi pagi. Saya belum lapar.“

Pak Harsono: „Baik. Kita bisa pergi langsung ke kantor saya. Kapan Pak Meier mau makan? Nanti malam? Nanti malam kita bisa bertemu dengan teman-teman di restoran dan makan bersama-sama.“

Pak Meier: „Di mana restoran itu?"

Pak Harsono: „Tidak jauh dari sini, Pak. Dulu kita sudah ke sana. Sekarang kita ke kantor saya dulu."

Kantor Pak Harsono juga tidak jauh. Di sana mereka bertemu dengan kolega-kolega Pak Harsono. Mereka semua ikut proyek riset itu. Dekat kantor Pak Harsono ada laboratorium besar. Laboratorium itu baru dan lengkap. Setelah bercakap-cakap Pak Meier dan koleganya bekerja di sana sampai sore hari. Setelah itu mereka beristirahat. Kemudian mereka berjalan-jalan dan berkeliling kampus. Kampus Pak Harsono dekat pusat kota.

Pada malam hari Pak Meier, Pak Harsono dan kolega-koleganya bertemu di restoran untuk makan dan minum. Pak Meier bergembira bisa duduk bersama-sama di sana. Dia suka sekali bercakap-cakap dengan mereka. Besok Pak Meier dan Pak Harsono mau bertemu di rumah Pak Harsono.

Beantworten Sie folgende Fragen zum Text:

1) Apakah kantor Pak Harsono jauh dari pusat kota?
2) Pak Meier datang dari mana?
3) Pak Harsono dan Pak Meier bertemu di mana?
4) Apakah mereka beristirahat pada siang hari?
5) Apakah semua kolega ikut proyek riset itu?
6) Di mana Pak Meier dan Pak Harsono mau makan?
7) Sampai kapan Pak Meier dan semua kolega mau bekerja?

IV. Übungen

1. Setzen sie das richtige Wort ein:

beristirahat	bergembira	berbahasa	bernama
bersepeda	bekerja	belajar	berjalan-jalan
bertemu			

a) Nanti malam kami .... dengan Pak Sudirman di kantor pos.
b) „Mohon maaf. Siapa nama anak itu?" „Anak itu .... „Lindra".
c) Dia sudah .... Indonesia tetapi temannya belum .... Jerman. Dia masih ....
d) Aku ada sepeda baru. Aku suka ....

e) Mas Bowo .... bersama dengan Mbak Dewi.
f) Mereka sedang .... di laboratorium. Laboratorium itu tidak jauh dari rumah kita.
g) Setelah bekerja kita ....
h) Kemarin kita bersedih. Tetapi hari ini kita sudah .... lagi.

2. Übersetzen Sie ins Deutsche:

a) Kolega ini tidak suka belajar.
b) Teman saya bernama Udin.
c) Apakah kita bisa berenang di sini?
d) Sekarang tamu-tamu dari Jerman mau berkeliling kota.
e) Dia bergembira bertemu dengan temannya lagi.
f) Apakah Anda masih perlu banyak waktu sampai kerja itu selesai?

3. Ersetzen Sie:

i) Besok lusa mereka tidak bekerja. (morgen)
j) Tadi malam saya tidak bisa tidur. (heute Nachmittag (zurückliegend))
k) Pada malam hari kita perlu waktu untuk beristirahat. (am Morgen)
l) Kemarin kami bertemu dengan teman-teman. (heute)
m) Kemarin dulu Pak Meier datang dari Jerman. (heute morgen (zurückliegend)
n) Nanti sore kita mau berkeliling kota. (heute Abend)
o) Tadi Ibu Sutrisno pergi ke restoran bersama dengan ibunya. (später)

4. Übersetzen Sie ins Indonesische:

g) Nachher können wir zu Abend essen.
h) Heute Abend gehe ich mit meinem Kollegen spazieren.
i) Gestern Abend kaufte er ein.
j) Heute Nachmittag wird Herr Meier ankommen.
k) Vorhin hat Frau Sutrisno gefrühstückt.
l) Zur Mittagszeit ruht sie immer aus.
m) Heute Morgen war er nicht zu Hause.
n) Gestern hat er nicht gebadet.
o) Willst du morgen mit mir spazieren gehen?

5. Übersetzen Sie ins Deutsche:

   a) Mereka baru makan siang.
   b) Dulu Mas Udin tidak suka berenang.
   c) Kita harus selesai bekerja dulu.
   d) Rumah Pak Harsono masih baru.
   e) Kita baru mulai belajar Bahasa Indonesia.
   f) Kita beristirahat dulu. Setelah itu kita bisa berbelanja.
   g) Pada pagi hari mereka makan dulu. Kemudian mereka pergi ke kampus untuk belajar.

6. Übersetzen Sie ins Indonesische:

   a) Früher arbeitete meine Mutter in einem Restaurant.
   b) Früher hat seine Freundin Handel betrieben.
   c) Jetzt ruhen wir uns erst einmal aus.
   d) Frau Sutrisno ist noch satt. Sie hat gerade gegessen.
   e) Herr Harsono hat soeben das Büro verlassen.

7. Beantworten Sie die Fragen:

   a) Temanmu datang dari mana?
   b) Ke mana kita pergi besok?
   c) Di mana pegawai-pegawai dia hari ini?
   d) Di restoran mana kita bisa makan murah dan enak?
   e) Di mana teko saya?

8. Übersetzen Sie ins Indonesische:

   a) In welchem Warung will Frau Sutrisno zu Abend essen?
   b) Wo ist Herr Harsono jetzt?
   c) Wohin dürfen wir heute gehen?
   d) Von wo kommt dein Gast?
   e) Wo ist unser Brief?

9. Übersetzen Sie ins Deutsche:

   a) Di sana ada banyak rumah baru.
   b) Saya tidak mau ke sana lagi.
   c) Rumah saya tidak jauh dari sana.
   d) Kita tidak boleh makan di sini.
   e) Dari sini ke pusat kota tidak jauh.
   f) Dia tidak mau datang ke sini bersama dengan temannya.

10. Übersetzen Sie ins Indonesische:

a) Von hier ist es nicht weit zu Herrn Harsonos Büro.
b) Ich will nicht dorthin gehen.
c) Hier gibt es kein Restaurant.
d) Dort gibt es mehrere Häuser.
e) Ich komme nicht von dort.
f) Warum willst du nicht hierherkommen?

Übungstext: Dewi dan Ibu Sutrisno bertemu di restoran

Dewi baru datang dari Bandung untuk bekerja di kantor Pak Harsono. Dulu dia bekerja di Bandung. Sore ini dia bertemu dengan Ibu Sutrisno di restoran. Restoran itu dekat rumahnya. Di sana mereka mau makan bersama-sama dan bercakap-cakap.

Dewi: „Selamat malam, Bu! Apa kabar?"

Ibu Sutrisno: „Selamat malam, Mbak! Kabar baik. Apa kabarmu?

Dewi: „Kabar baik! Ibu mau duduk di mana?"

Ibu Sutrisno: „Di sana?"

Dewi dan Ibu Sutrisno duduk.

Dewi: „Saya baru datang ke sini dan saya belum ada waktu untuk berkeliling kota. Di mana saya bisa berbelanja, Bu?

Ibu Sutrisno: „Mbak bisa berbelanja dekat kantor kami. Saya sering berbelanja di sana. Lusa pada sore hari saya tidak sibuk. Kita bisa pergi ke sana bersama-sama. Setelah itu Mbak Dewi bisa ikut ke rumah saya. Di sana kita bisa beristirahat. Rumah saya tidak jauh dari sana."

Dewi: „Baik, Bu! Terima kasih!"

Ibu Sutrisno: „Sama-sama, Mbak!"

Dewi dan Ibu Sutrisno bercakap-cakap sampai malam di restoran itu. Dewi bergembira. Sudah ada teman baru di kota ini.

Lektion 5

I Grammatik

1. Das Präfix *me…*

Mit dem Präfix *me…* werden aus Grundwörtern transitive Verben gebildet (Ausnahmen werden später behandelt). Diese können verschiedenen Funktions- und Bedeutungsgruppen zugeordnet werden.

a. Bildung von Verben mit dem Präfix *me…*

Bei der Affigierung mit *me…* wird der Übergang zwischen Präfix und Grundwort lautlich angepasst und in den meisten Fällen verändert. Diese Veränderungen, bekannt als Sandhi-Regeln, werden auch als Assimilierung oder auch Pränasalierung bezeichnet. Sie folgen festen Regeln. Sie müssen gelernt werden, da in den allermeisten Wörterbüchern die Grundwörter als Hauptlemmata aufgeführt werden. Somit ist es unerlässlich, dass Grundwörter erkannt werden können. Diese Regeln finden analog auch bei einer Reihe weiterer Präfigierungen Anwendung.

Es gibt drei grundlegende Varianten der Affigierung mit *me*...:

I keine Veränderung (me + Grundwort)	II nasaler Zuwachs (me + X + Grundwort)	III nasaler Ersatz (me + Grundwort mit angepasstem Anlaut)
me- + lihat	me- + baca	me + kirim
→ me|lihat	→ me|<u>m</u>|baca	→ me|<u>ng</u>|irim

Keine Veränderung findet statt, wenn das Grundwort mit *l, m, n, r* oder *w* beginnt (I):

l	lihat	→ melihat
m	masak	→ memasak
n	nilai	→ menilai
r	rasa	→ merasa
w	wujud	→ mewujud

In Abhängigkeit vom Anlaut des Grundwortes können die folgenden Nasalierungen (nasaler Zuwachs/nasaler Ersatz) entstehen (II und III):

mem...	menge...*
men...	meny...
meng...	

mem- : b, f, ~~p~~

b	baca	→ membaca	II	nasaler Zuwachs
f	foto	→ memfoto		
~~p~~	pukul	→ memukul	III	nasaler Ersatz (p entfällt)

men- : c, d, j, ~~t~~

c	cari	→ mencari	II	nasaler Zuwachs
d	dapat	→ mendapat		
j	jemput	→ menjemput		
~~t~~	tunggu	→ menunggu	III	nasaler Ersatz (t entfällt)

meng- : Vokale, g, h, kh, ~~k~~

a	ambil	→ mengambil	II	nasaler Zuwachs
e	elak	→ mengelak		
i	isi	→ mengisi		
o	omel	→ mengomel		
u	urus	→ mengurus		
g	ganggu	→ mengganggu	II	nasaler Zuwachs
h	hitung	→ menghitung	II	nasaler Zuwachs

* *menge...* ist hier eher der Vollständigkeit halber angeführt. Es tritt nur bei einsilbigen Grundwörtern auf und ist selten.

~~k~~	kirim	→ mengirim	III	nasaler Ersatz (k entfällt)

meny- : ~~*s*~~

~~s~~	surut	menyurut	III	nasaler Ersatz

Folgende Anlautungen sind bei Grundwörtern selten bis sehr selten: ng, ny, v, z, y, sy, kh. Hier erfolgt die Affigierung wie folgt:

me... : *ng, ny, y*

ng	ngeong	mengeong	I	keine Veränderung
ny	nyanyi	menyanyi		
y	yakin	meyakini		

mem... : *v*

v	vonis	memvonis	II	nasaler Zuwachs

men... : *z, sy*

z	ziarah	menziarahi	II	nasaler Zuwachs
sy	syukur	menyukuri oder mensyukuri	III II	nasaler Ersatz oder nasaler Zuwachs

meng... : *kh*

kh	khianat	mengkhayal	II	nasaler Zuwachs

In alphabetischer Reihenfolge ergeben sich entsprechend folgende Änderungen bzw. Nichtänderungen am Grundwort durch die Affigierung mit *me-*:

a	Beispiel:	ambil → mengambil = nasaler Zuwachs
b	Beispiel:	beli → membeli = nasaler Zuwachs
c	Beispiel:	cari → mencari = nasaler Zuwachs
d	Beispiel:	duga → menduga = nasaler Zuwachs
e	Beispiel:	elak → mengelak = nasaler Zuwachs
f	Beispiel:	fitnah → memfitnah = nasaler Zuwachs
g	Beispiel:	ganggu → menggangu = nasaler Zuwachs
h	Beispiel:	hitung → menghitung = nasaler Zuwachs

i	Beispiel:	inap → menginap = nasaler Zuwachs
j	Beispiel:	jemput → menjemput = nasaler Zuwachs
k	Beispiel:	kirim → mengirim = nasaler Ersatz
kh	Beispiel:	khayal → mengkhayal = nasaler Zuwachs
l	Beispiel:	lihat → melihat = ohne Veränderung
m	Beispiel:	masak → memasak = ohne Veränderung
n	Beispiel:	nilai → menilai = ohne Veränderung
ng	Beispiel:	ngeong → mengeong = ohne Veränderung
ny	Beispiel:	nyanyi → menyanyi = ohne Veränderung
o	Beispiel:	omel → mengomel = nasaler Zuwachs
p	Beispiel:	pukul → memukul = nasaler Ersatz
r	Beispiel:	rasa → merasa = ohne Veränderung
s	Beispiel:	sita → menyita = nasaler Ersatz
sy	Beispiel:	syarat → mensyaratkan = nasaler Zuwachs
t	Beispiel:	tunggu → menunggu = nasaler Ersatz
u	Beispiel:	ukur → mengukur = nasaler Zuwachs
v	Beispiel:	vonis → memvonis = nasaler Zuwachs
w	Beispiel:	wujud → mewujud = ohne Veränderung
y	Beispiel:	yakin → meyakini = ohne Veränderung
z	Beispiel:	ziarah → menziarahi = nasaler Zuwachs

Aufgrund der verschiedenen Assimilierungen von *me...* ist es mitunter nicht immer eindeutig, um welches Grundwort es sich handelt. Zum Beispiel kann das *me...*-Verb *mengurus* sowohl von *urus* wie von *kurus* abgeleitet sein. Im ersten Fall handelt es sich um einen nasalen Zuwachs (*meng...*), im zweiten Fall um einen nasalen Ersatz (*ng* ersetzt das *k* von *kurus*). Entsprechend kann das Verb als „etwas in Ordnung bringen" (Grundwort *urus*), oder als „dünner werden" (Grundwort *kurus*) übersetzt werden. Nur der Kontext kann über das tatsächliche Grundwort Klarheit verschaffen.

b. Funktion von transitiven Verben mit *me...*

An transitive Verben mit *me...* werden direkte Objekte angeschlossen:

> Kolega saya sedang menulis beberapa surat.
> Meine Kollegin schreibt gerade einige Briefe.

> Tadi saya melihat anak-anak Ibu Haldoko.
> Vorhin habe ich Frau Haldokos Kinder gesehen.

Die Personalpronomen und ihre enklitischen Formen (s. Lektionen 2 und 3) fungieren auch hier als Objektpronomen:

Mbak Dewi mau menjemput Ibu Sutrisno di kantor.
→ Mbak Dewi mau menjemput dia di kantor.

Dewi will Frau Sutrisno/sie vom Büro abholen.

Aku harus mencari barang-barang itu.
→ Aku harus mencarinya.

Ich muss diese Sachen/sie suchen.

2. Relativsätze (mit *yang*)

Relativsätze werden mit dem Relativpronomen *yang* eingeleitet und werden nicht mit Komma vom Hauptsatz abgetrennt; Beispiel:

Dia kolega saya yang baru datang dari Jerman.
Sie ist meine Kollegin, die gerade aus Deutschland gekommen ist.

Wird ein Relativsatz in den Hauptsatz eingebettet, kann zur Verdeutlichung der Satzstruktur ein *itu* eingefügt werden. Es markiert das Ende des Relativsatzes und greift das Subjekt des Hauptsatzes auf. Beispiel:

Orang yang datang kemarin *itu* adalah ayah saya.
Der Mann, der gestern kam, ist mein Vater.

In einer abgeleiteten Bedeutung kann *yang* auch einfache Attribute an Nomen anschließen, z.B.:

rumah yang baru – ein neues Haus

In diesem Fall wird das Attribut hervorgehoben, d.h. es wird betont, dass das Haus neu und nicht etwa alt ist. Allgemein üblich ist die Verwendung von *yang* bei mehreren oder komplexeren Attributen, z.B.

rumah yang baru dan besar – ein neues und großes Haus
rumah yang besar sekali – ein sehr großes Haus
rumah saya yang besar – mein großes Haus

3. Das Verb *naik*

Das Verb *naik* wird in vielen Bedeutungen verwendet. Grundbedeutung von *naik* ist „etwas besteigen", z.B.:

Ayah saya suka naik gunung.
Mein Vater besteigt gerne Berge.

Sekarang kita harus naik pesawat.
Wir müssen jetzt ins Flugzeug einsteigen.

Es wird in einer zweiten häufigen Bedeutung im Sinne der Benutzung eines Verkehrsmittels gebraucht, z.B.

naik sepeda – Fahrrad fahren

Die Bedeutung ist identisch mit *bersepeda*.

II. Vokabeln

antar	
mengantar	jmdn. begleiten, bringen
bagaimana	wie?
bahan	Ding, Gegenstand, Sache, Material
bahas	
membahas	etw. besprechen, erörtern
bahaya	Gefahr
berbahaya	gefährlich sein
bantu	
membantu	(jmdn.) helfen
barang	Ding, Sache
bawa	
membawa	etw. bringen, mitbringen
beli	
membeli	etw. kaufen
belum	
sebelum	bevor
sebelumnya	davor (zeitl.)
berangkat	aufbrechen, abreisen
binatang	Tier
buat	
membuat	machen; etw. unternehmen
cari	
mencari	suchen
cepat	schnell
dalam	in (zeitlich)
dapat	
mendapat	etw. bekommen, finden, erhalten
dekat (dengan)	nahe, jmdm. nahe sein
désa	Dorf
ékskursi	Exkursion
hasil	Ergebnis, Resultat
berhasil	Erfolg zeitigen, erfolgreich sein
istri	Ehefrau

jadi	
menjadi	werden
jemput	
menjemput	jmdn. abholen
kanan	rechts
di sebelah kanan	rechts, auf der rechten Seite
kaya	reich
kembali	zurück; zurückkehren
kenal	
mengenal	kennen; kennen lernen
kepala	Kopf
kepala désa	Dorfoberhaupt
kiri	links
di sebelah kiri	links, auf der linken Seite
kuliah	studieren
berkuliah	studieren
kumbang	Käfer
kunjung	
berkunjung (ke)	(jmd./etw.) besuchen
ladang	Trockenfeld
lain	anderer, andere, anderes
lihat	
melihat	sehen
luas	ausgedehnt, weit
makan	
memakan	etw. essen, verbrauchen, verzehren
miskin	arm
mudah	einfach, leicht
naik	etw. besteigen; etwas als Verkehrsmittel benutzen
orang	Mensch; fakultativ auch Mann oder Frau
padi	Reis (auf dem Feld)
pertanian	s. tani
pilih	
memilih	auswählen, wählen
punya	besitzen, haben
pupuk	Dünger
rusak	defekt, zerstört, kaputt
merusak	etw. zerstören
sangat	sehr
sawah	Nassreisfeld
sebelah	Seite (örtlich)
singkat	kurz (zeitlich)
studi	Forschung, Studie, Studium
suami	Ehemann
subur	fruchtbar
sulit	schwierig
tahu	kennen; wissen

tani	
pertanian*	Landwirtschaft
tanya	
bertanya	fragen
tengah	Mitte
di tengah	in der Mitte, inmitten
tentang	bezüglich, über
toko	Geschäft, Laden
tropis	tropisch
tulis	
menulis	(etw.) schreiben
tumbuh	wachsen
yang	der, die, das (Relativpron.)

III. Teks – Pak Meier berkunjung ke desa

Pak Harsono dan Pak Meier sudah lama berteman. Mereka membuat riset bersama tentang pertanian tropis. Kemarin mereka ke desa-desa yang dekat kampus. Pak Harsono menjemput Pak Meier di hotel. Setelah sampai di desa mereka bisa melihat sawah-sawah di sebelah kiri dan ladang-ladang di sebelah kanan. Di tengah sawah yang luas dan subur mereka mencari binatang yang memakan padi yang tumbuh di sana. Itu tidak sulit. Cepat sekali mereka mendapat banyak kumbang dan binatang lain.

Pak Harsono: „Pak Meier melihat apa?“

Pak Meier: „Ada kumbang, Pak! Saya belum tahu kumbang ini. Ini kumbang apa?“

Pak Harsono: „O, ini kumbang yang berbahaya sekali. Dia bisa merusak padi ini dalam waktu singkat.“

Pak Harsono dan Pak Meier membawa hasil ekskursi dan barang-barang lain kembali ke kampus. Di sana mereka mau membahas hasil studi mereka dengan semua kolega. Studi mereka memang sangat berhasil. Sebelum kembali ke hotel, Pak Meier mau menulis beberapa surat.

Pak Harsono sering berkunjung ke desa ini. Dia dekat dengan kepala desa yang bernama Pak Haldoko. Sudah lama dia tinggal di daerah ini dan punya beberapa sawah yang luas sekali. Pak Haldoko tidak miskin tetapi kaya juga tidak. Dia belum mengenal Pak Meier. Hari ini mereka mau bertemu lagi dan pergi ke kota untuk berbelanja. Istrinya, Ibu Haldoko, juga ikut. Dia sering ikut suaminya ke kota.

Mereka semua naik mobil Pak Haldoko. Baru sekarang Pak Meier dan Pak Haldoko bertemu. Sebelum berangkat mereka bercakap-cakap.

---

* Zur Wortbildung mit *per…an* s. Lektion 15.

Pak Haldoko: „Selamat datang di Indonesia, Pak Meier! Saya senang sekali bertemu dengan Bapak. Nama saya Haldoko. Boleh saya bertanya? Bapak dari mana?"

Pak Meier: "Selamat siang, Pak! Saya juga senang sekali bertemu dengan Bapak. Saya dari Jerman."

Pak Haldoko "Saya melihat Bapak sudah berbahasa Indonesia. Bagus sekali!"

Pak Meier „Terima kasih, Pak! Sudah lama saya belajar bahasa Indonesia. Dulu saya kuliah di Jakarta."

Setelah bercakap-cakap mereka bersama-sama naik mobil ke kota. Pak Haldoko dan istrinya mau membeli pupuk untuk sawah. Di kota mereka bisa memilih bahan yang bagus dan murah. Di sana ada beberapa toko, di desa tidak. Di desa tidak mudah membeli bahan-bahan. Pak Haldoko sudah menjadi teman baik Pak Harsono. Dia sering membantu temannya.

Beantworten Sie folgende Fragen zum Text:

1) Pak Harsono dan Pak Meier mencari apa di sawah?
2) Apakah Pak Haldoko sudah beristri?
3) Apakah desa Pak Haldoko dekat ke kampus?
4) Apakah Pak Meier hanya kuliah di Jerman?
5) Pak Harsono dan istrinya mau apa di kota?
6) Pak Harsono dan Pak Meier mau membahas apa dengan koleganya?
7) Apakah Pak Meier sudah berbahasa Indonesia?

IV. Übungen

1. Versehen Sie die folgenden Grundwörter mit dem Präfix *me-* (Bedeutung irrelevant):

   tukar, pukul, alir, sisir, ratap, jaga, darat, cuci, minta, buka, gigit, harap

2. Leiten Sie alle theoretisch möglichen Grundwörter ab (Bedeutung irrelevant):

   menghitung, menindas, memutar, menulis, membaca, mengarang, mengukur, melarut, menjahit, menyuruh

3. Setzen Sie das richtige Wort ein:

membeli	mengantar	membantu
menulis	memilih	menjemput
membuat	melihat	

a) Kami mau berbelanja di kota. Kami mau …………………… beberapa bahan untuk dapur.
b) Tadi kalian mendapat surat yang penting sekali. Siapa yang …………………… surat itu?
c) Saya mau …………………… kolega saya di rumahnya untuk pergi ke kota bersama-sama.
d) Di toko ini ada banyak baju yang bagus. Kamu mau …………………… baju yang mana?
e) Di mana anak-anak kita? Saya belum ……………………mereka hari ini.
f) Apa kita bisa ……………………sekarang?
g) Anak ini selalu ……………………ibunya.
h) Apakah Anda bisa ……………………saya ke airport?

4. Übersetzen Sie ins Deutsche:

a) Pak Meier suka mencari binatang di sawah.
b) Di sawah Pak Haldoko ada banyak kumbang yang berbahaya.
c) Di mana kita bisa mencari kerja?
d) Hari ini anak-anak tidak boleh ikut Ibu Haldoko ke kota.
e) Pak Harsono dan Pak Haldoko sudah lama berteman.
f) Apakah Bapak pergi ke sana naik pesawat?
g) Dia tidak bisa ke kampus naik sepeda. Kampus itu jauh sekali dari rumahnya.

5. Übersetzen Sie ins Indonesische:

a) Gestern sind wir auf den Merapi-Berg gestiegen.
b) Meine Freundin fährt gerne Fahrrad.
c) Herr Meier und Frau Sutrisno fahren gemeinsam mit dem Auto ins Dorf.
d) Frau Haldoko kauft gerne in der Stadt ein.
e) Herr Harsono sucht seine Kollegen auf dem Kampus.

f) Hast du die Briefe schon geschrieben?
g) Sie will ihren Mann nicht mit dem Auto zum Büro bringen.
h) Entschuldigung, ich habe keine Zeit. Ich muss noch einkaufen.
i) Ich begleite meinen Freund gerade zum Kampus.
j) Kannst du mich abholen?

6. Übersetzen Sie ins Deutsche:

a) Dia anak Pak Haldoko yang tidak bisa berenang.
b) Saya kolega Pak Harsono yang baru datang dari Jerman.
c) Di sana ada banyak sawah yang luas dan subur.
d) Kolega Pak Harsono yang baru datang dari Bandung itu teman saya.

7. Verbinden Sie die folgenden Sätze unter Verwendung von *yang*:

Beispiel: Dia melihat mobil. Mobil itu bagus dan baru.
Dia melihat mobil yang bagus dan baru.

a) Mereka membeli banyak barang. Barang itu murah sekali.
b) Di sana ada beberapa binatang. Binatang itu berbahaya sekali.
c) Saya ada kolega baru. Kolega baru itu sudah menjadi teman baik.
d) Dia tinggal di daerah tropis. Daerah tropis itu subur sekali.
e) Mereka sering bertemu dengan teman-teman. Teman-teman itu tinggal di desa.
f) Aku belum mengenal temannya. Temannya dari Jerman.
g) Kolega-kolega itu datang dari Jerman. Mereka bekerja di laboratorium kami.

8. Übersetzen Sie ins Indonesische:

a) Dies ist mein Freund, der gerne Schokolade isst.
b) Sie wählt eine Bluse aus, die sehr schön ist.
c) Bowo, der noch klein ist, hilft oft seiner Mutter.
d) Im Nassrcisfeld sind viele Käfer, die sehr gefährlich sind.
e) Die Käfer, die es im Nassreisfeld gibt, sind nicht gefährlich.
f) Ich habe ein schönes, neues Fahrrad.
g) Dort gibt es viele große Nassreisfelder.

9. Übersetzen Sie ins Deutsche:

a) Dia beristirahat sebelum bekerja.

b) Sebelum bercakap-cakap dengan koleganya Ibu Sutrisno mau menulis beberapa surat.
c) Besok mereka mau makan bersama di restoran. Sebelum mereka berjalan-jalan.
d) Setelah mencari binatang di sawah, Pak Harsono dan Pak Meier mau ke kampus.
e) Setelah itu Pak Meier mau kembali ke hotel untuk makan.
f) Kemudian dia mau tidur.

10. Beantworten Sie die Fragen:

a) Anda kuliah di mana?
b) Nanti setelah belajar bahasa Indonesia Anda mau pergi ke mana?
c) Apakah Anda juga suka mencari kumbang dan binatang lain?
d) Apakah Anda sering naik sepeda?
e) Kolega Anda dari mana?
f) Siapa nama teman-teman Anda?
g) Anda tinggal di mana?
h) Apakah ada banyak kumbang di rumah Anda?

Übungstext: Di desa Pak Haldoko

Di desa Pak Haldoko ada banyak sawah yang luas dan subur. Sudah lama Pak Haldoko tinggal di sana bersama dengan istri dan anak-anaknya. Mereka semua senang. Ke kota tidak jauh dari sana. Pak Haldoko sering bertemu dengan Pak Harsono. Pak Harsono juga sering datang ke desa Pak Haldoko untuk membuat riset atau beristirahat dan bercakap-cakap. Sudah lama mereka berteman. Pak Haldoko tidak mau tinggal di kota. Tetapi anak-anaknya nanti mau tinggal di kota. Hanya di sana mereka bisa kuliah.

Pak Haldoko dan Pak Meier mulai bercakap-cakap.

Pak Haldoko: „Apakah Bapak sudah sering ke Indonesia?“

Pak Meier: „Sudah, Pak. Saya sudah sering ke Indonesia untuk riset. Dan dulu saya juga kuliah di sini.“

Pak Haldoko: „Kuliah apa, Pak?“

Pak Meier: „Pertanian tropis. Bapak bisa membantu saya sekarang?“

Pak Haldoko: „Bisa! Bagaimana saya bisa membantu, Pak?“

Pak Meier: „Mengantar saya ke sawah dan nanti menjemput saya di sana lagi.“

Pak Haldoko: „Bisa, Pak!“

Lektion 6

I. Grammatik

1. Ellipse

Die gesprochene indonesische Sprache hat einen Hang zur Sparsamkeit. Das heißt, dass auch relativ häufig Wörter weggelassen werden (Ellipse), wenn der Sinn eindeutig aus dem Kontext hervorgeht. Das betrifft vor allem Verben der Bewegung sowie Personenbezeichnungen bei der Anrede in der vertraulichen gesprochenen Sprache, Beispiel:

a. Auslassen des Subjekts bei der vertraulichen Anrede:

> Mau makan nasi?
> Willst du Reis essen?

Die angeredete Person (*kamu*/*engkau*) ist eindeutig und wird weggelassen.

b. Auslassen von Verben der Bewegung

> Besok dia mau ke Bandung.
> Morgen will er nach Bandung reisen.

Dass er sich bewegt (*pergi*), ist eindeutig und wird weggelassen.

2. Kardinalzahlen

a. Die Zahlen 1-10

Die Kardinalzahlen von eins bis zehn lauten:

1	satu	6	enam
2	dua	7	tujuh
3	tiga	8	delapan
4	empat	9	sembilan
5	lima	10	sepuluh

Die Zahl *satu* kann in ihrer enklitischen Form *se-* auch mit dem folgenden Wort zusammengeschrieben werden: *satu* + *orang* = *seorang* (*sepuluh*!)

b. Die Zahlen 11 bis 19

Die Zahlen von elf bis 19 werden durch Anfügung von (…) *belas* gebildet:

11	sebelas	16	enam belas
12	dua belas	17	tujuh belas
13	tiga belas	18	delapan belas
14	empat belas	19	sembilan belas
15	lima belas		

c. Die Zehnerzahlen

Die Zehnerzahlen werden durch Anfügung von (…) *puluh* („zehn“) gebildet:

10	sepuluh	60	enam puluh
20	dua puluh	70	tujuh puluh
30	tiga puluh	80	delapan puluh
40	empat puluh	90	sembilan puluh
50	lima puluh		

d. Die Hunderterzahlen

Die Hunderterzahlen werden durch Anfügung von (…) *ratus* („hundert“) gebildet:

100	seratus	600	enam ratus
200	dua ratus	700	tujuh ratus
300	tiga ratus	800	delapan ratus
400	empat ratus	900	sembilan ratus
500	lima ratus		

e. Die Tausenderzahlen

Die Tausenderzahlen werden durch Anfügung von (…) *ribu* („tausend“) gebildet:

1000	seribu	6000	enam ribu
2000	dua ribu	7000	tujuh ribu
3000	tiga ribu	8000	delapan ribu
4000	empat ribu	9000	sembilan ribu
5000	lima ribu		

Die Millionenzahlen werden analog mit (…) *juta* und die Milliardenzahlen mit (…) *milyar* gebildet: z.B. *dua juta*, *tiga milyar*. Bei *milyar* kann *satu* nicht als Enklitikum verwendet werden (→ satu milyar), bei *juta* ist die Anwendung fakultativ: *sejuta* oder *satu juta*.

f. Komplexe Zahlen

Bei komplexeren Zahlen werden die einzelnen Gruppen einfach aneinandergehängt, Beispiel:

83:	delapan puluh tiga
983:	sembilan ratus delapan puluh tiga
1.254.983:	sejuta dua ratus lima puluh empat ribu sembilan ratus delapan puluh tiga

Anmerkung: In einer Verbalphrase mit *ber…* werden Zahlen angehängt. Beispiel:

Dia sudah beranak empat.
Er hat schon vier Kinder.

g. Null

Der indonesische Begriff für „Null“ ist *nol*.

Bei der Aufzählung von Zahlen und Zahlenkombinationen, z.B. von Telefonnummern wird in der gesprochenen Sprache statt *nol* gewöhnlich das Wort *kosong* (eigentlich in der Bedeutung „leer“) benutzt.

3. Klassifikatoren

Bei der Benutzung von Kardinalzahlen kann zwischen Zahl und gezähltem Gegenstand ein Klassifikator geschaltet werden. Dieser ordnet den Gegenstand einer bestimmten Klasse von Substantiven mit gleicher oder vergleichbarer Eigenschaft zu (z.B. „Mensch", „flacher Gegenstand", „zylindrischer Gegenstand"). Dementsprechend gibt es zahlreiche Klassifikatoren. Die wichtigsten, die allgemeine Verwendung finden, sind *orang* für Menschen, *ekor* für Tiere und *buah* für unbelebte Gegenstände und Pflanzen. Beispiele:

a) *orang* (→ Menschen)
Saya mengantar dua *orang* mahasiswa ke kampus. Ich begleite zwei Studenten zum Kampus.

b) *buah* (→ unbelebte Gegenstände und Pflanzen)
Dia membeli dua *buah* pisang. Sie hat zwei Bananen gekauft.

c) *ekor* (→ Tiere)
Di bawah meja ada dua *ekor* anjing. Unter dem Tisch befinden sich zwei Hunde.

Weitere oft verwendete Klassifikatoren sind *helai* (für flache Objekte wie Kleidungsstücke), *lembar* (für Papier und Ähnliches) und *pucuk* (für Briefe):

sehelai kemeja – ein Hemd

dua lembar kertas – zwei Blatt Papier

tiga pucuk surat – drei Briefe

Die Verwendung von Klassifikatoren ist nicht obligatorisch. In der gepflegten Sprache und vor allem in der Schriftsprache ist ihre Verwendung üblicher als in der Alltagssprache.

4. Partitiv

Partitive geben (Teil-)Mengen bzw. Einheiten von gezählten Gegenständen an. Dementsprechend fungieren Maßeinheiten ebenfalls als Partitiv. Sie werden – wie Klassifikatoren – zwischen Zahlwort und gezähltes Wort geschaltet, Beispiele:

> Ibu minum dua *gelas* teh.
> Mutter trinkt zwei Glas Tee.
>
> Ayah mau membeli se*kilo* daging di pasar.
> Vater will ein Kilo Fleisch auf dem Markt kaufen.

Partitive und Klassifikatoren dürfen nicht verwechselt werden. Während letztere den gezählten Gegenstand lediglich einer Klasse von Gegenständen mit ähnlicher oder vergleichbarer Eigenschaft zuordnen, geben Partitive die Einheiten wieder, in denen ein Gegenstand gezählt wird. Anders als Klassifikatoren können Partitive nicht ausgelassen werden, ohne dass die Satzaussage sich ändert:

Saya mau memasak dua kilo nasi.	*versus*	Saya mau memasak nasi.
Ich will zwei Kilo Reis kochen.		Ich will Reis kochen.

5. *berapa*: wie viel/e?

Nach der Anzahl wird mit *berapa – wie viel/e* gefragt, Beispiel:

> Anda membeli berapa helai kemeja di toko itu?
> Wie viele Hemden hast du in diesem Geschäft gekauft?
>
> Kamu mau memasak berapa kilo nasi?
> Wie viele Kilo Reis willst du kochen?

Mit *berapa* fragt man auch nach dem Preis, Beispiel:

> Berapa harganya?
> Wieviel kostet das? (wörtlich: Wieviel ist sein Preis?)
>
> Berapa harga celana ini?
> Wieviel kostet diese Hose? (wörtlich: Wieviel Preis hat diese Hose?)

Mit *berapa* fragt man auch nach einem Zeitraum, Beispiel:

> Sudah berapa lama dia duduk di sana?
> Wie lange sitzt er schon dort?

Auch die Häufigkeit wird mit *berapa* in Verbindung mit … *kali* erfragt, Beispiel:

Berapa kali dia sudah ke Indonesia?
Wie oft war sie schon in Indonesien?

Dia sudah tiga kali ke Indonesia.
Sie war schon dreimal in Indonesien.

6. Ordinalzahlen

Ordinalzahlen werden durch Vorsetzen von *ke-* an die Kardinalzahl gebildet. Abweichend von dieser Regel wird „erster/erste/erstes“ durch *pertama* ausgedrückt:

1.	pertama	erster/erste/erstes
2.	kedua	zweiter/zweite/zweites
3.	ketiga	dritter/dritte/drittes
usw.		

Ordinalzahlen werden dem Bezugswort als Attribut nachgestellt, Beispiel:

Dia anak kedua ibunya.
Sie ist das zweite Kind ihrer Mutter.

Ordinalzahlen werden auch für Aufzählungen benutzt, Beispiel:

Pertama karena saya tidak mau, kedua karena saya tidak bisa.
Erstens weil ich nicht will, zweitens weil ich nicht kann.

Nach Ordinalzahlen wird mit *keberapa - der/die das wievielte* gefragt, Beispiel:

Dia anak keberapa?
Sie ist das wievielte Kind?

7. *mengapa, kenapa*: warum?

Nach dem Grund wird mit *mengapa* (warum) oder – umgangssprachlich – mit *kenapa* gefragt, Beispiel:

Mengapa dia memilih kemeja ini?
Warum hat er dieses Hemd ausgewählt?

Die Antwort wird mit *karena* (weil) gebildet:

> Dia memilih kemeja ini karena murah.
> Er hat dieses Hemd ausgesucht, weil es günstig war.

II. Vokabeln

ambil	
mengambil	nehmen
anjing	Hund
baca	
membaca	lesen
Baiklah!	In Ordnung!, Okay!
berapa	wie viele?; wieviel?
berapa kali	wie oft?
berapa lama	wie lange?
keberapa	der/die/das wievielte?
buah	Frucht, Obst; /Klassifikator für unbelebte Gegenstände und Pflanzen/
bungkus	Packung
celana	Hose
daging	Fleisch
dan lain-lain	usw.
déwasa	erwachsen
dini	
dini hari	früh morgens
ékor	Schwanz; /Klassifikator und Zählwort für Tiere/
gelas	Trinkglas
halaman	Hof
harga	Preis
hitung	
menghitung	zählen; rechnen
jarang	selten
kali	… mal (mit bestimmten und unbestimmten Zahlwörtern)
kambing	Ziege
kampung	Wohngegend, Dorf, Viertel
karena (Konj.)	weil; wegen
karena itu	deswegen
keluarga	Familie
keméja	Hemd
kertas	Papier
kilo	Kilogramm; Kilometer
kucing	Katze
lembar	Blatt; /Klassifikator für Papier/

mahal	teuer
mahasiswa	Student, Studentin
main	
bermain	spielen
makanan	Essen
mampir	vorbeischauen
marah	ärgerlich, erzürnt
masak	
memasak	(etw.) kochen
masjid	Moschee
masjid agung	große Moschee, Freitagsmoschee
mengapa?	warum?
mungkin	möglich; möglich sein
murid	Schüler, Schülerin
nakal	unartig, ungezogen, frech
orang	/Klassifikator für Menschen/Personen/
pakaian	Kleidung
pandai	fähig
pandai + Verb	etw. können (Fähigkeit)
pasang	Paar /Partitiv für paarweise auftretende Gegenstände/
pasar	Markt
pertama	erste/r/s
pintar	klug
piring	Teller
pulang	heimkehren
pucuk	/Klassifikator für Briefe/
rajin	fleißig
ramai	belebt, gedrängt
rupiah (= Rp.*)	Indonesische Rupiah (Währung)
samping	
di samping	neben; außerdem
sekolah	Schule
bersekolah	in die Schule gehen
sepatu	Schuh
ramah	nett, freundlich, liebenswürdig
tahun	Jahr
televisi	Fernseher
tidak … lagi	nicht mehr
TK, taman kanak-kanak	Kindergarten
tonton	
menonton	zuschauen (Vorführung, Fernseher etc.)

* Anmerkung: Die abgekürzte Variante „Rp.“ wird immer vorgestellt: Rp. 20.000.

tua	
orang tua*	Eltern
tukang	Spezialist für etwas (Handwerk, Handel)
tunggu	
menunggu	warten
umur	Alter
berumur ...	... Jahre alt sein
usah	
tidak usah	nicht nötig sein
wah!	/Ausruf des Erstaunens/

III. Teks – Keluarga Haldoko

Pak Haldoko dan istrinya membeli 30 kilo pupuk di kota. Pupuk sekarang memang mahal, 10.000 rupiah untuk satu kilo. Di samping membeli pupuk untuk sawah Pak Haldoko dan istrinya juga membeli beberapa bungkus teh dan kopi dan mencari pakaian untuk anak-anak. Mereka punya tiga anak. Ibu Haldoko sudah tahu di mana dia bisa mencari pakaian anak yang bagus dan harganya murah. Ada dua toko pakaian besar di samping Masjid Agung. Toko itu selalu ramai. Setelah masuk toko yang pertama Ibu Haldoko memilih dan mengambil beberapa helai kemeja, dua pasang celana, sepasang sepatu dan lain-lain. Tidak perlu lagi masuk toko pakaian yang kedua.

Setelah berbelanja dan mampir di kantor pos Bapak dan Ibu Haldoko pulang ke desa. Anak-anak sudah menunggu orang tua mereka pulang. Anak ketiga Bapak dan Ibu Haldoko bernama Indrawati. Dia masih kecil. Dia baru berumur 5 tahun. Dia masih seorang murid TK (taman kanak-kanak). Dia pintar dan rajin. Dia sudah pandai membaca dan menghitung. Indrawati bukan anak nakal. Orang tuanya jarang sekali marah karena dia. Dia senang sekali mendapat baju baru. Anak-anak Bapak dan Ibu Haldoko yang lain tidak bersekolah lagi. Hasan yang berumur 19 tahun baru mulai kuliah. Ahmad sudah dewasa. Dia berumur 25 tahun dan bekerja di sebuah toko di kota. Dia sudah beristri tetapi belum punya anak. Ahmad dan Hasan tidak tinggal di rumah orang tua mereka lagi. Tetapi mereka sering berkunjung ke rumah keluarga untuk bercakap-cakap dan makan bersama-sama. Semua anak itu memang ramah sekali.

Keluarga Haldoko punya tiga ekor kambing, seekor anjing dan dua ekor kucing. Indrawati suka sekali bermain dengan binatang-binatang itu. Setelah pulang dari TK dia selalu bermain dengan kambing.

Karena baru pulang dari kota pada malam hari Ibu Haldoko tidak ada waktu untuk memasak. Karena itu mereka harus makan makanan dingin. Setelah makan malam mereka menonton televisi. Tetapi tidak lama, karena mereka

* Anmerkung: *orang tua* wird nur für „Eltern" verwendet, nicht für „alter Mensch". Für letzteres wird *orang yang tua* benutzt.

semua harus bangun pada dini hari. Pak Haldoko dan istrinya mau ke pasar untuk berbelanja lagi. Sebelumnya mereka harus mengantar Indrawati ke TK.

Beantworten Sie folgende Fragen zum Text:

1) Ibu Haldoko membeli apa di toko pakaian?
2) Anak-anak Ibu Haldoko menunggu siapa?
3) Dengan apa Indrawati suka bermain?
4) Apakah keluarga Haldoko suka menonton televisi?
5) Mengapa mereka makan makanan dingin?
6) Indrawati adalah anak keberapa dari Ibu Haldoko dan Pak Haldoko?
7) Apakah anak-anak Ibu dan Bapak Haldoko masih tinggal di rumah orang tuanya?
8) Ibu Haldoko punya berapa ekor kambing?
9) Di mana Ibu Haldoko mencari pakaian untuk anak-anak?
10) Apakah Ibu Haldoko ikut suaminya ke kota?

IV. Übungen

1. Übersetzen Sie ins Indonesische:

a) 1 Haus
b) 28 Kilo Fleisch
c) 59 Hunde
d) 381 Blatt Papier
e) 2.600 Studenten
f) 5 Paar Schuhe
g) 30.456 Briefe
h) 3.550.219 Käfer
i) das erste Haus
j) das fünfte Kind
k) das sechste Oberteil

2. Wählen Sie das passende Wort:

buah	kilo	pucuk	piring	pasang
ekor	gelas	helai	orang	lembar

a) Di dalam lemari Bu Sutrisno ada 63 .... surat.
b) Pak Meier membawa 7..................... kemeja ke Indonesia.

c) Ada 7 .... kertas di atas meja.
d) 15.000 .... mahasiswa kuliah di universitas ini.
e) Di kamar saya ada 6 .... kursi.
f) Di halaman rumah ada 3 .... kucing.
g) Mengapa Anda minum 9 .... kopi kemarin?
h) Tadi malam teman saya makan 4 .... nasi.
i) Anda membeli berapa .... celana tadi siang?
j) Harga 5 .... daging kambing berapa?

3. Übersetzen Sie ins Indonesische:

a) Ich habe heute dreimal gegessen.
b) Wieviele Male (wie oft) hast du ihn schon getroffen?
c) Ich habe ihn schon fünfmal getroffen.
d) Unsere Kinder haben schon einige Male miteinander gespielt.

4. Übersetzen Sie ins Deutsche:

a) Pak Haldoko memilih mobil yang kedua.
b) Di samping rumah yang keempat ada restoran bagus.
c) Empat ratus lima puluh sembilan orang tinggal di desa ini.
d) Dia anak ketiga orang tuanya.
e) Dia memilih sehelai kemeja yang bagus sekali.
f) Saya tidak ada waktu untuk bermain dengan mereka.
g) Ada lima orang tamu nanti malam. Karena itu kami harus memasak.
h) Mereka tidak perlu belajar Bahasa Indonesia. Mereka sudah pandai.
i) Tidak usah pergi jauh. Ada banyak toko di jalan ini.
j) Tidak mungkin mendapat pakaian yang bagus di toko-toko desa itu.
k) Temanku pandai mencari pakaian yang bagus dan murah.
l) Mungkin mereka masih sibuk di kantor.

5. Übersetzen Sie ins Indonesische:

a) Mein Kind ist klug und fleißig. Es kann schon rechnen, schreiben und lesen.
b) Mein Vater kann sehr gut kochen.
c) Es ist nicht nötig, Gemüse zu kaufen. Gemüse ist schon im Haus.
d) Es ist nicht nötig, sich jetzt zu treffen. Später ist auch noch Zeit.
e) Es ist möglich, dass er noch schläft.

6. Beantworten Sie die Fragen und übersetzen Sie ins Deutsche:

a) Apakah kalian sudah pandai berbahasa Indonesia?

b) Anda mau mengirim berapa pucuk surat hari ini?
c) Berapa pasang sepatu ada di dalam lemari?
d) Umur Anda berapa?
e) Sudah berapa lama kamu tinggal di Indonesia?
f) Berapa kali kalian sudah bertemu?

7. Übersetze ins Deutsche:

a) Berapa harga baju ini? - Baju ini murah sekali. Harganya hanya Rp 50 000.
b) Baju itu berapa? - Baju itu mahal. Harganya Rp 150 000.
c) Kamu anak keberapa? Saya anak kelima dari orang tua saya.

8. Übersetze ins Indonesische und beantworten Sie:

a) Wie viele Hemden kauft Frau Haldoko?
b) Wie viele Briefe musst du schreiben?
c) Wie viele Geschäfte gibt es in dieser Stadt?
d) Wie viele Gläser Tee trinkt Hasan?
e) Was bekommt Indrawati?
f) Was kostet dieses Haus?

9. Setzen Sie die Verben mit der richtigen Affigierung ein:

a) Saya akan (beli)...................... sepasang sepatu di jalan Malioboro nanti malam.
b) Besok dia mau (belanja) .... di pasar.
c) Anak itu (gembira)......................... karena (dapat)................ sepasang celana baru.
d) Masjid itu (umur) .... 150 tahun.
e) Apakah kamu mau (main)......................... bersama dengan saya?
f) Siapa yang tidak suka (tonton)........................ televisi?
g) Anak-anak Ibu Harsono nanti mau (sekolah)......................... di mana?
h) Mengapa kamu belum (kunjung) .... ke rumah temanmu?
i) Saya harus (bawa) .... piring dan gelas ke dapur.
j) Kenapa engkau (bohong)................... tadi?

Übungstext – Di pasar

Ibu Haldoko sedang berbelanja di pasar yang dekat rumahnya. Hari ini pasar itu ramai sekali. Ibu Haldoko mencari daging. Dia juga mau membeli sayur.

Ibu Haldoko:	„Selamat siang, Bu! Daging ini berapa harganya satu kilo?“
Tukang daging:	„300 000 sekilo, Bu.“
Ibu Haldoko:	„Wah! Mahal sekali! 250 000 bisa?“
Tukang daging:	„Tidak bisa, Bu! Daging ini bagus sekali. 280 000 bisa.“
Ibu Haldoko:	„Baiklah, saya mengambil dua kilo.“

Setelah membeli daging Ibu Haldoko mampir di toko sayur.

Lektion 7

I Grammatik

1. Intransitive Verben mit *me...*

Eine kleine Anzahl von Verben mit *me...*-Präfix ist intransitiv und muss gesondert gelernt werden.

Dazu gehören in erster Linie Verben, die Geräuschäußerungen betreffen, z.B.

menangis (tangis)	–	weinen
menyanyi (nyanyi)	–	singen

oder Verben, die das Erreichen eines Zustands bezeichnen, den das zugrundeliegende adjektivische Grundwort ausdrückt, z.B.

besar (groß)	→	membesar	–	groß werden
kuning (gelb)	→	menguning	–	gelb werden

2. Objektfokus

Das Indonesische unterscheidet zwischen einem Subjektfokus und einem Objektfokus. Der Unterschied besteht darin, dass die Satzaussage entweder auf das Subjekt oder das Objekt des Satzes fokussiert wird. Bislang bekannt ist der Subjektfokus mit der Satzstruktur Subjekt - Prädikat - Objekt, bei dem der Fokus der Satzaussage auf dem Agens/Subjekt (wer?/was?) liegt. Im Objektfokus rückt das Objekt/Patiens des Satzes (wen?/was?) an den Anfang der Phrase und entsprechend in den Fokus der Satzaussage. Im Deutschen wird der Objektfokus oft mit Passiv identifiziert, was die Sache aber nur bedingt trifft.

Der Objektfokus ist selbstredend nur bei transitiven mit *me...* gebildeten Verben anwendbar.

a. Bildung des Objektfokus

Der Objektfokus hat zwei Formen, die im Folgenden Typ 1 und Typ 2 genannt werden.

Objektfokus Typ I

Objektfokus Typ I wird bei der 3. Person Singular und Plural verwendet. Die Reihenfolge im Satz wird in Objekt – Verb – Subjekt/Agens verändert. Das Präfix *me...* wird durch das Präfix *di...* ersetzt. Das Subjekt/Agens kann, muss aber nicht mit der Partikel *oleh* („durch") angeschlossen werden.

Damit ergibt sich im Objektfokus Typ I im Vergleich zum Subjektfokus die folgende Satzstruktur:

Subjektfokus		
Subjekt	+ *me-* Verb	+ Objekt
Ayah	*mem*beli	buku itu.

Vater kauft jenes Buch. (Fokus liegt auf der handelnden Person „Vater“)

Objektfokus Typ I		
Objekt	+ *di-* Verb	(+ oleh) + Subjekt
Buku itu	*di*beli	(oleh) Ayah.

Jenes Buch wird von Vater gekauft. (Fokus liegt auf dem gekauften Gegenstand „Buch“)

Beispiele:

Ahmad memukul anjing itu. → Anjing itu dipukul (oleh) Ahmad.
Ahmad schlägt den Hund → Der Hund wird von Ahmad geschlagen.

Ibu Yus memasak nasi ini. → Nasi ini dimasak (oleh) Ibu Yus.
Frau Yus kocht diesen Reis → Dieser Reis wird von Frau Yus gekocht.

Objektfokus Typ II

Objektfokus Typ II wird bei der 1. und 2. Person (Singular und Plural) verwendet. Die Reihenfolge im Satz wird in Objekt – Subjekt/Agens – Verb verändert. Das *me…*-Präfix am Verb entfällt ersatzlos.

Damit ergibt sich im Objektfokus Typ II im Vergleich zum Subjektfokus die folgende Satzstruktur:

Subjektfokus		
Subjekt	*me-* Verb	Objekt
Saya	*mem*beli	buku itu.

Ich kaufe jenes Buch. (Fokus liegt auf der handelnden Person „ich“)

Typ II Objektfokus		
Objekt	+ Subjekt	+ Verb (*me-* Präfix entfällt)
Buku itu	saya	beli.

→ Jenes Buch kaufe ich. / Jenes Buch wird von mir gekauft. (Fokus liegt auf dem gekauften Gegenstand „Buch")

Beispiele:

Kita membahas masalah itu. → Masalah itu kita bahas.
Wir besprechen das Problem → Das Problem wird von uns besprochen.

Saya menulis surat ini. → Surat ini saya tulis.
Ich schreibe diesen Brief. → Der Brief wird von mir geschrieben.

Wichtig:

1. Im Objektfokus Typ II kann oleh nicht benutzt werden.
2. Im Objektfokus Typ II kann nichts zwischen Agens und Verb treten (sie bilden eine untrennbare Einheit). Entsprechende Erweiterungen, u.a. durch Modalverben, müssen vor das Agens gesetzt werden.

Beispiele:

Buku itu mau saya beli.

Buku itu sudah kami beli.

Buku itu tidak kita beli.

Vergleich der Konstruktionen in Objektfokus Typ I und Typ II

Ayah membeli buku itu. → Buku itu dibeli Ayah.

Kamu membeli buku itu. → Buku itu kamu beli.

Saya membeli buku itu. → Buku itu saya beli.

Ersatz des Agens durch enklitische Formen

Das Agens kann in beiden Typen des Objektfokus in den folgenden Fällen durch enklitische Formen ersetzt werden. Dabei ist zu beachten, dass *nya*, wie gewohnt, nachgestellt wird, *ku* und *kau* aber vor das betreffende Verb:

Typ I

dia	→	...nya
		Telur ini dibelinya *oder*
		Telur ini dibeli olehnya – Dieses Ei wurde von ihm gekauft.

Typ II

aku	→	ku...
		Telur ini kumakan. – Dieses Ei wurde von mir gegessen.
engkau	→	kau...
	→	Telur ini kaumakan. Dieses Ei wurde von dir gegessen.

Beachte: Wenn das Agens aus einem Personalpronomen der 3. Person (d.h. *dia*, *mereka* oder *beliau*) besteht, kann der Objektfokus des Typs II ebenfalls – fakultativ – angewendet werden. Dies gilt vor allem für die gesprochene Sprache. Beispiel:

Typ I: Buku ini dibeli (oleh) dia.

Typ II: Buku ini dia beli.

b. Verwendung des Objektfokus

Der Objektfokus stellt im Indonesischen keine Ausnahme dar, sondern wird häufig und gewohnheitsmäßig verwendet. Bei Übersetzungen ins Deutsche kann diese Konstruktion oft nicht durch Passivübersetzungen nachvollzogen werden, ohne die Zielsprache ungrammatisch wirken zu lassen. Daher wird bei der Übersetzung oft sinnvollerweise das Aktivische verwendet.

Beispiel: Kita sudah ditunggu Pak Harsono.
Herr Harsono wartet schon auf uns.

Wie gesagt, ist der Objektfokus nur bei transitiven *me*...-Verben anwendbar. Entsprechend können transitive Verben ohne *me*...-Präfix nicht in den Objektfokus versetzt werden. Aber: Verben wie *makan* („essen“) und *minum* („trinken“) haben präfigierte Nebenformen (*meminum*, *memakan*), die dann zugrunde gelegt werden. Beispiele:

Pisang kami dimakan anak.
Kopi dia diminum temannya.

Der Objektfokus kann auch ohne Agens verwendet werden. Anwendung findet hier stets Typ I. Beispiele:

Surat ini sudah dikirim.
Dieser Brief wurde bereits versandt.

Saya belum dijemput.
Ich wurde noch nicht abgeholt.

Im Deutschen unpersönliche Sätze mit *man* entsprechen im Indonesischen oft Konstruktionen im Objektfokus. Dies ist vor allem bei Übersetzungen ins Indonesische zu beachten.

Mereka tidak diundang.
Man hat sie nicht eingeladen.

c. Weiterer Hinweis zum Gebrauch des Objektfokus

Der Objektfokus findet in der Regel bei definiten Nomen Gebrauch, das heißt bei Substantiven, die näher bestimmt sind. Dazu zählen Konstruktion mit *ini* und *itu*, aber auch nähere Bestimmungen durch Nebensätze oder Possessivbildungen. Beispiele:

Anak ini dipukul temannya.
Dieses Kind wurde von seinem Freund geschlagen.

Anak saya dipukul temannya.
Mein Kind wurde von seinem Freund geschlagen.

Orang yang datang kemarin itu saya jemput dari airport.
Den Mann, der gestern kam, habe ich vom Flughafen abgeholt.

3. Die Konjunktion *bahwa*

Mit der Konjunktion *bahwa* werden im Indonesischen gewöhnlich Objektsätze eingeleitet. Beispiel:

Dia tahu <u>bahwa</u> temannya sudah pergi.
Sie weiß, dass ihre Freundin schon gegangen ist.

Anders als im Deutschen kann *bahwa* in vielen Fällen, vor allem in der gesprochenen Sprache, entfallen. Beispiel:

Dia tahu temannya sudah pergi.

II. Vokabeln

ambil	
mengambil	abheben (Geld)
antara, di antara	zwischen
antara lain	unter anderem
bahwa	dass (Konj.)
batik	Batik
bawa	
membawa	mitnehmen, bei sich haben
begini	so, solcherart (engl. „like this“)
begitu	so, solcherart (engl. „like that“)
biasanya	normalerweise, gewöhnlich
benar	richtig; stimmt; Recht haben, richtigliegen
beras	ungekochter Reis
bincang	
berbincang	sich unterhalten
biru	blau
buku	Buch
bulan	Monat
bus	Bus
cabé	Chili
céngkéh	Gewürznelke
depan	vor (räumlich); kommend, folgend (zeitlich)
héran	erstaunt
gedung	größeres Gebäude
hijau	grün
hitam	schwarz
ingin	möchten, wünschen
jual	
menjual	verkaufen
kalau	wenn, falls
kantuk	
mengantuk	müde sein
kembali!	gerne! [Erwiderung auf Dank]
kira-kira	ungefähr
kirim	
mengirim	schicken
koper	Koffer
kuning	gelb
menguning	gelb werden, sich gelb färben
lagi	erneut; mehr (bei Zeitangaben)

laut	Meer
pos laut	Schiffspost
léwat	via, mit, durch, vermittelst (im konkreten und übertragenen Sinn)
libur	frei (Arbeit etc.); frei haben, Urlaub haben
hari libur	Feiertag, freier Tag
berlibur	frei haben, Urlaub haben
masalah	Problem
macam	Sorte, Art
mérah	rot
merica	Pfeffer
minggu	Woche
minta	bitten, etw. erbitten
meminta	bitten, etw. erbitten
nyanyi	
menyanyi	singen (intr.)
oléh	/kennzeichnet das Agens im Objektfokus/
pakét	Paket
pala	Muskat
panén	Ernte
memanén	ernten
pasti	gewiss, bestimmt
pisah	
berpisah	sich trennen
pukul	
memukul	schlagen
rempah	Gewürz
sedikit	ein wenig, ein bisschen; wenig, etwas
segala	alle …
segera	sofort, sogleich, schnell
selain (dari) itu	außerdem, darüber hinaus, daneben
taksi	Taxi
tangis	
menangis	weinen (intr.)
tetapi	sondern (Konj.)
tunai	bar
uang tunai	Bargeld
udara	Luft
pos udara	Luftpost
undang	
mengundang	einladen
urusan	Angelegenheit; etwas zu Erledigendes
waktu	als (Konj.)
walikota	Bürgermeister, Bürgermeisterin
gedung walikota	Rathaus
warna	Farbe
berwarna	farbig, farbig sein

III Text – Pak Meier diundang ke rumah Pak Harsono

Pak Harsono: „Ke mana Pak Meier kemarin?"

Pak Meier: „Kemarin saya berbelanja di kota. Anak laki-laki Pak Haldoko mengantar saya ke sana. Dia juga mengantar saya ke pasar."

Pak Harsono: „Apa yang Bapak beli?"

Pak Meier: „Saya membeli pakaian baru, antara lain beberapa baju batik yang berwarna. Istri saya sangat suka yang biru dan yang hitam. Selain itu istri saya minta saya membeli teh dan rempah untuk dibawa ke Jerman."

Pak Harsono: „Dia meminta membeli rempah apa, Pak?"

Pak Meier: „Segala macam: pala, cengkeh, merica dan cabe merah. Kalau dibeli di Jerman, pasti mahal. Di sini semua bisa dibeli di pasar dengan harga murah."

Pak Harsono: „Apakah semua dibawa pulang di dalam koper?"

Pak Meier: „Tidak. Besok semua barang saya kirim dengan paket pos. Di mana kantor pos pusat, Pak?"

Pak Harsono: „ Kantor pos pusat sedikit jauh dari sini, di depan gedung walikota. Saya akan membantu Bapak. Kalau Bapak tidak sibuk besok, kita bisa membawa paket itu ke sana naik mobil. Tidak usah naik taksi. Berapa lama untuk mengirim sebuah paket dari sini ke Jerman?"

Pak Meier: „Biasanya lewat pos laut kira-kira dua bulan. Pos udara memang cepat tetapi mahal sekali."

Pak Harsono: „Besok lusa hari libur. Saya mau mengundang Bapak ke rumah saya. Apakah Bapak sibuk hari itu? Beberapa kolega juga sudah saya undang. Istri saya ingin memasak untuk kita semua. Dia pandai sekali memasak. Tetapi sekarang saya harus cepat pulang."

Pak Meier: „Benar, Pak. Terima kasih. Besok lusa saya memang berlibur."

Pak Harsono: „Sama-sama. Saya akan menjemput Bapak lusa pada sore hari."

Setelah bercakap-cakap Pak Meier dan Pak Harsono berpisah. Pak Meier tahu bahwa Pak Harsono masih ada banyak urusan lain. Setelah mampir di bank untuk mengambil uang tunai Pak Meier mau pulang untuk beristirahat dan membaca sebuah buku yang baru dibelinya di toko buku yang ada di antara Toko Sempurna dan terminal bus. Waktu membaca buku itu Pak Meier tiba-tiba mengantuk. Dia ingin segera tidur.

Dua hari lagi, pada hari libur, Pak Meier dijemput Pak Harsono dan dibawa ke rumahnya. Di sana mereka bertemu dengan kolega-kolega lain untuk berbincang dan makan-minum. Pak Harsono benar: Banyak kolega yang diundang dia. Besok Pak Harsono dan Pak Meier mau pergi lagi ke sawah Pak Haldoko karena riset mereka di sana belum selesai. Padi di sawah sudah tidak hijau lagi, tetapi sudah menguning. Pak Meier heran padi bisa begitu cepat menguning. Minggu depan padi itu akan dipanen dan dijual.

Beantworten Sie folgende Fragen zum Text:

1) Ke mana Pak Meier dibawa Pak Harsono?
2) Apakah padi itu sudah dipanen?
3) Kantor pos pusat di mana?
4) Istri Pak Meier minta apa dari suaminya?
5) Istri Pak Meier suka kemeja batik yang berwarna apa?
6) Rempah-rempah apa yang dibeli Pak Meier?
7) Paket Pak Meier akan dibawa ke mana?
8) Pak Meier diundang ke rumah siapa?
9) Pak Meier mampir di mana sebelum pulang ke hotel?

IV Übungen

1. Übersetzen Sie ins Deutsche:

   a) Anak itu dipukul.
   b) Aku tidak diundang.
   c) Apakah mobil itu sudah dijual?
   d) Apakah mereka belum dicari ibunya?
   e) Apakah anak saya sudah dijemput?
   f) Saya tidak mau mobil saya dijual.
   g) Mobil saya akan dijual oleh ayahku.
   h) Surat ini harus dikirim ke kantor pusat.
   i) Surat ini dikirim kolega Pak Meier.

2. Setze in den Objektfokus:

   a) Amir menjual mobil saya.
   b) Dia membeli rumah baru ini.
   c) Temannya mengambil dua gelas teh di dapur.
   d) Pak Harsono membaca surat dari kantor pusat.
   e) Pak Meier mengantar Fatimah ke airport.
   f) Pak Haldoko mau mengirim sebuah paket ke Jerman.
   g) Ibu Haldoko mau memanen padi yang sudah menguning.

h) Orang itu memukul anak saya.
i) Ibu Sutrisno mengundang kami ke rumahnya.

3. Setze in den Objektfokus:

a) Kami menghitung uang kami.
b) Saya menunggu dia.
c) Aku membantu Ibu.
d) Kalian membahas semua masalah.
e) Dari sini kita melihat beberapa gunung.
f) Kamu merusak sepeda saya.
g) Saya menulis buku itu kemarin.

4. Setze in den Objektfokus:

a) Saya mau membeli buku itu sekarang.
b) Kami tidak bisa melihat gunung itu dari sini.
c) Kalian tidak boleh minum kopi ini.
d) Engkau sudah memukul anjing saya beberapa kali.
e) Ibu boleh makan nasi ini.
f) Kita harus membahas masalah ini sekarang.
g) Apakah Bapak akan memasak nasi itu hari ini?
h) Apakah Anda sekalian sudah mengambil paket itu di kantor pos?
i) Saya sering mengantar teman saya ke kota.
j) Kamu boleh membawa kopermu ke atas.

5. Setzen Sie in den Objektfokus:

a) Pak Meier menjemput teman-teman saya.
b) Aku mencari Pak Haldoko.
c) Kita membaca surat ini.
d) Kemarin ayah saya membeli tiga kilo beras.
e) Apakah kamu mengundang teman-teman kita?
f) Tadi pagi saya mengantar ibu saya ke kota.
g) Nanti Pak Haldoko membantu saya kembali ke kampus.

6. Übersetzen Sie im Subjekt- und Objektfokus unter Verwendung des Zukunftindikators *akan*:

a) Dieses Buch werde ich im Buchladen kaufen.
b) Dieses Buch wirst du im Buchladen kaufen
c) Dieses Buch wird sie im Buchladen kaufen.
d) Dieses Buch werden wir im Buchladen kaufen.

e) Dieses Buch werdet ihr im Buchladen kaufen.
f) Dieses Buch werden sie im Buchladen kaufen.

7. Setzen Sie in den Subjektfokus:

a) Dia ditunggu oleh orang tuanya.
b) Mobil ini dijual ayahku.
c) Teman-teman kalian sudah dicari mereka.
d) Nasi itu tidak dimakannya.
e) Buku itu saya jual.
f) Buah dan daging ini kami beli tadi.
g) Teman kita kujemput.
h) Paket itu harus kita kirim ke Jerman.
i) Buku-buku saya sudah kalian jual?
j) Celana yang berwarna coklat itu saya dapat di toko "Sempurna".

8.. Setzen Sie das richtige Verb und die richtige Verbform ein:

a) Buku ini sudah sering saya .... (lesen)
b) Tadi Ibu .... teman saya (abholen)
c) Ayah saya suka .... (singen)
d) Anjing kita .... istri saya. (schlagen)
e) Barang ini tidak boleh .... (verkaufen)
f) Rempah mana yang kau .... (auswählen)
g) Kenapa dia tidak .... mereka ke airport? (begleiten)
h) Saya tidak bisa .... lagi. (warten)
i) Besok padi di sawah Pak Haldok bisa .... (ernten)

9. Setzen Sie in den Objektfokus:

a) Kita tidak boleh memukul anjing ini.
b) Kumbang itu merusak padi yang tumbuh di sawah Pak Haldoko.
c) Mereka mau mengirim paket itu ke Jerman.
d) Apakah Ibu Haldoko sudah membeli daging untuk dimasak?
e) Saya mau membeli mobil ini.
f) Tadi kamu meminum kopi ayah!
g) Kalian tidak boleh memukul anak ini.
h) Nanti sore kami mengantar dia ke sana.
i) Apakah Anda membawa rempah itu pulang di dalam koper?

10. Übersetzen Sie ins Deutsche:

a) Saya tahu bahwa mereka suka berbelanja.

b) Dia melihat bahwa teman-temannya sudah mau pergi.
c) Pak Meier tidak tahu bahwa istrinya mau ke kota.

11. Übersetzen Sie ins Deutsche:

a) Saya memilih ini kalau boleh.
b) Kalau dia datang saya tidak bisa beristirahat.
c) Anda bisa duduk di sini kalau mau.
d) Aku mau membeli sehelai kemeja yang berwarna biru kalau ada.
e) Kalau begitu mereka tidak mau ikut.

Übungstext: Pakaian baru

Pakaian ini dibeli Ibu Haldoko dan suaminya. Mereka memilih beberapa helai kemeja batik yang berwarna hijau dan hitam, dua pasang celana yang biru dan tiga baju yang merah. Pakaian itu tidak murah. Anak-anak mereka senang sekali mendapat pakaian baru.

Indrawati:	„Baju ini dibeli untuk saya?“
Ibu Haldoko:	„Benar, Nak! Baju ini kami beli untuk kamu.“
Indrawati:	„Terima kasih banyak, Ibu!“
Ibu Haldoko:	„Sama-sama, Nak! Apakah engkau senang?“
Indrawati:	„Ya, saya senang sekali! Bagus sekali baju yang merah ini! Di mana Ibu beli?“
Ibu Haldoko:	„Baju ini Ibu beli di toko pakaian di kota.“
Indrawati:	„Apa nama toko pakaian itu?“
Ibu Haldoko:	„Namanya „Toko Sempurna“. Minggu depan ayah dan Ibu mau ke sana lagi. Mau ikut?“

Indrawati bergembira karena dia akan berbelanja bersama-sama dengan orang tuanya. Setelah bercacap-cakap dengan ibunya, Indrawati keluar untuk bermain dengan kambing di halaman rumah.

Lektion 8

I. Grammatik

1. Komparativ, Superlativ und Übermaß

a. Komparativ

Der Komparativ wird mit *lebih* (mehr) und *kurang* (weniger) gebildet. Beispiele:

lebih besar – größer

kurang subur – weniger fruchtbar

Im direkten Vergleich wird *daripada* oder *dari* verwendet. Beispiele:

Rumah saya lebih besar daripada rumah presiden.
Mein Haus ist größer als das Haus des Präsidenten.

Harga mobil ini kurang dari 200.000.000 rupiah.
Der Preis dieses Autos ist weniger als 200.000.000 Rupien.

Der Komparativ kann durch nähere Bestimmungen ergänzt werden. Beispiel:

Dia jauh lebih tinggi* daripada saya.
Er ist viel größer als ich.

> *Kulturelle Notiz:*
> Es besteht eine gewisse Zurückhaltung gegenüber absoluten oder negativen Aussagen. Oft werden Umschreibungen mit *kurang* verwendet. Beispiele:
>
> Gelas ini kurang bersih.
> wörtl.: Dieses Glas ist weniger sauber.
> gemeint: Dieses Glas ist schmutzig.
>
> Saya kurang tahu.
> wörtl.: Ich weiß [es] weniger.
> gemeint: Ich weiß es nicht.

* Anmerkung: Auf die Körpergröße nimmt man mit *tinggi* (hoch) Bezug.

b. Bildung des Superlativs

Der Superlativ wird mit *paling* gebildet. Beispiel:

paling besar – am größten

Ini masalah yang paling besar.
Dies ist das größte Problem.

c. Ausdruck von Gleichheit

Gleichheit wird mit *se*... oder *sama …nya dengan* ausgedrückt. Beispiele:

semahal – ebenso teuer wie

sama mahalnya dengan – ebenso teuer wie

Buku ini semahal buku itu.
Buku ini sama mahalnya dengan buku itu.
Dieses Buch ist ebenso teuer wie jenes Buch.

d. Ausdruck des Übermaßes

terlalu bezeichnet ein Übermaß. Beispiel:

Koper ini terlalu berat.
Dieser Koffer ist zu schwer.

2. Verbbildung mit dem Zirkumfix *me…kan*

a. Bildung

Das Zirkumfix *me...kan* bildet transitive Verben unter Anwendung der bekannten Regeln zur Affigierung des Präfix *me*… Beispiel:

besar → membesarkan

masuk → memasukkan

b. Funktion

Die Funktionen des Zirkumfix *me...kan* können in diesem Zusammenhang in drei Kategorien eingeteilt werden. In manchen Fällen dient das Suffix ...*kan* lediglich zur Bildung eines funktionsfähigen transitiven Verbs im Allgemeinen.

(1) Ersatz eines intransitiven Verbes mit zugehöriger Präposition

In einigen Fällen ersetzt die Affigierung mit *me...kan* ein *ber...*-Verb mit Präposition oder ein aus einem Grundwort bestehendes Verb mit Präposition; Beispiel:

> berpikir tentang (an etw. denken) → memikirkan (etw. bedenken, über etw. nachdenken)

Bei den Bildungsmöglichkeiten mit Präposition oder *me...kan* (s. Beispiel) kann es bisweilen semantische Unterschiede geben, die dann gesondert gelernt werden müssen.

(2) fakultatives ...kan

In weiteren Fällen hat das Suffix *...kan* keine spezifische Funktion, d.h. es liegt kein Bedeutungsunterschied zwischen dem *me...*-Verb und dem *me...kan*-Verb vor. Enstsprechend ist die Verwendung von *...kan* fakultativ, Beispiel:

> mengantar = mengantarkan (jmdn. begleiten)

(3) In anderen Fällen liegt keine alternative Konstruktionsmöglichkeit vor; Beispiel:

> melakukan (etw. durchführen, machen, tun)

Beispiel:

> Kenapa kamu melakukan itu?
> Warum machst du das?

c. Bedeutungsgruppen von *me...kan*

Bei *me...kan*-Verben lassen sich mehrere Bedeutungsgruppen unterscheiden. Die wichtigsten sind:

(1) benefaktives ...kan

Bei benefaktiven Verben mit me…kan wird die im Grundwort ausgedrückte Handlung für jemanden durchgeführt. Benefaktive Verben sind ditransitiv und erfordern entsprechend immer zwei Objekte. Die Reihenfolge der beiden Objekte ist: indirektes Objekt – direktes Objekt.

Folglich ist die Satzstruktur:

Subjekt – benefaktives Verb – indirektes Objekt – direktes Objekt

Beispiel:

membelikan – jmdm. etw. kaufen

Saya	membelikan	dia	coklat.
		(indirektes Objekt)	(direktes Objekt)

Ich kaufe ihm Schokolade.

Der Anschluss der Objekte unterscheidet sich bei benefaktiven Verben damit wesentlich von den entsprechenden *me…*-Verben. Letztere erfordern die Satzstruktur:

Subjekt – transitives *me...* Verb – direktes Objekt
Beispiel: membeli – etw. kaufen
Saya membeli coklat.
(direktes Objekt)
Ich kaufe Schokolade.

Der weitere Anschluss eines indirekten Objektes ist hier nur über eine Präposition möglich:

Saya	membeli	coklat	untuk dia.
		(direktes Objekt)	(indirektes Objekt)

Ich kaufe Schokolade für ihn.

(2) kausatives ...kan

Kausatives *...kan* ist sehr häufig. Es drückt aus, dass das Objekt des Satzes in den Zustand des Grundwortes versetzt wird. Grundwörter können Adjektive, transitive Verben und Nomen sein.

a) Adjektivische Wortbasis

Bei adjektivischer Wortbasis wird das Objekt in die Eigenschaft versetzt, die das Grundwort ausdrückt:

bersih (sauber) → membersihkan – säubern

Pak Haldoko membersihkan gudang.
Herr Haldoko säubert das Lagerhaus.

Eine wichtige Subkategorie dieser Bedeutungsgruppe stellen Verben mit *me...kan* dar, deren adjektivisches Grundwort Emotionen ausdrücken. In allgemeinen Aussagen benötigen sie kein Objekt; Beispiele:

senang (zufrieden, erfreut) → menyenangkan – zufriedenstellen, erfreuen

Kabar itu menyenangkan ayah saya.
Die Nachricht erfreut meinen Vater.

Kabar itu menyenangkan.
Die Nachricht ist erfreulich (wörtl. „Die Nachricht erfreut“).

b) verbales Grundwort

Ist das Grundwort ein intransitives Verb, so drückt die *me…kan*-Form aus, dass das Objekt veranlasst wird, die im Grundwort ausdedrückte Handlung auszuführen.

bangun (aufwachen, aufstehen) → membangunkan (aufwecken)

Ibu membangunkan anaknya.
Die Mutter weckt ihr Kind.

c) nominales Grundwort

Bei einem nominalen Grundwort drückt die *me…kan*-Form aus, dass das Objekt in die (räumliche) Position oder Situation des kennzeichnenden Grundwortes versetzt wird; Beispiel:

sekolah – (Schule).→ menyekolahkan – einschulen

Pak Haldoko mau menyekolahkan anaknya pada tahun depan.
Herr Haldoko möchte sein Kind nächstes Jahr einschulen.

(3) bedeutungsunterscheidendes …kan (im Vergleich zum korrespondierenden me…-Verb)

Bei einer dritten Gruppe dient die *me-…kan*-Form dazu, gegenüber dem entsprechenden *me…*-Verb eine Bedeutungsverschiebung auszudrücken; Beispiel:

mendengar – hören
→ mendengarkan – zuhören

Saya mendengar dia berbicara.
Ich höre ihn reden.

Saya mendengarkan berita.
Ich höre den Nachrichten zu.

Die Bildung des Objektfokus erfolgt wie bei Verben ohne Suffigierung mit *...kan*. Das Suffix *...kan* bleibt unverändert erhalten. Beispiel:

Dewi diantarkan ayahnya.
Dewi wird von ihrem Vater gebracht.

II. Vokabeln

agak	ziemlich, ein wenig
anggota	Teil, Bestandteil; Mitglied
anggota badan	Körperteil
antar	
mengantarkan	jmdn./etw. bringen, jmdn. begleiten
apotik	Apotheke
badan	Körper
bangun (I)	
membangunkan	aufwecken
bangun (II)	
membangun	bauen, errichten
bank	Bank, Kreditinstitut
bayar	
membayar	(etw.) bezahlen
beli	
membelikan	jmdm. etw. kaufen
berat	schwer (Gewicht)
bérés	in Ordnung
membereskan	in Ordnung bringen
beri	
memberi	etw. geben
memberikan	etw. geben
berita	Bericht, Nachrichten
bersih	
membersihkan	säubern
bicara	
berbicara	sprechen
membicarakan	etw. besprechen
bingung	verwirrt
bosan	gelangweilt
membosankan	langweilig sein; jmd. gelangweilt machen
butuh	
membutuhkan	etw. benötigen
cuaca	Wetter
darah	Blut
berdarah	bluten

dengar	
mendengar	hören, etw. hören
mendengarkan	etw. zuhören, einer Sache lauschen
dokter	Arzt
gudang	Lagerhaus, Scheune
hal	Angelegenheit
hampir	fast
harap	
berharap	hoffen
irigasi	Bewässerung
jatuh	fallen
kena	betroffen sein (von)
kosong	leer
mengosongkan	leeren, ausleeren, entleeren
kumpul	
berkumpul	sich versammeln
mengumpulkan	etw. sammeln, versammeln
kurang	weniger
laku	
melakukan	etw. machen, durchführen, tun
lebih	mehr; /Komparativ/
lega	erleichtert
luka	Wunde, verwundet/verletzt sein
lupa	(etw.) vergessen
modal	Kapital, Geld für Investitionen
obat	Medizin
petani s. tani	
pikir	
berpikir	denken, überlegen, nachdenken
berpikir tentang	an etw. denken, nachdenken über
memikirkan	etw. bedenken/überdenken
pinjam	
meminjam	etw. leihen
meminjamkan	etw. verleihen
pindah	umziehen
rapat	Versammlung
rawat	
merawat	pflegen (kranke Person)
raya	
merayakan	etw. feiern
resép	Rezept
saja	nur, bloß
sakit	krank sein
sama	gleich; ebenso
sawah	
bersawah	Nassreisfelder haben/bebauen und davon leben

segan	zögernd, zurückhaltend
sehingga	sodass
sekolah	
menyekolahkan	einschulen, in die Schule schicken
selesai	
menyelesaikan	etw. erledigen, zu Ende bringen
sembuh	genesen, gesund werden
sementara	während
senang	
menyenangkan	zufriedenstellend, erfreulich; jmdn. zufriedenstellen; jmd. erfreuen
situasi	Situation
susah	schwierig
tangan	Hand
tani	
petani	Bauer
terlalu	zu (Übermaß)
tinggal	
meninggalkan	etw./jmd. verlassen, zurücklassen
tinggi	hoch; groß (bei Körpergröße)
ulang tahun	Geburtstag
berulang tahun	Geburtstag haben
walaupun	obwohl

III. Text – Ibu Haldoko luka

Kemarin istri Pak Haldoko luka. Dia jatuh sehingga tangan kanannya berdarah. Syukur tangan kiri dan anggota badan lain tidak kena. Tadi pagi Pak Haldoko sudah ke apotik untuk membelikan istrinya obat. Obat itu tidak terlalu mahal. Karena bingung dia hampir lupa membayar. Tadi siang dia mengantarkan istrinya ke dokter. Dokter itu memberikan resep setelah mendengar berita Pak Haldoko. Kemudian Pak Haldoko harus kembali ke apotik untuk mengambil obat lagi. Obat itu jauh lebih mahal daripada yang dibelinya tadi pagi. Karena sakit, Ibu Haldoko tidak bisa bekerja lagi, walaupun ada banyak urusan. Antara lain dia mau membersihkan dan mengosongkan gudang. Untuk Pak Haldoko situasi begini memang sulit dan Ibu Haldoko sangat bersedih. Dia berharap: „Mudah-mudahan saya cepat sembuh. Dua minggu lagi anak kita mau merayakan ulang tahunnya yang kesembilan."

Sementara Pak Haldoko merawat istrinya, anak-anak mereka dan anggota keluarga lain sudah sibuk di sawah. Untungnya cuaca bagus sehingga panen ini pasti bisa selesai dalam tiga hari. Nanti malam ada rapat. Pak Haldoko mau berkumpul dengan petani-petani lain untuk membicarakan beberapa hal yang penting untuk desa mereka. Di desa ada beberapa masalah yang harus diselesaikan. Antara lain mereka akan berbicara tentang irigasi sawah, gedung sekolah dan jalan-jalan desa. Dari semua hal masalah irigasi sawah memang yang paling penting. Masalah membereskan irigasi lebih penting dari membangun jalan baru. Untuk itu mereka membutuhkan modal yang harus dikumpulkan atau dipinjam. Mengumpulkan modal agak susah karena petani-petani di desa Pak Haldoko tidak kaya. Mereka semua bersawah saja. Banyak bank segan meminjamkan modal. Anak-anak mereka tidak suka tinggal di desa. Tidak mudah menyekolahkan anak di sana. Ada banyak orang muda yang meninggalkan desa dan pindah ke kota. Malam ini Pak Haldoko dan petani-petani lain mau mencari jalan yang paling baik untuk mendapat modal yang dibutuhkan mereka.

Minggu ini Pak Haldoko tidak ada waktu untuk bertemu dengan Pak Harsono dan Pak Meier. Karena itu Pak Harsono dan Pak Meier tinggal di kampus saja dan melakukan riset tentang bahan yang sudah dikumpulkan mereka di desa Pak Haldoko pada minggu yang lalu. Minggu depan, setelah panen, Pak Haldoko tidak terlalu sibuk lagi sehingga dia bisa bertemu lagi dengan teman-temannya.

Beruntung Ibu Haldoko sudah sembuh sehingga dia bisa ikut bekerja lagi.

Beantworten Sie folgende Fragen zum Text:

1) Mengapa Ibu Haldoko tidak bisa bekerja lagi?
2) Panen akan selesai dalam waktu berapa hari?
3) Mengapa petani-petani desa mau berkumpul?
4) Masalah mana yang paling penting di desa Pak Haldoko?
5) Apa yang dilakukan Pak Meier dan Pak Harsono minggu ini?
6) Banyak anak desa mau pindah ke mana?
7) Apakah Pak Haldoko mau bertemu dengan Pak Harsono dan Pak Meier minggu ini?

IV. Übungen

1. Übersetzen Sie ins Deutsche:

   a) Saya lebih tinggi daripada dia.
   b) Mobil saya tidak semahal mobil dia.
   c) Mobil saya kurang mahal daripada mobil teman saya.
   d) Anak dia sama pintarnya dengan anak saya.
   e) Rumah itu terlalu besar.
   f) Ladang ini paling besar di desa ini.

2. Übersetzen Sie ins Indonesische:

   a) Meine Familie ist größer als deine.
   b) Ihr Hund ist kleiner als unserer.
   c) Unser Haus ist so groß wie euer Haus.
   d) Die Schule ist zu weit von hier.
   e) Dies ist die größte Moschee in der Stadt.
   f) Diese Stadt ist viel größer als Jakarta.
   g) Ihr Auto ist schneller als mein Auto.

3. Wählen Sie das passende Wort:

membersihkan	mengantarkan	mendengarkan
merayakan	meninggalkan	membereskan
	membangunkan	

   a) Ada banyak orang muda yang tidak suka tinggal di desa. Mereka ingin .... desa mereka dan pindah ke kota.
   b) „Boleh saya bertanya? Apakah Ibu bisa .... saya ke gedung walikota? Mobil saya rusak.“
   c) Minggu depan Mbak Dewi berulang tahun, Mas! Apakah dia mau .... hari itu?
   d) Ibu: „Kamu harus .... kamarmu sekarang!“
   e) Orang desa Pak Haldoko sangat .... modal untuk .... jalan desa.
   f) Pada pagi hari, Ibu Haldoko selalu .... anaknya Indrawati sebelum membuat kopi.
   g) Malam ini semua petani berkumpul. Petani-petani itu mau .... berita kepala desa.

4. Übersetzen Sie ins Indonesische:

   a) Meine Mutter möchte mich nicht aufwecken.
   b) Mein Vater kauft mir ein Auto.
   c) Normalerweise werde ich von meiner Mutter aufgeweckt.
   d) Ich möchte das mit Ihnen besprechen.
   e) Das Buch ist nicht langweilig.
   f) Du langweilst mich.
   g) Ich höre sie sprechen.
   h) Die Bewässerung muss jetzt in Ordnung gebracht werden.

5. Setzen Sie unter Verwendung der passenden Affigierung ein:

 a) Dia (kerja) di kantor pos.
 b) Untuk (bangun) rumah mereka (butuh) modal.
 c) Kemarin Ibu Haldoko (beli) anaknya 4 helai kemeja.
 d) Di sini semua petani (sawah).
 e) Berita itu sangat (senang).
 f) Kita mau (antar) dia ke kantor pos.
 g) „Kamarmu kurang (bersih). Kamu harus (bersih) kamarmu sekarang!
 h) Anak-anak kita tidak boleh (tinggal) di mobil.
 i) Paket itu (kirim) oleh Pak Meier ke Jerman.
 j) Masalah ini harus kita (pikir) lagi.
 k) Nanti siang mereka mau ke pasar untuk (beli) segala macam rempah.
 l) Buku itu bolehkah aku (pinjam)?
 m) Anaknya sering (tangis).
 n) Dia tidak mau (bantu) kita.
 o) Mereka (dengar) ibunya berbicara.
 p) Semua kolega (dengar) berita Pak Harsono.
 q) Urusan ini harus (selesai) dulu.

6. Setzen Sie in den Objektfokus:

 a) Nanti sore saya akan membersihkan kamar tamu.
 b) Kami sudah sering membicarakan masalah itu.
 c) Istri saya merawat istri teman saya.
 d) Saya mengantar kolega saya ke kampus.
 e) Kemarin Pak Harsono menjemput saya di kampus.
 f) Kemarin dulu Pak Meier mengundang kita.
 g) Lebih baik kita memikirkan hal ini lagi.

7. Übersetzen Sie ins Indonesische:

 a) Ich kaufe meiner Tochter drei Hemden.
 b) Ich versammle heute abend alle meine Freunde.
 c) Kannst du mein Badezimmer säubern?
 d) Ich arbeite nicht, weil ich reich bin.
 e) Es ist nicht leicht, ihn aufzuwecken.
 f) Er verlässt sein Dorf um in der Stadt zu wohnen.
 g) Herr Haldoko trinkt Tee, während seine Frau arbeitet.

h) Herr Haldoko war sehr beschäftigt, sodass er keine Zeit mehr für seine Familie hatte.
i) Meine Freunde müssen eingeladen werden.
j) Dieses Buch ist langweilig.
k) Ich bringe mein Kind zum Arzt.

Übungstext: Indrawati bertanya

Indrawati: „Kenapa Ibu mau membersihkan gudang kita sekarang?"

Ibu: „Karena panen padi hampir selesai dan kita perlu tempat."

Indrawati: „Tetapi Ibu sakit. Ibu tidak bisa bekerja, bukan?"

Ibu: „Memang sekarang tidak bisa. Karena itu saya harus dibantu orang lain."

Indrawati: „Ayah belum pulang. Di mana dia sekarang?"

Ibu: „Dia berkumpul dengan orang-orang desa. Ada banyak hal yang harus dibahas dan dibicarakan. Irigasi sawah dan jalan-jalan desa harus dibereskan. Ada banyak urusan yang penting. Yang paling penting adalah membangun gedung sekolah baru."

Indrawati: „Boleh saya menunggu Ayah pulang?"

Ibu: „Tidak usah, Nak! Besok pagi kamu agak susah dibangunkan. Lebih baik kamu tidur sekarang. Besok ada cukup banyak waktu untuk berbicara dengan ayah. Pasti dia juga mengantuk setelah pulang."

Lektion 9

I. Grammatik

1. Imperativ

Es gibt verschiedene Möglichkeiten einen Imperativ auszudrücken. Sie unterscheiden sich im Grad der Höflichkeit und nach Anwendungsfeldern.

a. Einfacher Imperativ

Das Verb allein kann für einen Imperativ stehen. Bei transitiven mit *me…* präfigierten Verben fällt das Präfix weg, bei intransitiven Verben nicht. Diese Form des Imperativs ist nicht sehr höflich. Beispiele:

Tidur! – Schlaf!
Bernyanyi! – Sing!
Menyanyi! – Sing!
Cuci pakaian ini! – Wasch diese Kleidung!

Die Partikel *…lah* kann an diese Form des Imperativs angefügt werden. Sie steigert etwas die Höflichkeit; Beispiele:

Tidurlah! – Schlaf!
Bernyanyilah! – Sing!
Menyanyilah! – Sing!
Cucilah pakaian ini! – Wasch diese Kleidung!

b. Höflicher Imperativ

Ein höflicher Imperativ wird mit *tolong* oder *coba* gebildet. *Tolong* wird eher verwendet, wenn die sprechende Person selbst einen Vorteil aus der Handlung hat, *coba* in den anderen Situationen. Auch hier fällt das Präfix *me…* bei transitiven Verben weg; Beispiele:

Tolong cuci pakaian ini!
Wasch bitte diese Kleidung!

Tolong belikan saya buku itu!
Kauf mir bitte das Buch!

Coba berdiri di sana!
Stell dich bitte dorthin!

Coba baca surat ini!
Lies bitte diesen Brief!

Eine weitere Steigerung der Höflichkeit wird durch die Verwendung des Objektfokus erreicht. Dies funktioniert aber nur, wenn der Imperativ ein direktes Objekt enthält. Beispiel:

Tolong pakaian ini dicuci!
Bitte waschen Sie diese Kleidung!

Coba surat ini dibaca!
Lesen Sie bitte diesen Brief!

c. Verneinter Imperativ

Der verneinte Imperativ wird mit *jangan* gebildet. Das *me…* Präfix transitiver Verben entfällt nicht – anders als beim positiven Imperativ. Die gleichzeitige Verwendung der Partikel *…lah* ist möglich. Beispiele:

Jangan(lah) mencuci pakaian ini!
Wasch diese Kleidung nicht!

Jangan(lah) berhenti!
Halte nicht an! / Hör nicht auf!

Anmerkung: Über die Verwendung des Präfixes *me…* beim verneinten Imperativ besteht bei Lehrbuchautoren kein Konsens. Einige meinen, dass der – in der gesprochenen Sprache ohnehin übliche – Gebrauch von *me…* Teil der Standardgrammatik sein sollte.

Auch beim verneinten Imperativ kann der Objektfokus verwendet werden. Auch hier wird durch Verwendung des Objektfokus eine Steigerung der Höflichkeit erreicht; Beispiel:

Pakaian ini jangan dicuci! *oder* Jangan dicuci pakaian ini!
Waschen Sie diese Kleidung bitte nicht!

d. Höfliche Aufforderung: *silakan*

Höfliche Aufforderungen etwas zu tun, erfolgen mit *silakan.* Dabei ist die Aufforderung stets zum Nutzen der angesprochenen Person. Bei transitiven Verben entfällt die *me*-Präfigierung; Beispiele:

Silakan masuk! – Treten Sie bitte ein!

Silakan duduk! – Bitte setzen Sie sich!

Silakan ambil! – Bedienen Sie sich!

e. Gewährenlassen: *biar(lah)*

Ein Gewährenlassen wird mit *biar* gebildet, an das auch die Partikel *…lah* angehängt werden kann. *Me*-Präfigierungen bleiben bestehen. Beispiel:

Biar(lah) dia pergi! – Lass ihn doch gehen!

Biar(lah) kita duduk di sini! – Lass uns hier ruhig sitzen!

Biar(lah) dia mencari mobilnya! – Lass ihn doch sein Auto suchen!

f. Aufforderung zu gemeinsamer Handlung: *mari(lah)*

Eine Aufforderung zu einer gemeinsamen Handlung wird mit *mari* oder *marilah* gebildet. Bei transitiven Verben entfällt die *me*-Präfigierung. Beispiele:

Mari! – Auf geht's!

Mari(lah) kita makan! – Lasst uns essen!

Mari(lah) kita bernyanyi! – Lasst uns singen!

Mari(lah) kita dengarkan berita! – Lasst uns Nachrichten hören!

g. Imperativ mit Adjektiv

Wie schon dargelegt, gibt es im Indonesischen keine Kopula. Wenn also Imperative mit Adjektiv erfolgen, muss dieser im Bedarfsfall mit dem Verb „sein" im Deutschen ergänzt werden. Beipiel:

Cobalah tenang! – Sei ruhig!

2. kepada

Die Präposition *kepada* ersetzt *ke*, wenn Personen betroffen sind; Beispiel:

Saya mengirim paket ini kepada teman saya.
Ich schicke dieses Paket an meinen Freund.

In vielen Fällen ist mit der Präposition auch der Anschluss eines Objektes an intransitive Verben möglich. Beispiel:

Dia bertanya kepada ayahnya.
Sie fragt ihren Vater.

Anak nakal itu berbohong kepada ibunya.
Dieses freche Kind lügt seine Mutter an.

kepada wird bisweilen durch *pada* ersetzt; Beispiel:

Tadi dia memberikan surat itu pada saya.
Vorhin hat er mir den Brief gegeben.

zur Erinnerung: *pada* wird auch als Präposition bei Zeitangaben verwendet (s. hierzu Lektion 4)

3. Nominalisierungen mit *yang* und *si*

Mit *yang* und *si* können Adjektive nominalisiert werden.

a. Nominalisierung mit *yang*

Beispiele:

> Yang penting saya mau pergi.
> Wichtig ist, dass ich gehen will. (Das Wichtige [ist, ist dass] ich gehen will.)
>
> Saya memilih yang paling bagus.
> Ich wähle das Schönste.

b. Nominalisierung mit *si*

Mit *si* nominalisierte Adjektive sind Personifizierungen. Entsprechend finden sie bei Menschen Anwendung und haben eine diminutive Konnotation; Beispiele:

> si kecil – die Kleine
> si gemuk – der Dicke
>
> Si kecil sudah belajar di sekolah.
> Die Kleine lernt schon in der Schule.

Si kann auch allgemein vor Personennamen verwendet werden. Si drückt Vertraulichkeit aus und wird deshalb bei Kindern und vertrauten Personen auf gleicher gesellschaftlicher Stufe verwendet. Beispiele:

> Tadi saya mengantar si Ratna ke TK.
> Vorhin habe ich Ratna zum Kindergarten gebracht.
>
> Nanti saya mau bertemu dengan si Ahmad.
> Nachher will ich mich mit Ahmad treffen.

4. Rückbezügliches *...nya* und *itu*

Durch Anfügen von *itu* wird auf eine Sache oder ein Sachverhalt Bezug genommen, die bzw. der zuvor erwähnt wurde; zum Beispiel:

> Ibu sudah membeli pakaian baru. Pakaian itu sekarang di dalam lemari.
> Mutter hat neue Kleidung gekauft. Die Kleidung ist jetzt im Schrank.

Im Gegensatz dazu wird durch Anhängen von *...nya* auf eine Sache oder einen Sachverhalt Bezug genommen, die oder der zuvor nicht erwähnt wurde, dessen Existenz aber als gegeben angenommen wird; zum Beispiel:

Di mana kopinya?
Wo ist der Kaffee?

In diesem Beispiel geht man davon aus, dass Kaffee vorhanden ist oder vorhanden sein sollte, auch wenn er zuvor nicht explizit erwähnt wurde.

II. Vokabeln

air	Wasser
air putih	Trinkwasser
ayam	Huhn
bagai	
berbagai	allerlei, verschiedene
bawa	
membawakan	jmdm etw. bringen
bagaimana	wie (Konj.)
bayang	
membayangkan	sich etw. vorstellen
bébék	Ente
belakang	
di belakang	hinter
botol	Flasche
buka	
membuka	(etw.) öffnen
coba	/Bildung höflicher Imperativ/
mencoba	versuchen; testen, ausprobieren
cuci	
mencuci	waschen
damai	friedlich, friedfertig
berdamai	friedlich sein
diam	schweigen, still sein
ganggu	
mengganggu	(jmdn.) stören
gemuk	dick
gigit	
menggigit	beißen; stechen (Insekten)
gula	Zucker
henti	
berhenti	anhalten, aufhören
ikan	Fisch
hujan	Regen
inap	
menginap	übernachten
jendéla	Fenster

kandang	Stall
kandang sapi	Kuhstall
kemarau	s. musim
kelahi	
berkelahi	sich streiten
kolam	Teich, Becken
kolam ikan	Fischteich
kotor	schmutzig
mengotorkan	etw. beschmutzen
lain	
selain itu	daneben, darüber hinaus
letak	Lage, Position (auch übertr.)
meletakkan	setzen, stellen, legen
macet	Stau
malam	
bermalam	übernachten
malu	beschämt, sich schämen
minum	
minuman	Getränk
musim	Jahreszeit
musim hujan	Regenzeit
musim kemarau	heiße Jahreszeit, Trockenzeit
nyamuk	Mücke
pahit	bitter; ungesüßt (bei Kaffee oder Tee)
pakai (Umg.)	mit (als Zutat, z.B. bei Essen oder Getränken)
perlu	
tidak perlu	nicht nötig haben; etw. nicht brauchen
pintu	Tür
ribut	laut, lärmend; geschäftig; streitend
saji	
menyajikan	servieren, anbieten
sapi	Rind, Kuh
sayang	leider
sayang sekali	leider (verstärkt)
sebentar lagi	kurz danach, ein wenig später
sedia	bereit, fertig
bersedia	bereit sein, willig sein
menyediakan	vorbereiten, fertig machen, bereitstellen
seperti	wie, so wie (Konj.)
setiap, s. tiap	
silakan	/höfliche Aufforderung/, Bitte sehr!
sopan	höflich, gesittet
soto	Fleischsuppe
suruh	
menyuruh	befehlen, anweisen
tanpa	ohne
tenang	ruhig, still, in Frieden; beruhigt sein

tengah	Hälfte; halb
tengah malam	Mitternacht, spät nachts
tentu	gewiss, natürlich
tepat	genau, präzise
tepat waktu	pünktlich
ternak	Vieh
beternak	Viehzucht betreiben
tetangga	Nachbar, Nachbarin
tiap	
setiap [+ Nomen]	jeder, jede, jedes
tolong	/Bildung höflicher Imperativ/
menolong	helfen
tutup	
menutup	(etw.) schließen, verschließen

III. Text – Pak Meier dan Pak Harsono menjadi tamu di rumah Pak Haldoko

Malam ini Pak Meier bersama dengan Pak Harsono diundang ke rumah Pak Haldoko untuk makan malam dan menginap di sana. Letak rumah Pak Haldoko adalah di pinggir desa. Pak Meier dan Pak Harsono tidak sampai di sana tepat waktu sehingga Pak Haldoko sudah berdiri di pintu rumah dan menunggu.

Pak Haldoko: „Selamat malam, Bapak-Bapak! Silakan masuk! Makan malam sudah disediakan oleh istri saya."

Pak Harsono: "Selamat malam, Pak! Maaf, kami tidak tepat waktu karena ada macet di jalan. Coba bayangkan! Dari kota ke sini kami perlu 3 jam."

Pak Haldoko: "Ya, setiap hari ada macet di jalan ke sini."

Mereka masuk ke kamar tamu. Di atas meja semua makanan sudah disediakan oleh Ibu Haldoko.

Ibu Haldoko: „Selamat malam, Bapak-Bapak! Silakan duduk! Mari kita makan! Wati, tolong bawakan kami minuman ke sini! Bapak-Bapak mau minum apa? Teh, kopi atau air putih? "

Pak Meier: "Terima kasih! Air putih saja. Hari ini panas sekali. Musim kemarau hampir selesai tetapi musim hujan belum datang."

Pak Haldoko: "Memang begitu. Syukur padi sudah dipanen. Sekarang saya sibuk dengan ternak."

III. Text – Pak Meier dan Pak Harsono menjadi tamu di rumah Pak Haldoko

Seperti banyak petani lain, di samping bersawah, Pak Haldoko juga beternak. Dia punya 3 ekor sapi, 15 ekor bebek dan 20 ekor ayam. Selain itu ada kolam ikan di belakang kandang sapi. Pak Haldoko tahu bagaimana beternak.

Malam ini Ibu Haldoko menyajikan ikan, ayam, telur bebek dan berbagai macam sayur kepada tamunya. Pak Meier paling suka makan soto. Indrawati, yang selalu membantu ibunya, kembali dari dapur. Dia membawa beberapa botol air putih yang diletakkannya di atas meja. Ibunya senang sekali anaknya selalu bersedia menolong. Sebentar lagi mereka bisa mulai makan.

Pak Haldoko: „Mari kita makan! Apakah Bapak-Bapak sudah mencoba makan ikan ini?“

Sayang sekali mereka diganggu oleh anak-anak yang sedang bermain dan berkelahi di luar. Pak Haldoko membuka jendela dan menyuruh anak-anaknya diam.

Pak Haldoko: „Jangan ribut! Malu, ada tamu sedang makan. Bermainlah di tempat lain! Dan jangan berkelahi, cobalah berdamai!“

Indrawati: „Ayah, boleh kami bermain di jalan?

Pak Haldoko „Jangan di jalan! Di belakang rumah saja! Tetapi jangan mengganggu tetangga kita! Baju jangan dikotorkan!“

Setelah menutup jendela Pak Haldoko mencoba tenang lagi. Pak Haldoko, istrinya dan tamu-tamu mereka berbicara sampai tengah malam.

Pak Haldoko: „Bapak-Bapak mau minum apa lagi?“

Pak Meier: „Saya minum kopi, Pak! Memang enak minum kopi setelah makan.“

Pak Haldoko: „Pakai gula, Pak?“

Pak Meier: „Tidak, Pak! Saya lebih suka minum kopi pahit.“

Pak Meier selalu minum kopi dan teh tanpa gula. Malam ini Pak Meier dan Pak Harsono bermalam di rumah Pak Haldoko. Besok mereka tidak perlu bangun cepat. Sayang sekali Pak Meier lupa menutup jendela sehingga dia digigit nyamuk waktu tidur.

Beantworten Sie folgende Fragen:

1) Di mana Pak Harsono dan Pak Meier mau menginap?
2) Ada apa di belakang kandang sapi?
3) Musim apa sekarang?
4) Makanan apa yang disediakan Ibu Haldoko?
5) Pak Haldoko dan tamu-tamunya diganggu apa?
6) Apakah Pak Haldoko dan tamu-tamunya makan di dapur?
7) Anda lebih suka makan apa, telur ayam atau telur bebek?

8) Anak-anak boleh bermain di mana?

IV. Übungen

1. Übersetzen Sie ins Deutsche:

   a) Bersihkan kamarmu!
   b) Tolong bersihkan kamarmu!
   c) Kamarmu tolong dibersihkan!

2. Übersetzen Sie ins Deutsche:

   a) Cobalah sedikit sopan!
   b) Datanglah ke sini!
   c) Cobalah tidur sekarang!
   d) Tolong jemput anakku di sekolah!
   e) Tolong mobil itu dibereskan!
   f) Cobalah surat ini dikirim ke kantor pusat!
   g) Coba bayangkan dia tidak mau datang!

3. Übersetzen Sie ins Indonesische:

   a) Kauf mir bitte ein neues Buch!
   b) Komm jetzt bitte aus dem Badezimmer!
   c) Serviere unseren Gästen bitte eine Flasche Wasser!
   d) Lies bitte diese Nachricht!
   e) Öffnen Sie bitte das Küchenfenster!
   f) Iss!
   g) Gib mir bitte das Buch!
   h) Legen Sie die Briefe bitte auf den Tisch!

4. Übersetzen Sie ins Deutsche:

   a) Jangan membelikan dia celana baru!
   b) Jangan berbelanja di pasar itu!
   c) Jangan berhenti bekerja sekarang!
   d) Gudang ini jangan dibersihkan hari ini!
   e) Jangan nakal, Nak!
   f) Ikan ini jangan dimakan!
   g) Tamu kami jangan diganggu!
   h) Jangan marah lagi, Ayah!

5. Übersetzen Sie ins Indonesische:

   a) Fahr nicht mit dem Auto zum Flughafen!
   b) Sing bitte nicht im Badezimmer!
   c) Schlag seinen Hund nicht!
   d) Komm nicht, bevor deine Arbeit erledigt ist!
   e) Stör mich nicht!
   f) Übernachte nicht in diesem Hotel!

6. Bilden Sie die jeweils höflichere Form der Imperative:

   h) Tolong antarkan Pak Meier ke airport!
   i) Jangan meletakkan barang ini ke dalam lemari.
   j) Tolong bawakan saya sebotol air putih!
   k) Bersihkanlah kamar saya!
   l) Bacalah surat penting itu!
   m) Jangan mendengarkan kata dia!

7. Übersetzen sie ins Deutsche:

   a) Biarlah dia menunggu lama!
   b) Marilah kita berjalan-jalan sekarang!
   c) Silakan!
   d) Silakan masuk!
   e) Marilah kita mampir di rumah teman saya dulu!

8. Übersetzen Sie ins Indonesische:

   a) Lass uns singen!
   b) Lass ihn doch Wasser trinken!
   c) Setzen Sie sich bitte!
   d) Lass sie doch gehen!
   e) Lass uns fernsehen!

9. Setzen sie die richtige Verbform ein:

   a) Jangan .... di sini! (duduk)
   b) ....lah 5 kilo beras! (membeli)
   c) Silakan ....! (mengambil)
   d) ....lah di luar! (bermain)
   e) Marilah kita ....! (pergi)
   f) Pakaian ini jangan ....! (mencuci)
   g) Biarlah mereka ....! (menangis)

h) Coba .... buku ini! (membaca)
i) Tolong .... ibu saya ke kota! (mengantar)
j) Mari kita ....! (bermain)
k) Marilah kita .... ulang tahunnya! (merayakan)

10. Übersetzen Sie ins Deutsche:

a) Tolong kirim surat ini kepada Ibu Sutrisno!
b) Uang ini diberikan kepada Anda untuk apa?
c) Makanan ini akan disajikan pada tamu.
d) Nanti saya akan bertanya kepada ibuku.
e) Buku ini jangan diberikan kepada orang lain.
f) Saya ingin bertanya kepada Anda.
g) Jangan meminjamkan uang kepada orang itu!

11. Übersetzen Sie ins Indonesische:

a) Lihatlah si kecil itu!
b) Saya memilih yang besar.
c) Kemarin dia bertemu dengan si Ahmad.
d) Yang kotor harus dicuci.

12. Übersetzen Sie ins Indonesische:

a) Ich möchte hinausgehen. Wo ist die Tür?
b) Wir möchten jetzt aufbrechen. Wo ist das Auto?
c) Ich möchte jetzt mit dem Bus fahren. Wo ist die Haltestelle?
d) Herr Haldoko hat eine Kuh gekauft. Die Kuh ist jetzt im Stall.

Übungstext – Di warung

Kemarin dulu Pak Meier tidak makan bersama dengan Pak Harsono dan kolega-kolega. Dia pergi ke sebuah warung dekat hotelnya. Banyak makanan disediakan di sana: Ada ikan, telur, daging ayam dan berbagai macam sayur.

„Selamat malam, Pak!

„Selamat malam! Saya mau makan nasi pakai ikan dan telur."

„Minumannya apa, Pak?

„Teh panas, Pak. Jangan pakai gula, ya!"

Pak Meier mengambil makanannya dan mulai makan. Sebentar lagi dia dibawakan teh.

Pak Meier lebih suka makan di warung itu daripada makan di pasar, karena warung ini lebih bersih dan kurang ramai. Ikan yang dipilih dia memang enak sekali.

„Sudah, Pak?“

„Ya, sudah, terima kasih.”

“Rp. 25 000, Pak.”

Pak Meier membayar dan keluar. Pak Meier sudah tahu pasti dia akan kembali ke sana lagi.

Lektion 10

I Grammatik

1. Verbbildung mit dem Zirkumfix *me...i*

a. Bildung

Das Zirkumfix *me...i* bildet analog zu den *me...kan*-Verben transitive Verben unter Anwendung der bekannten Regeln zur Affigierung des Präfixes *me*.... Beispiele:

me + kunjung + i	→	mengunjungi
me + masuk + i	→	memasuki
!	Endet das Grundwort bereits auf *-i*, kommt es zu keiner Dopplung:	
me + beri + i	→	memberi

b. Funktionen

Das Zirkumfix *me...i* hat verschiedene Funktionen, die in Teilen denen des Zirkumfix *me...kan* ähneln. Insgesamt ist die Einordnung in bedetungsunterscheidende Gruppen bei den *me...i*-Verben jedoch weit weniger eindeutig als bei den *me...kan*-Verben. Individuelles Lernen ist hier somit wesentlich wichtiger.

1) nominale Wortbasis

- „etwas hinzufügen, was im Grundwort bezeichnet ist“

Mit nominaler Wortbasis drückt *me...i* das Ziel der Aktion aus, also wo die Aktion passiert, oder auf wen oder was die Aktion gerichtet ist, oft im Sinne von „Hinzufügen“. Oft fungiert es dabei auch als Ersatz für eine Präposition. Beispiele:

bohong (Lüge) → membohongi – jmdn. belügen

harga (Preis) → menghargai – etw./jmdn. wertschätzen, respektieren

Anmerkung:

In einigen wenigen Fällen ist auch das Gegenteil von Hinzufügen gemeint, nämlich „etw. entfernen", und zwar dann, wenn die Tätigkeit gewohnheitsmäßig in dieser Form erfolgt; Beispiel:

kutu (Laus) → mengutui – entlausen

- „als etwas fungieren, was im Grundwort bezeichnet ist"

In einer weiteren Funktion mit nominaler Wortbasis drückt das Zirkumfix ein "fungieren als" aus; Beispiele:

kepala (Kopf) → mengepalai – Kopf von etw. sein, etw. leiten

wakil (Vertreter) → mewakili – jmdn. vertreten

2) adjektivische Wortbasis

- Herbeiführen der in der Wortbasis bezeichneten Eigenschaft

Mit adjektivischer Wortbasis drückt drückt *me...i* ein Herbeiführen der in der Wortbasis bezeichneten Eigenschaft aus. Die Konstuktion ist allerdings seltener als die entsprechende kausative *me...kan*-Konstruktion (s. Lekt. 8, I. 2. c. IIa); Beipiele:

kurang (wenig, weniger) → mengurangi – verringern

kotor (schmutzig) → mengotori – beschmutzen

3) Verbale Wortbasis

- Ersatz eines intransitiven Verbes mit dazugehöriger Präposition

Eine Reihe von *me...i*-Verben haben intransitive Verben als Wortbasis. Die Affigierung von *me...i* ersetzt die zum intransitiven Verb gehörige Präposition.

berkunjung ke → mengunjungi – jmdn./etw. besuchen

In der gesprochenen Sprache ist die Verwendung der Präposition mitunter bei der verbalen Basis optional; zum Beispiel bei

suka (akan/kepada/sama) → menyukai – etw. mögen

masuk (ke dalam) → memasuki – etw. betreten

4) Benefaktive Funktion

Ähnlich wie bei *me…kan*-Verben, allerdings seltener, können *me…i*-Verben eine benefaktive Funktion haben und entsprechend mit zwei Objekten auftreten. In diesen Fällen sind die korrespondierenden *me…kan*-Verben dann nicht benefaktiv Zum Anschluss eines zweiten Objektes benötigen *me…kan*-Verben folglich die Präposition (*ke*)*pada*; zum Beispiel:

beri

memberikan – etwas geben;
memberikan uang <u>kepada</u> dia

memberi (= memberi + i) – jmdm. etw. geben;
memberi dia uang

tawar

menawarkan – etw. anbieten;
menawarkan buku <u>kepada</u> dia

menawari – jmdm. etw. anbieten;
menawari dia buku

Beachte:	Wie auch bei den benefaktiven Verben mit *me...kan* ist die Reihenfolge der Objekte bei benefaktiven Verben mit *me…i*: indirektes Objekt – direktes Objekt!

5) Verstärkung oder Ausdruck einer sich wiederholenden Handlung

Eine weitere Funktion von *me…i*-Verben ist die iterative oder verstärkende Funktion. Das Zirkumfix *me…i* drückt hier aus, dass die am Objekt vollzogene Handlung intensiv oder sich wiederholend, mehrfach stattfindet; Beispiele:

memukul – schlagen *versus* memukuli – wiederholt schlagen oder verprügeln

mencium – küssen; riechen *versus* menciumi – wiederholt oder intensiv küssen bzw. riechen

6) Anmerkungen: me…i im Vergleich zu anderen Verben

In einigen Fällen ist die Bedeutung von *me…i*-Verben und *me…kan*-Verben identisch; zum Beispiel:

mengotori = mengotorkan – etw. verschmutzen

Bei einigen *me...i*-Verben besteht gegenüber dem entsprechendem einfachen oder dem *me...kan*-Verb ein deutlicher Bedeutungsunterschied, der individuell gelernt werden muss; zum Beispiel:

mendapat/mendapatkan – bekommen, erhalten *versus* mendapati – finden

2. Nominalbildung mit *...an*

Mit dem Suffix *...an* werden abstrakte und konkrete Nomen verschiedener Art gebildet. Als Wortbasis fungieren meist Verben, seltener Nomen oder Adjektive.

a. Bildung

Bei Affigierung von *...an* an die Wortbasis entstehen keine morphemischen Änderungen.

minum	+	...an	→	minum<u>an</u>
undang	+	...an	→	undang<u>an</u>

b. Bedeutungsgruppen

(1) Verbales Grundwort

Eine wichtige Gruppe der Nomen mit *...an* wird von der Basis transitiver Verben abgeleitet.

- Sie kennzeichnen in vielen Fällen das Ergebnis der im Verb ausgedrückten Aktion oder die Aktion selbst oder das Objekt der Aktion. Beispiele:

  makan (essen) → makanan – Essen (i.S.v. Lebensmitteln)

  menulis (schreiben) → tulisan – Schrift; Schriftstück

  mengundang (einladen) → undangan – Einladung

- In weiteren Fällen wird die durch das Verb ausgedrückte Aktion selbst als Nomen wiedergegeben, z.B.:

  membantu (helfen) → bantuan – die Hilfe

  melarang (verbieten)→ larangan – das Verbot

- In einigen Fällen wird das Instrument oder der Ort der Handlung bezeichnet, z.B.

  menimbang (wiegen, wägen) → timbangan – Waage

  mengendarai (fahren, etw. fahren) → kendaraan – Fahrzeug

(2) Nominale Wortbasis

- Modifizierung, Vergrößerung oder Ausweitung der nominalen Wortbasis

  Eine weitere Gruppe hat eine nominale Wortbasis. Die Bedeutung unterscheidet sich nur geringfügig von der Basis und kennzeichnet z.B. eine Vergrößerung oder Ausweitung; Beispiel:

  pasar – (Markt, punktuell) → pasaran – Markt (allgemein)

  laut (Meer) → lautan – Ozean

- Ausdruck von Diversität

  Mit reduplizierter Wortbasis drücken Nomen mit …*an* eine Diversität aus, oft bei Pflanzen. Beispiele:

  sayur (Gemüse)→ sayur-sayuran – verschiedenerlei Gemüse

  buah (Frucht)→ buah-buahan – allerlei Früchte

(3) Adjektivische Wortbasis

Mit adjektivischer Basis werden Nomen gebildet, die eine Manifestierung der Eigenschaft des Grundwortes aufweisen. Beispiele:

manis (süß) → manisan – Süßigkeit

kotor (schmutzig) → kotoran – Schmutz, Müll, Exkrement

II Vokabeln

akhir	Ende
akhir minggu	Wochenende
akan	
akan tetapi	jedoch, aber (betont)
alas	
alasan	Grund, Anlass
andal	
mengandalkan	sich verlassen auf
ATM	Geldautomat
bantu	
bantuan	Hilfe
beri	
memberi	jmdm. etw. geben
biaya	Ausgaben, Kosten
membiayai	etw. finanzieren, bezahlen
bohong	
membohongi	jmdn. belügen
buah	Frucht
buah-buahan	allerlei Früchte

cium	
mencium	küssen; riechen
menciumi	wiederholt o. intensiv küssen bzw. riechen
contoh	Beispiel
contohnya	zum Beispiel
curi	
mencuri	stehlen
dapat	
mendapatkan	bekommen, erhalten
mendapati	finden
dekat	
mendekati	sich jmdm. nähern
dompét	Geldbörse, Portemonnaie
hadiah	Geschenk
menghadiahkan	etw. zum Geschenk machen, etw. verschenken
hadir (di)	anwesend sein
menghadiri	anwesend sein bei, etw. beiwohnen
harga	
berharga	Wert haben, wertvoll sein; kosten
menghargai	etw. wertschätzen; etw. respektieren
hati	
hati-hati	vorsichtig
jas	Jacke
kantong	Tasche
kartu kredit	Kreditkarte
kendara	
mengendarai	etw. fahren
kendaraan	Fahrzeug
kepala	
mengepalai	Kopf von etw. sein, etw. leiten/anführen
kotor	schmutzig
mengotori	beschmutzen, verschmutzen
kotoran	Schmutz, Müll, Exkrement
kunjung	
mengunjungi	jmdn./etw. besuchen
langsung	
berlangsung	vonstattengehen, stattfinden
lapor	
laporan	Bericht, Meldung
melapor	berichten, melden
larang	
melarang	verbieten
larangan	Verbot
laut	Meer
lautan	Ozean
lupa	
melupakan	etw. vergessen

manis	süß
manisan	Süßigkeit
masuk	
memasuki	etw. betreten
nikah (dengan)	verheiratet sein (mit)
menikah (dengan)	(jmdn.) heiraten
menikahkan	jmdn. verheiraten
menikahi	jmdn. heiraten
orang	
seseorang	irgendjemand (vgl. Lektion 18)
pasar	
pasaran	Markt (allgemein), Absatzmarkt
paspor	Pass
pésta	Fest
polisi	Polizei; Polizist, Polizistin
pukul	
memukuli	wiederholt schlagen, verprügeln
punya	
mempunyai	haben, besitzen
ransél	Rucksack
rencana	Plan
berencana	planen
sadar	bewusst
menyadari	sich einer Sache bewusst sein, etw. bemerken
sayur	
sayur-sayuran	verschiedenerlei Gemüse
sejak	seit
suka	
menyukai	etw. mögen
tawar	
menawarkan	etw. anbieten
menawari	jmdm. etw. anbieten
terima	
menerima	empfangen, entgegennehmen
timbang	
menimbang	wiegen, wägen
timbangan	Waage
tulis	
tulisan	Schrift; Schriftstück
tunang	
tunangan	Verlobter, Verlobte
bertunangan	miteinander verlobt sein
undang	
undangan	Einladung
wakil	Vertreter
mewakili	jmdn. vertreten
yakin	sicher sein, überzeugt sein

III Text – Anak Pak Harsono mau menikah

Hari kemarin tidak akan dilupakan oleh Pak Meier. Waktu berdiri di halte bis, dia didekati seseorang. Pak Meier tidak menyadari bahwa orang itu mau mencuri ranselnya. Setelah menyadari hal itu Pak Meier langsung ke kantor polisi untuk melapor. Polisi menerima laporan, tetapi tidak bisa banyak membantu. Syukur di ransel tidak ada barang yang berharga. Dompet, kartu kredit dan paspor, contohnya, tidak ada di dalamnya. Sejak hari itu Pak Meier selalu hati-hati kalau naik bis. Dia selalu membawa uangnya di dalam kantong jas.

Akan tetapi ada alasan untuk bergembira. Hari ini Pak Meier mendapat undangan lagi dari Pak Harsono. Pak Harsono berencana menikahkan anak perempuannya Fatimah yang sudah lama bertunangan. Pestanya akan berlangsung pada akhir minggu ini. Untuk menghadiri pesta, Pak Meier perlu hadiah. Dia mau menghadiahkan uang tunai dan beberapa macam manisan. Karena itu dia mampir ke ATM untuk mengambil uang. Setelah itu dia membeli manisan. Dia sudah tahu di mana bisa mendapat manisan yang paling enak. Dia juga tahu manisan mana yang paling disukai Fatimah.

Sudah lama Pak Meier mengenal Fatimah dan tunangannya yang dulu kuliah di kampus Pak Harsono. Setelah menikah mereka mau pindah ke Jakarta. Di sana tunangan anak Pak Harsono ditawari kerja yang bagus.

Pak Harsono mempunyai tiga anak. Mereka semua perempuan. Yang paling besar, Fatimah, adalah anaknya yang akan dinikahkan. Dia sudah dewasa. Yang kedua, Halimah, sedang kuliah. Yang paling muda, Siti, masih sekolah.

Urusan Pak Meier di Indonesia hampir selesai. Sebelum berangkat ke Jerman dia mau berlibur. Dia berencana berkunjung ke beberapa tempat yang belum dikunjunginya. Pasti Pak Harsono akan membantunya. Pak Meier bisa mengandalkan dia. Pak Meier sangat menghargai segala bantuan Pak Harsono.

Beantworten Sie folgende Fragen zum Text:

1) Siapa yang ingin menikah?
2) Setelah ranselnya dicuri Pak Meier langsung ke mana?
3) Setelah menikah Fatimah dan suaminya mau pindah ke mana?
4) Mengapa Pak Meier didekati seseorang?
5) Pak Meier mau melakukan apa setelah urusannya sudah selesai?
6) Pak Harsono punya berapa anak dan siapa nama mereka?

IV Übungen

1. Vervollständige die folgenden Sätze mit den angebotenen Wörtern:

menawari	mengotori	mewakili
menyukai	memberi	memasuki
memukuli	membohongi	mengepalai

a) Tadi pagi aku sudah membersihkan kamarku, tetapi siang ini dia .... kamarku lagi.
b) Tadi Fatmawati .... Indrawati manisan yang baru dibelinya di pasar.
c) Mas Hadi .... makanan Indonesia.
d) Minggu ini Pak Harsono sakit. Karena itu Bu Sutrisno akan .... dia di kantor.
e) Sering dia .... kami uang. Walaupun begitu kami tidak kaya.
f) Kita tidak boleh .... anjing atau binatang lain.
g) Anak ini nakal sekali! Dia sering .... orang tuanya.
h) Kita tidak boleh .... rumah dengan sepatu kotor.
i) Pak Haldoko.......................... rapat ini.

2. Übersetzen Sie ins Deutsche:

a) Mereka tidak pandai mengendarai mobil.
b) Mobil saya jangan dikotori.
c) Saya tidak mau menghadiri pesta itu.
d) Saya didekati seorang polisi.
e) Akhir minggu ini saya mewakilimu di dalam rapat itu.
f) Jangan membohongi ayahmu!
g) Orang ini kurang disukai tetangganya.
h) Teman saya mempunyai tiga ekor anjing.
i) Gedung ini tidak boleh dimasuki.

3. Übersetzen Sie ins Indonesische:

a) Jedes Jahr besuche ich diesen Ort.
b) Gestern habe ich meine Tochter verheiratet.
c) Die Polizei näherte sich meinem Haus.
d) Er merkte nicht, dass seine Frau schon abgereist war.

e) Jeden Morgen küsst die Mutter ihr Kind.
f) Du darfst diese Frau nicht heiraten.
g) Dieser Mann belügt seine Ehefrau.
h) Gestern habe ich eine Geldbörse auf der Straße gefunden.

4. Setzen Sie in den Objektfokus:

a) Jangan menikahi laki-laki itu! Dia bukan orang baik.
b) Mereka tidak mau menghadiri rapat itu.
c) Tolong timbang sayur-sayuran itu!
d) Kemarin dulu anak-anak nakal itu memukuli anak tetangga saya.
e) Biasanya banyak orang mengunjungi tempat itu.
f) Aku sangat menghargai bantuanmu!
g) Ayah itu melarang anaknya keluar.

5. Vervollständigen Sie die Sätze unter Verwendung der richtigen Affigierung:

a) Kemarin seorang laki-laki .... saya waktu berdiri di depan kantor pos. (dekat)
b) Hati-hati, Nak! Barang ini sangat .... Kamu harus .... barang yang kaupunya! (harga)
c) Saya diundang ke pesta ulang tahun anak teman saya. Saya mau .... sebuah sepeda pada dia. (hadiah)
d) Bu Lindra menjadi .... di sebuah kantor besar di Jakarta. Dia senang sekali .... kantor itu. (kepala)
e) Di atas meja Pak Sudirman ada banyak surat. Semua surat itu akan .... ke kantor pusat. (kirim)
f) Tolong .... saya buku itu! Saya harus .... buku itu kepada guru saya. (beri)
g) Ada halte bus .... dari sini? (dekat)
h) Jangan .... ibumu! (bohong)
i) Saya harus mencari .... untuk kuliah. Orang tua saya tidak bisa .... kuliah saya. (biaya)
j) Biasanya Pak Harsono selalu .... manisan kepada tamunya. Hari ini dia tidak bisa .... tamunya manisan karena tidak ada. (tawar)
k) Apakah Anda juga akan .... di pesta itu? Tidak, saya tidak bisa .... pesta itu. (hadir)

6. Übersetzen Sie ins Deutsche:

   a) Tulisan ayah saya bagus sekali.
   b) Dia lebih suka makan manisan daripada sayur-sayuran.
   c) Di bawah meja dapur ada banyak kotoran.
   d) Di sini ada larangan berenang.
   e) Sampai sekarang kita belum menerima laporan.
   f) Dia membeli buah-buahan di pasar.

7. Übersetzen Sie ins Indonesische:

   a) Der Tee muss auf der Waage gewogen werden.
   b) Es ist nicht gut, zu viele Süßigkeiten zu essen.
   c) Hier gibt es keinen Absatzmarkt für indonesischen Kaffee.
   d) Gestern traf ich den Verlobten meiner Tochter.
   e) Warum bekomme ich keine Einladung?
   f) Dieser Bericht ist nicht zufriedenstellend.

Übungstext – Pak Meier ikut pesta

Pak Meier senang sekali mendapat undangan ke pesta yang akan diadakan nanti sore. Pesta itu akan berlangsung di rumah Pak Harsono. Rumah Pak Harsono memang sedikit jauh dari hotel Pak Meier. Sayang sekali semua teman sibuk sehingga Pak Meier tidak bisa dijemput. Karena itu dia naik taksi. Dengan taksi dia bisa cepat.

> „Selamat sore, Pak! Saya senang sekali Bapak bisa menghadiri pesta kami!“
>
> „Terima kasih, Pak! Bapak pasti sangat gembira karena anak Bapak mendapatkan suami yang baik! Di mana Fatimah sekarang?“
>
> „Dia sedang berbicara dengan beberapa tamu di halaman. Mari kita ke sana!”
>
> “Baiklah, Pak! Saya sangat senang bertemu lagi dengan mereka.”

Pak Harsono dan Pak Meier pergi ke halaman. Setelah bercakap-cakap dengan Fatimah dan suaminya Pak Meier mengambil makanan dan minuman yang disediakan. Manisan juga ditawarkan oleh Pak Harsono padanya. Sore ini memang sangat menyenangkan. Baru setelah kembali ke hotel, Pak Meier menyadari bahwa dia lupa memberi Fatimah dan suaminya uang tunai dan hadiah yang dibelinya untuk mereka. Dia berencana memberikannya kepada Pak Harsono besok waktu bertemu di kantor, karena itu jalan yang paling mudah. Syukur Fatimah dan suaminya belum berangkat.

Lektion 11

I Grammatik

1. Das Zirkumfix *ke…an*

Das Zirkumfix *ke...an* bildet Nomen und Verben. Bei der Affigierung entstehen keine morphemischen Änderungen.

datang	→	kedatangan
anggota	→	keanggotaan

a. Nominalbildung mit *ke...an*

Mit *ke...an* werden von diversen Grundwörtern und einigen *ber...*-Verben Nomen gebildet. Sie sind immer Abstrakta. In der Regel ist die Bedeutung aus dem Grundwort zu erschließen.

1) Beispiele für adjektivische Grundwörter

bersih (sauber) → kebersihan – Sauberkeit

adil (gerecht) → keadilan – Gerechtigkeit

lapar (hungrig) → kelaparan – Hunger

Orang itu hanya mencari keadilan.
Diese Leute suchen nur nach Gerechtigkeit.

Einige Nomen können so auch mit dem negierten Grundwort gebildet werden. Negation und Grundwort werden in diesem Fall mit Bindestrich verbunden; Beispiel:

tidak adil (nicht gerecht, ungerecht) → ketidak-adilan – Ungerechtigkeit

2) Beispiele für verbale Grundwörter

datang (kommen) → kedatangan – das Kommen, Ankunft

hadir (anwesend sein) → kehadiran – Anwesenheit

Pesta ulang tahun saya berlangsung tanpa kehadiran orang tua saya.
Meine Geburtstagsfeier fand ohne die Anwesenheit meiner Eltern statt.

Bei *ber*-Verben bleibt das Präfix bestehen:

berangkat (aufbrechen) → keberangkatan – der Aufbruch

berhasil (erfolgreich sein) → keberhasilan – Erfolg

3) Nominale Grundwörter

Bei nominalen Wortbasen drückt *ke...an* ein „zu tun haben mit“ aus; Beispiele:

anggota (Mitglied) → keanggotaan – Mitgliedschaft

wanita (Frau) → kewanitaan – Weiblichkeit

4) Andere

In wenigen, aber wichtigen Fällen, ist die Basis ein Adverb oder Modalverb; Beispiele:

harus (müssen) → keharusan – Notwendigkeit, Pflicht

mungkin (möglich) → kemungkinan – Möglichkeit

Marilah kita mencari kemungkinan lain.
Lasst uns eine andere Möglichkeit suchen.

b. Verbalbildung mit *ke...an*

Mit *ke...an* gebildete Verben lassen sich verschiedenen Bedeutungsgruppen zuordnen. Zu den wichtigsten gehören Verbbildungen zum Ausdruck einer (unerwarteten) Betroffenheit oder eines Leidens und – bei den Grundwörtern *lihat* und *dengar* – der Ausdruck einer Möglichkeit bzw. Unmöglichkeit.

1) Ausdruck einer (unerwarteten) Betroffenheit oder eines Leidens

Im weiteren Sinn werden hier Verben gebildet, die eine (unerwartete) Betroffenheit von bzw. ein Leiden unter der vom Grundwort ausgedrückten Begebenheit; Beispiele:

hujan (Regen) → kehujanan – vom Regen überrascht werden

banjir (Überschwemmung) → kebanjiran → von einer Überschwemmung betroffen sein

lapar (hungrig) → kelaparan – Hunger leiden, hungern

Waktu pulang kami kehujanan.
Auf dem Heimweg sind wir in den Regen gekommen.

Di daerah ini banyak orang kelaparan.
In dieser Gegend hungern viele Menschen.

2) Ausdruck der (Un-)Möglichkeit (Grundwörter lihat und dengar)

Bei Affigierung von *ke...an* an die Grundwörter *lihat* und *dengar* wird eine Möglichkeit oder – wenn verneint – Unmöglichkeit ausgedrückt; Beispiel:

melihat (sehen) → kelihatan – sichtbar
→ tidak kelihatan – nicht sichtbar

Desa Pak Haldoko kelihatan dari sini.
Herr Haldokos Dorf ist von hier sichtbar.

Gunung Merapi tidak kelihatan hari ini.
Der Merapi ist heute nicht sichtbar.

Im passivischen Sinne kann hier ein Agens angeschlossen werden. Im Gegensatz zum Objektfokus kann die Partikel *oleh* in allen drei Personen, also auch der 1. und 2. Person, verwendet werden. Ist das Agens ein Pronomen, ist die Verwendung von *oleh* obligatorisch.

Keributan kedengaran (oleh) polisi.
Die Polizei hörte den Lärm. (wörtlich: Der Lärm war für die Polizei hörbar).

Keributan tidak kedengaran oleh saya.
Ich konnte den Lärm nicht hören. (wörtlich: Der Lärm war nicht hörbar für mich.)

Zur Beachtung: Manchmal können auch mehrere Kategorien zutreffen, z.B. kann mit *ke...an* das Adjektiv *lapar* sowohl in ein Nomen (*kelaparan* = Hunger) als auch ein Verb (*kelaparan* = hungern) umgewandelt werden!

2. Ausdruck einer Gemeinsamkeit mit *se...*

Se... wird nicht nur verwendet, um Gleichheit im Sinne eines Komparativs auszudrücken (*sebesar* = „gleich groß"; s. L. 7). An Nomen angefügt drückt es Gemeinsamkeiten aus; Beispiele:

Mereka seumur.
Sie sind gleichaltrig.

Dia teman sekelas saya.
Er ist mein Klassenkamerad.

3. Koordinierende Konstruktion *makin ... makin ...* (je ... desto ...)

Der deutschen Konstruktion *je ... desto ...* entspricht im Indonesisch *makin ... makin ...* bzw. *semakin ... semakin ....* Im Gegensatz zum Deutschen, wo für die betreffenden Adjektive der Komparativ verwendet wird, bleibt es im Indonesischen beim Positiv. Beispiel:

Semakin cepat semakin baik.
Je schneller desto besser.

Fatimah makin besar makin pintar.
Je älter Fatimah wird, desto klüger wird sie.

Die Subjekte der beiden Satzteile können unterschiedlich sein. Beispiel:

Semakin besar tokonya semakin banyak pilihan.
Je größer das Geschäft, desto mehr Auswahl gibt es.

4. Gesprochene Sprache – *bikin*, *bilang*, *habis* und *kasih* sowie *sama*

Im Indonesischen gibt es – wie in den meisten Sprachen – verschiedene Sprachebenen und diverse Sprachdomänen. Dieser sehr vielfältige Bereich kann in einem Lehrbuch der Standardsprache naturgemäß nicht ausführlicher abgehandelt werden. Speziell die gesprochene Sprache ist sehr idiomatisch und kann nur durch häufigen Sprachgebrauch, bevorzugt im Land selbst, adäquat angeeignet werden.

Einige Begriffe werden indes durchgehend in der gesprochenen Sprache verwendet und müssen erwähnt werden. Dies sind in erster Linie die Wörter für „machen“, „sagen“ und „geben“ nämlich *bikin*, *bilang* und *kasih*. Wichtig ist ferner die Präposition *sama* als Ersatz für diverse andere Präpositionen, die auf ein Objekt zielen, sowie *habis* als Ersatz für *setelah*. Sie sollten gelernt werden, da sie aus der gesprochenen Sprache nicht wegzudenken sind. Der korrekte Einsatz von *sama* erfordert einige Erfahrung und Übung. In der Standardsprache bedeutet *habis* „aufgebraucht“. Beispiele:

„Kita bikin apa setelah makan?“
„Was machen wir nach dem Essen?“

„Kemudian dia bilang: `Baiklah!´“
„Dann sagte er: `In Ordnung!´“

„Apa yang Ibu kasih sama dia?“
„Was haben Sie ihm gegeben?“

„Habis sarapan kita mau bikin apa?“
„Was wollen wir nach dem Frühstück machen?“

II Vokabeln

adil	gerecht
keadilan	Gerechtigkeit
ketidak-adilan	Ungerechtigkeit
anggota	
keanggotaan	Mitgliedschaft
asli	original, ursprünglich
banjir	Überschwemmung
kebanjiran	von einer Überschwemmung betroffen sein
berangkat	
keberangkatan	Abreise, Aufbruch
bersih	
kebersihan	Sauberkeit
biasa	gewöhnlich; gewöhnt sein
bikin	machen (Umg.)
bilang	sagen (Umg.)
bumbu	Gewürz (zubereitet)
cangkir	Tasse
datang	
kedatangan	Ankunft; das Kommen
dengar	
kedengaran	hörbar
énak	angenehm
erti	
mengerti	(jmdn./etw.) verstehen
garpu	Gabel
goréng	gebraten
habis (Umg.)	nach
hadir	
kehadiran	Anwesenheit
harus	
keharusan	Notwendigkeit, Pflicht
hasil	
keberhasilan	Erfolg
hidup	leben, lebendig
hujan	Regen
kehujanan	vom Regen überrascht werden
jadi	also, schließlich, das heißt (Umg.)
Jawa Tengah	Zentraljava
kasih	geben (Umg.)
kelapa	Kokosnuss
kelas	Klasse
khas	speziell, original
khusus	
khususnya	vor allem, insbesondere
kué	Plätzchen, Kekse; Kuchen

lalu lintas	Straßenverkehr
lapar	
kelaparan	Hunger; hungern, hungern nach (auch im übertragenen Sinn)
lihat	
kelihatan	sichtbar sein (auch im übertragenen Sinn); zu sehen sein
makin	
makin … makin …	je … desto
semakin … semakin …	je … desto …
mal	Einkaufszentrum, Shopping Mall
mana	
di mana-mana (saja)	wo auch immer; überall
mie, mi	Nudeln
mirip	ähnlich
mungkin	
kemungkinan	Möglichkeit
nafkah	Lebensunterhalt
nikmat	
menikmati	etw. genießen
nyaman	angenehm, bequem, sicher
obrol	
mengobrol (intr.)	plaudern, schwatzen
oléh-oléh	Mitbringsel
pakai (Ugs., = memakai)	benutzen; etw. tragen (Kleidung)
panggil	
memanggil	jmdn. rufen
pedas	scharf (Essen)
pelan	langsam
pilih	
pilihan	Auswahl, Wahl
pisau	Messer
pohon	Baum
pohon kelapa	Kokospalme
polusi	(Umwelt)verschmutzung
raya	groß, erhaben
jalan raya	Hauptstraße, Schnellstraße
ribut	
keributan	Lärm
salah	falsch
sama	/(Präp.) markiert ein Objekt/
sambil	während
santai	entspannt (sein), lässig (sein)
saté	Fleischspießchen
segar	frisch
sempat	
kesempatan	Gelegenheit

séndok	Löffel
serta	mit; und
sesal	
menyesalkan	bedauern
suara	Stimme
sungai	Fluss
tahan	(etw.) aushalten, ertragen
tunda	
menunda	aufschieben, vertagen
wanita	Frau
kewanitaan	Weiblichkeit

III Teks – Pak Meier ingin berlibur

Sebelum berangkat untuk berlibur Pak Meier ada kesempatan untuk berkunjung ke rumah Pak Haldoko sekali lagi bersama dengan Pak Harsono. Setelah bermalam di sana dan setelah sarapan mereka duduk di depan rumah. Mereka santai dan mengobrol sambil minum teh dan makan kue.

Pak Meier: „Enak duduk di sini dan melihat pohon kelapa di pinggir sungai. Di sini nyaman dan kita bisa menikmati udara yang masih bersih dan segar. Di kota banyak polusi dan lalu lintas di sana semakin lama semakin ramai. Jalan raya agak jauh dari sini dan keributannya tidak kedengaran."

Pak Harsono: „Bapak memang benar. Siapa yang bisa tahan keributan begini? Hidup di sini enak. Tetapi mencari nafkah tidak mudah. Karena itu bisa dimengerti* kalau banyak orang muda pindah ke kota. Tidak ada yang salah."

Pak Meier : „Saya bisa mengerti, Pak. Situasi di Jerman mirip. Banyak orang muda meninggalkan kampungnya untuk mencari nafkah di daerah lain. Saya suka sekali duduk di sini. Pak, di mana saya bisa membeli oleh-oleh?"

Pak Harsono: „Di desa tidak ada. Tetapi di kota bisa dibeli di mana-mana, khususnya di mal. Di sana hampir setiap toko menawarkan oleh-oleh."

Pada siang hari mereka dipanggil Ibu Haldoko. Mereka disilakan makan siang. Beberapa macam makanan serta piring dan cangkir sudah diletakkan Ibu Haldoko ke atas meja.

Ibu Haldoko: „Silakan makan, Pak!

Pak Meier: „Wah! Ada banyak pilihan, Bu! Terima kasih banyak!"

Ibu Haldoko: „Bapak pakai garpu dan sendok atau perlu pisau?"

* Wichtig: Bei Objektfokusbildung bleibt bei *mengerti* das Präfix *me…* erhalten!

Pak Meier: „Oh, saya sudah biasa pakai sendok dan garpu, Bu!“

Memang ada banyak pilihan. Mereka bisa memilih antara lain mie goreng, sate dan soto serta buah-buahan segar. Kelihatan Ibu Haldoko pandai memasak. Syukur di Jawa Tengah makanannya tidak terlalu pedas.

Ibu Haldoko: „Bagaimana, Pak? Enak?“

Pak Meier: „Enak sekali, Bu! Ini semua asli Jawa Tengah?“

Ibu Haldoko: „Benar, Pak. Semua bumbunya khas Jawa Tengah.“

Ibu Haldoko: „Wati, tolong bawakan kami air putih!

Setelah dipanggil Ibu Haldoko, Indrawati langsung berdiri untuk mengambil minuman dari dapur. Sekarang keluarga Haldoko dan tamu mereka bisa mulai makan dan bercakap-cakap. Kehadiran Pak Meier di rumah keluarga Haldoko sangat menyenangkan mereka. Sayang sekali Pak Meier akan berangkat lagi besok pagi. Dia meyesalkan keberangkatannya tidak bisa ditunda.

Beantworten Sie folgende Fragen zum Text:

1) Pak Meier bisa menikmati apa di rumah Pak Haldoko?
2) Apa yang dilakukan Pak Meier dan Pak Haldoko pada pagi hari?
3) Apakah keributan jalan raya kedengaran dari rumah Pak Haldoko?
4) Mengapa orang muda memilih pindah ke kota?
5) Di mana Pak Meier bisa mencari oleh-oleh?
6) Apakah Ibu Haldoko pandai memasak?
7) Apakah makanan Jawa Tengah pedas sekali?
8) Kapan Pak Meier harus berangkat lagi?

IV Übungen

1. Setzen Sie in der richtigen Form ein:

   a) Mas Udin harus .... rapat kita yang penting tetapi dia juga mau .... di pesta ulang tahun tunangannya. Dia tahu bawha .... dia di sana sangat penting juga. (hadir)

   b) Waktu ... . berita di telivisi, Mbak Siti .... seorang anak menangis. Suara anak yang menangis itu .... dari jauh. (dengar)

   c) Sekarang masih musim .... Sayangnya anak kecil itu .... waktu pulang dari sekolah. (hujan)

d) Waktu duduk di depan rumahnya Pak Harsono diganggu ………………… dari dalam. Dia menyuruh: „Jangan …………..! (ribut)

e) Mengapa dia belum datang? Kita sudah menunggu …………………….…nya. (datang)

f) ………………….. situasi di desa Pak Haldoko sangat mirip dengan situasi di desa lain. (lihat)

2. Setzen Sie das passende Wort ein:

kemungkinan	kelihatan	kedengaran	kelaparan
kehujanan	kebanjiran	kedatangan	keharusan
keributan	kesempatan		

a) Ibu Haldoko memanggil anaknya yang sedang bermain di halaman rumah. Sayang suaranya tidak ………………oleh anaknya.
b) Waktu berjalan-jalan mereka ……………………..
c) Marilah kita bertemu di depan kantor pos. Gedung besar itu ………………dari jauh.
d) Kita menunggu ………………………… orang tua kita.
e) Ada tiga ……………………
f) Kota Jakarta sering ……………………
g) Di jalan raya ada banyak ……………………
h) Di daerah ini ada banyak orang yang ……………………..
i) Itu bukan kemungkinan, itu ……………………...
j) Mas Ahmad mau berlibur. Tetapi sampai sekarang dia belum mendapat ……………………

3. Übersetzen Sie ins Deutsche:

a) Keberangkatan orang tua saya sudah dekat.
b) Mereka tidak suka kehadiran saya di pesta ini.
c) Pak Meier tidak tahan keributan itu terus.
d) Mereka kehujanan waktu pulang dari pesta.
e) Orang ini hanya mencari keadilan.
f) Lebih dari 350.000 orang kelaparan di kota itu.
g) Kelihatan buku itu membosankan dia.

4. Übersetzen Sie ins Indonesische:

   a) Das Flugzeug kann man von hier hören.
   b) Unsere Kokospalme ist von dort nicht sichtbar.
   c) Der Lärm der Kinder ist vom Haus aus nicht zu hören.
   d) Der Fischteich ist von Herrn Haldokos Haus nicht zu sehen.
   e) Offensichtlich mögen sie uns (exkl.) nicht.
   f) Diese Ziegen sind hungrig.
   g) Warum wurdet ihr von der Nacht überrascht?

5. Übersetzen Sie ins Indonesische:

   a) Wir (exkl.) warten auf Herrn Meiers Ankunft.
   b) Ihre Anwesenheit erfreut uns sehr.
   c) Die Abreise meiner Mutter muss aufgeschoben werden.
   d) Ich mag diesen Lärm nicht.
   e) Wir hatten keine Gelegenheit einen Brief zu schreiben.

6. Setzen Sie das passende Wort ein:

   a) .... (Lärm) anak-anak .... (hörbar sein) dari jauh.
   b) Ada banyak orang yang mencari .... (Gerechtigkeit). Tetapi mereka hanya mendapat .... (Ungerechtigkeit).
   c) Mengapa saya tidak diberi .... (Gelegenheit)?
   d) Kita harus ke sana dulu. Tidak ada .... (Möglichkeit) lain.
   e) Anak ini .... (hungrig sein).
   f) Gunung Merapi .... (sichtbar sein) dari jauh.
   g) Waktu pulang dari desa kami .... (vom Abend überrascht werden).

7. Übersetzen Sie ins Deutsche:

   a) Ratnawati bukan kolega sekantor Mbak Susi.
   b) Ahmad seumur Siti.
   c) Ibu Haldoko dan suaminya tidak seumur.
   d) Waktu kuliah mereka teman sekamar.

8. Übersetzen Sie ins Indonesische:

   a) Ahmad ist Klassenkamerad von Indrawati.
   b) Mbak Susi ist Kollege Ahmads aus demselben Kampung.

c) Ich bin so alt wie du.
d) Ich will nicht, dass er mein Zimmergenosse wird.

9. Übersetzen Sie ins Deutsche:

a) Kita semakin lama semakin dekat.
b) Ayah kita semakin tua semakin kaya.
c) Ahmad makin besar makin pintar.
d) Harga barang semakin lama semakin mahal.
e) Bekerja di kantor Pak Harsono mirip dengan berlibur.

10. Übersetzen Sie ins Indonesische:

a) Je länger wir warten desto mehr Gäste werden kommen.
b) Je länger er in der Schule war, desto schlauer wurde er.
c) Je größer sie wurden desto frecher wurden sie.

11. Übersetzen Sie unter Verwendung von Begriffen der Alltagssprache:

a) „Was hat sie zu ihrer Mutter gesagt?"
b) „Sie will ihm kein Geld geben."
c) „Was können wir machen?"
d) „Was will er machen?"
e) „Er mag sie."
f) „Nach dem Spielen will ich zum Kampus".

Übungstext: Pak Meier berencana kembali ke Jerman

Sekarang segala urusan Pak Meier di Indonesia sudah selesai. Keberangkatannya sudah dekat. Setelah beristirahat dan berkunjung ke beberapa daerah lain dia akan pulang ke Jerman. Pasti istrinya sudah menunggu dia pulang. Kemarin Pak Meier sudah membeli oleh-oleh yang mau dihadiahkan pada istri dan keluarganya. Pak Harsono memang benar: Di kota oleh-oleh bisa dibeli hampir di mana-mana. Pak Meier tidak perlu banyak waktu untuk mencari hadiah yang bagus, antara lain beberapa helai baju batik dan beberapa macam manisan. Setelah pulang ke Jerman Pak Meier berencana menulis sebuah buku bersama dengan Pak Harsonko tentang riset mereka di Indonesia. Pak Meier semakin lama semakin yakin risetnya penting.

Lektion 12

I Grammatik

1. Wortbildung mit *ter...*

Mit dem Präfix *ter...* werden aus Verben und Adjektiven Wörter verschiedener Funktion gebildet. Es erfolgen keine Änderungen am Grundwort.

a. Grundwort Adjektiv: Ausdruck des Superlativs

Affigiert an Adjektive drückt das Präfix *ter...* den Superlativ aus. Es ist der Konstruktion mit *paling* semantisch gleich; Beispiele:

termuda = paling muda (am jüngsten)
tertua = paling tua (am ältesten)

Dewi adalah pegawai termuda di kantor ini.
Dewi ist die jüngste Angestellte in diesem Büro.

Dia orang laki-laki yang tertua di desa ini.
Er ist in diesem Dorf der älteste Mann.

b. Grundwort Verb

1) Ausdruck des Zustandspassivs

Die häufigste Funktion von *ter...* ist die Bildung des Zustandspassivs. Mit ihm wird ein statischer Zustand ausgedrückt. Daher gibt es auch kein Agens.

Die Bildung erfolgt, indem das eventuell vorhandene *me...*-Präfix durch *ter...* ersetzt wird. Ein eventuell vorhandenes Suffix *...kan* entfällt. Beispiele:

makan → termakan
membuka → terbuka
meletakkan → terletak

Achtung: Nicht bei allen Funktionen von *ter...* entfallen die Suffixe der korrespondierenden Verben (s.u.).

Unterscheidung von Zustandspassivs und Passiv (Objektfokus)

Während beim Passiv durch Objektfokus die Handlung bzw. der Prozess im Vordergrund steht, beschreibt der Zustandspassiv das statische Resultat bzw. die Folge der Handlung. Dazu ein kontrastives Beispiel:

Pintu itu dibuka (dia).
Diese Tür wird (von ihm) geöffnet.

versus

Pintu itu terbuka.
Diese Tür ist offen/geöffnet.

Zu dieser Variante der *ter*-Verben zählen viele Verben, die sehr oft gebraucht werden und teilweise nicht mehr als Verben, sondern als Adjektive wahrgenommen werden. Dazu zählen u.a.:

terkenal (mengenal) – bekannt
tersebut (menyebutkan) – erwähnt
tertutup (menutup) – geschlossen
tertarik (menarik) – interessiert
tersedia (menyediakan) – bereitgestellt, fertig

2) Akzidentale Handlung

In einer zweiten Funktion drückt *ter-* aus, dass die durch das korrespondierende Verb ausgedrückte Handlung zufällig, unbeabsichtigt oder unerwartet stattfindet. Suffixe der korrespondierenden Verben verschwinden auch hier ersatzlos.

Bei der akzidentalen Funktion ist zu unterscheiden, ob das korrespondierende Verb intransitiv oder transitiv ist:

a) korrespondierendes Verb ist intransitiv

Ist das korrespondierende Verb intransitiv, wird das *ter*-Verb meist aktivisch übersetzt. Beispiele:

Mahasiswa itu tertidur waktu mendengarkan suara profesor.
Der Student schlief (unverhofft) ein, als er dem Dozenten zuhörte.

Dia terkejut melihat polisi datang.
Er erschrak als er die Polizei kommen sah.

b) korrespondierendes Verb ist transitiv

Ist das korrespondierende Verb dagegen transitiv, ist das *ter…*-Verb passivisch. Beispiele:

Anaknya tertinggal di mobil. (meninggalkan)
Sein Kind wurde versehentlich im Auto zurückgelassen.

Der Bedeutungsunterschied zum korrespondierenden transitiven Verb wird durch das folgende kontrastive Beispiel deutlich:

Anaknya ditinggalkan di mobil. (meninggalkan)
Sein Kind wurde (willentlich) im Auto zurückgelassen.

Das Agens wird mit *oleh* angeschlossen. Im Gegensatz zum Objektfokus wird *oleh* nicht nur in der 3. Person, sondern auch in der 1. und

2. Person verwendet. Bei Pronomen ist die Verwendung von *oleh* obligatorisch. Beispiele:

Makanan ayah termakan (oleh) istrinya.
Vaters Essen wurde versehentlich von seiner Ehefrau aufgegessen.

Makanan ayah termakan olehku.
Vaters Essen wurde versehentlich von mir gegessen.

3) Ausdruck einer Fähigkeit

In einer dritten Funktion drücken *ter...*-Verben eine Fähigkeit aus. Die Suffixe der korrespondierenden Verben bleiben in diesem Fall bestehen. Auch hier kann das Agens in allen drei Personen mit der Partikel *oleh* angeschlossen werden. Bei Pronomen ist hier ebenfalls die Verwendung von *oleh* obligatorisch. Beispiele:

Mungkin masalah ini terselesaikan (oleh) ayah saya.
Möglicherweise kann mein Vater dieses Problem lösen. (wörtlich: Möglicherweise kann dieses Problem von meinem Vater gelöst werden.)

Mobil mahal ini terbeli oleh saya.
Ich kann dieses teure Auto kaufen./Ich kann mir dieses teure Auto leisten. (wörtlich. Dieses teure Auto kann von mir gekauft werden)

Wesentlich häufiger ist die negierte Variante:

Keributan jalan tidak terdengar oleh kita.
Wir können den Straßenlärm nicht hören.

Mobil mahal ini tidak terbeli oleh saya.
Ich kann mir dieses teure Auto nicht leisten.

In der deutschen Übersetzung wird die negierte Variante oft als Adjektiv mit „un…“ wiedergegeben, wenn es kein Agens gibt; Beispiele:

tidak terdengar – unhörbar
tidak terhindarkan – unvermeidbar

Keberangatan Pak Meier tidak terhindarkan.
Die Abreise von Herrn Meier ist unvermeidbar.

Heute wird oft das (eigentlich überflüssige) Hilfsverb *dapat* („können“) davorgesetzt; Beispiel:

Masalah-masalah itu tidak dapat terselesaikan.
Diese Probleme können nicht gelöst werden.

4) Sonstige

Eine Reihe der mit *ter...* gebildeten Wörter ist nur schwer in die genannten Kategorien einzuordnen. Dies gilt vor allem für mit *ter...* gebildete Adverbien und Präpositionen. Beispiele:

terdiri dari/atas – bestehen aus

tersenyum – lächeln

tertawa – lachen

termasuk – einschließlich

terlambat – verspätet, zu spät

terburu-buru– in Eile, gehetzt

5) Anmerkung

Bisweilen kommt mehr als eine Funktion von *ter...* in Frage. In einem solchen Fall ergibt sich die konkrete Bedeutung aus dem Kontext.

Beispiel: terbuka

Toko itu selalu terbuka. Das Geschäft ist immer geöffnet. (Zustandspassiv)

Sedang tidur matanya tiba-tiba terbuka.
Als er schlief, öffneten sich plötzlich seine Augen. (akzidental)

Paket ini terbuka oleh saya.
Dieses Paket habe ich aus Versehen geöffnet. (akzidental)

Anak itu masih kecil. Karena itu pintu mobil tidak terbuka olehnya.
Dieses Kind ist noch sehr klein. Deswegen kann es die Tür des Autos nicht öffnen. (Fähigkeit)

2. Gebrauch von *pernah*

Pernah kann allein stehend mit „je" oder „jemals" wiedergegeben werden. Es tritt oft in Kombination mit *sudah*, *belum* und *tidak* auf:

pernah – je, jemals
sudah pernah – schon (ein)mal
belum pernah – noch nie
tidak pernah – niemals

Inilah masalah terbesar yang pernah diselesaikan.
Dies ist das größte Problem, das je gelöst wurde.

Apakah Anda sudah pernah tertidur waktu belajar?
Sind Sie schon einmal beim Lernen eingeschlafen?

Kami belum pernah mengunjungi kota itu.
Wir haben diese Stadt noch nie besucht.

Saya tidak pernah makan terlalu banyak.
Ich esse niemals zu viel.

II Vokabeln

alam	Natur (im weiteren Sinn)
bagasi	Gepäck
basah	nass
beli	
terbeli	(s. Grammatik)
betul	richtig, wahr
bintang	Stern
Budha	Buddha; buddhistisch
buka	
terbuka	(s. Grammatik)
bukan	
…, bukan?	…, nicht wahr?
bulan	Mond
buru-buru	
terburu-buru	in Eile, gehetzt
candi	Tempel
cari	
mencarikan (ben.)	jmdm. etw. (aus-)suchen/besorgen
daki	
mendaki	besteigen (Berg)
dengar	
terdengar	hörbar; zu hören sein
diri	
terdiri dari/atas	bestehen aus
foto	Foto
gunung	Berg
gunung berapi	Vulkan
hindar	
tidak terhindarkan	unvermeidbar
Hindu	hinduistisch
ikut	
… berikutnya	folgender, nächster … (z.B. Tag, Jahr)
indah	schön, hübsch, reizend (keine Personen)

jatuh	
terjatuh (= jatuh)	fallen
kabut	Nebel, Dunst
berkabut	neblig/dunstig sein
kali	Mal
kali ini	diesmal
kejut	
terkejut	sich erschrecken
kenal	
terkenal	bekannt, berühmt
khawatir	besorgt
lain	
melainkan	sondern; vielmehr (Konj.)
lambat	
terlambat	verspätet, verspätet sein
letak	
terletak	liegen, sich befinden
lihat	
terlihat	sichtbar, sichtbar sein
mata	Auge
masuk	
termasuk	einschließlich
nama	
atas nama	im Namen; auf den Namen
payung	Schirm
pernah	je, jemals
belum pernah	noch nie
sudah pernah	schon einmal
tidak pernah	niemals
profesor	Professor/in
resepsionis	Rezeptionist/in
rokok	Zigarette
uang rokok	Trinkgeld
sebut	
tersebut	erwähnt
sedia	
tersedia	bereitgestellt, vorbereitet
sejarah	Geschichte
sejarah lama	alte Geschichte
bersejarah	geschichtsträchtig, eine große Geschichte haben
selesai	
terselesaikan	lösbar sein (Problem), erledigt werden können
senyum	
tersenyum	lächeln
séwa	Miete
sopir	Fahrer, Chauffeur

takut	Angst haben; etw. fürchten
tarik	
menarik	interessant sein
tertarik (pada)	interessiert (an)
tawa	
tertawa	lachen
tidur	
tertidur	einschlafen (unbeabsichtigt)
tinggal	
tertinggal	zurückgelassen, zurückgelassen werden
turun (dari)	hinuntergehen, herabsteigen, aussteigen; fallen (Niederschläge)
tutup	
tertutup	geschlossen, verschlossen (auch im übertragenen Sinn)

III Text - Pak Meier mengunjungi sebuah tempat bersejarah

Pak Meier sedang berlibur. Dia mau berkeliling ke beberapa tempat bersejarah, termasuk mengunjungi beberapa candi Budha dan Hindu. Selain dari itu Pak Meier juga berencana mendaki gunung berapi. Dia mengunjungi sebuah kota kecil di Jawa Tengah. Pak Harsono sudah mencarikan dia sebuah hotel yang terletak dekat candi dan gunung. Setelah sampai Pak Meier berbicara dengan Mbak Tresda, seorang resepsionis di hotel itu.

Pak Meier: „Selamat malam! Nama saya Pak Meier. Ada kamar atas nama saya?“

Mbak Tresda: „Selamat malam! Betul, Pak! Ada satu kamar atas nama Bapak! Kamarnya sudah tersedia. Bapak bisa langsung masuk.“

Pak Meier: „Harga kamar itu termasuk sarapan, bukan?“

Mbak Tresda: „Betul, Pak. Sarapan disediakan di restoran di samping pintu masuk. Kami akan membantu membawa bagasi anda.“

Pak Meier: „Terima kasih, Mbak!“

Pada hari berikutnya Pak Meier bangun sedikit terlambat. Dia sarapan agak terburu-buru karena sopirnya sudah menunggu. Tetapi Pak Meier tidak pernah keluar tanpa sarapan dulu. Pak Meier tidak mau berangkat terlambat karena dia tidak mau kemalaman di jalan. Cuaca baik walaupun sekarang musim hujan. Pak Meier membawa payung karena dia takut kehujanan. Di musim ini hujan bisa turun tiba-tiba. Dia sudah pernah terjatuh waktu turun dari sebuah gunung. Tetapi hari ini tidak ada alasan untuk khawatir.

Di sebuah candi terkenal yang dikunjunginya, Pak Meier mengambil banyak foto karena dia sangat tertarik pada sejarah lama Indonesia. Sudah beberapa buku dibacanya tentang hal itu. Syukur tidak ada hujan. Tetapi sayang sekali cuacanya sedikit berkabut sehingga alam indah dekat candi itu tidak terlihat. Walaupun begitu, Pak Meier senang sekali. Setelah kembali ke hotel dia bukan hanya membayar sewa mobil melainkan juga memberikan uang rokok kepada sopir. Untungnya restoran hotel belum tutup. Setelah makan Pak Meier langsung tidur karena besok pagi dia mau keluar lebih cepat. Jendela kamarnya terbuka sehingga dia bisa melihat bulan serta bintang. Besok dia berencana naik gunung berapi, karena Pak Meier belum pernah mendaki gunung berapi.

Beantworten Sie folgende Fragen zum Text:

1) Apakah Pak Meier sudah pernah mendaki gunung berapi?
2) Apakah Pak Meier tertarik pada sejarah Indonesia?
3) Apakah sebuah kamar sudah disediakan untuk Pak Meier?
4) Pak Meier memberikan uang rokok kepada siapa?
5) Apakah hotel itu juga menyediakan sarapan untuk tamu?
6) Apakah ada banyak gunung berapi di Indonesia?
7) Siapa nama resepsionis hotelnya?

IV Übungen

1. Setzen Sie das richtige Wort ein:

tertidur	terselesaikan	termasuk
terbuka	terbeli	terjatuh
tertinggal	terbesar	terbangun
terletak		

a) Rumah saya adalah rumah .... di desa ini. Semua rumah lain lebih kecil.
b) Amira tidak tahu mengapa pintu rumahnya .... waktu dia pulang. Sebelum berangkat ke kantor pintu itu sudah ditutupnya.
c) Kemarin dia .... dari sepedanya sehingga hari ini dia tidak bisa masuk sekolah.
d) Sepatu ini tidak .... oleh ayahku karena terlalu mahal.
e) Saya takut masalah itu tidak .... dalam waktu satu hari.

f) Pak Harsono mengundang semua koleganya .... suami atau istri.
g) Mereka .... karena keributan di jalan.
h) Kemarin ransel Mas Bowo .... di kampus.
i) Karena sangat mengantuk Halimah .... waktu menunggu kedatangan tamunya.
j) Kampus saya .... di Jalan Diponegoro.

2. Übersetzen Sie ins Deutsche:

a) Tulisan itu kecil sekali sehingga tidak terbaca oleh saya.
b) Mana candi yang tertua di Indonesia?
c) Teman-teman saya tidak terlihat oleh saya.
d) Candi Borobudur terkenal di mana-mana.
e) Tadi pagi kami berangkat terburu-buru karena bangun terlambat.
f) Maaf, cangkirmu terpakai oleh saya!
g) Mobil mana mobil yang termahal?
h) Surat itu tertulis dalam bahasa Indonesia.
i) Jangan anakmu tertinggal di mobil!

3. Übersetzen Sie ins Indonesische:

a) Die Stimme meines Vaters ist nicht hörbar.
b) Ich kann mir dieses teure Buch nicht leisten.
c) Entschuldigung, ich habe aus Versehen deinen Kaffee getrunken.
d) Dieses Geschäft ist heute geschlossen.
e) Ist dieses Geschäft geöffnet?
f) Der Preis ist einschließlich Frühstück.
g) Dieser Flughafen liegt in der Nähe der Stadt Yogyakarta.
h) Vater ist erzürnt, weil ich aus Versehen sein Nasi Goreng gegessen habe.

4. Setzen Sie die richtige Form ein:

a) Tadi siang Mbak Tresda .... kamar tamu. (bersih)
b) Apakah Bapak bisa .... saya seorang sopir? (cari)
c) Apakah harga itu .... sewa mobil? (masuk)
d) Sayur-sayuran itu saya .... tadi pagi? (beli)
e) Kami berencana .... kota Yogyakarta pada minggu depan. (kunjung)

f) „Mas, kemarin aku menghadiri sebuah rapat tentang sejarah Indonesia. Masalah yang dibicarakan di rapat itu sangat ...." (tarik)
g) Kelihatan sekali masalah itu tidak .... dalam waktu satu hari. (selesai)
h) Dia tidak terkejut waktu .... oleh polisi. (dekat)
i) Pak Meier sudah ....teman baik Pak Haldoko. (jadi)
j) Bukuku.................... Mbak Indrawati. Karena itu aku tidak bisa belajar bahasa Indonesia tadi malam. (bawa)
k) Saya takut mereka akan datang .... sekali. (lambat)

5. Übersetzen Sie ins Indonesische und antworten Sie wo möglich:

a) Warum kommen Studenten immer zu spät?.
b) Sie ist überall bekannt.
c) Was ist passiert?
d) Warum bist du oft in Eile?
e) Fürchten Sie (w.) nicht, sie kommen zu spät?.
f) Warum fiel sie plötzlich vom Baum?
g) Er lächelte, als er seine Verlobte sah.

6. Übersetzen Sie ins Deutsche:

a) Pak Haldoko belum pernah memukul anak-anaknya.
b) Anak-anak Pak Harsono belum pernah sakit.
c) Apakah Anda sudah pernah bertemu dengan dia?
d) Anak-anak saya tidak pernah berbohong.

7. Übersetzen Sie ins Indonesische:

a) Hasan ist noch nie mit dem Flugzeug geflogen.
b) Pak Meier hat schon mal Indonesien besucht.
c) Fatimah belügt niemals ihre Eltern.

8. Beantworten Sie die folgenden Fragen:

a) Apakah Pak Meier sudah pernah mendaki gunung berapi? Bagaimana dengan Anda?
b) Apakah Anda pernah ke Indonesia?
c) Apakah Anda tertarik pada sejarah lama Indonesia?
d) Candi Prambanan terkenal di mana-mana. Candi itu terletak di mana?

e) Apakah Candi Prambanan adalah sebuah candi Budha atau Hindu?
f) Apakah Anda mudah terkejut?

Übungstext: Percakapan dengan sopir

Waktu Pak Meier keluar dari hotel sopirnya sudah menunggu.

Pak Meier: „Maaf, saya sedikt terlambat. Sudah menunggu lama, Mas?"

Sopir: „Belum, Pak. Kita bisa langsung berangkat? Ke mana kita dulu, Pak?"

Pak Meier: „Saya mau ke Candi Borobudur dulu. Setelah itu kita bisa langsung ke Candi Prambanan."

Sopir: Baik, Pak. Tetapi dari Candi Borobudur ke Candi Prambanan agak jauh dan pasti ada macet di jalan. Mungkin kita nanti terlambat pulang ke hotel."

Pak Meier: „Tidak apa-apa. Lebih baik sampai di hotel sedikit terlambat daripada terburu-buru di jalan. Kita bisa makan malam di warung kalau perlu."

Sopir: „Baiklah, Pak! Untuk besok ada rencana apa?"

Pak Meier: „Besok saya mau mendaki Gunung Merapi. Saya belum pernah mendaki gunung berapi. O ya, saya hampir lupa, sebelum ke Gunung Merapi saya mau mampir dulu di kantor pos."

Lektion 13

I Grammatik

1. Bruchzahlen

a. Bildung

Bruchzahlen werden nach folgendem Muster gebildet:

(Zähler) *per*(Nenner), *satu* wird zu *se…*

Beispiele:	3/4	tiga perempat
	4/5	empat perlima
	2/3	dua pertiga
	1/4	<u>se</u>perempat
	1/3	<u>se</u>pertiga
	1/2	<u>se</u>tengah (tengah = Mitte, Zentrum, Hälfte)

Bruchzahlen ziehen die Präposition *dari* nach sich, z.B.:

setengah dari kue ini
die Hälfte dieses Kuchens

2. Zeitbegriffe

a) *hari* – Tag

In der Regel wird der Begriff *hari* (Tag) den einzelnen Wochentagen vorangestellt:

Sonntag	Montag	Dienstag	Mittwoch
hari Minggu	hari Senin	hari Selasa	hari Rabu

Donnerstag	Freitag	Samstag
hari Kamis	hari Jumat	hari Jumat

b) *minggu* – Woche

Die Begriffe für Woche (*minggu*) und Sonntag (*hari Minggu*) unterscheiden sich nur durch Groß- und Kleinschreibung.

c) *bulan* – Monat

In der Regel wird der Begriff *bulan* den einzelnen Monatsnamen vorangestellt (nicht aber in Datumsangaben, s.u.):

bulan Januari	bulan Juli
bulan Februari	bulan Agustus
bulan Maret	bulan September
bulan April	bulan Oktober
bulan Mei	bulan November
bulan Juni	bulan Desember

d) *tahun* – Jahr

Jahreszahlen werden wie wie folgt gebildet. In der Regel wird der Begriff *tahun* den Jahreszahlen vorangestellt:

tahun dua ribu dua puluh satu – das Jahr 2021

tahun seribu sembilan ratus delapan puluh tujuh – das Jahr 1987

oder

tahun sembilan belas delapan puluh tujuh – das Jahr 1987

e) tanggal – Datum

In der Regel wird der Begriff *tanggal* den Datumsangaben vorangestellt. Bei Datumsangaben werden die Kardinalzahlen verwendet:

30 Maret 2020 (tanggal tiga puluh Maret tahun dua ribu dua puluh) – der 30. März 2020

Anmerkung: In Indonesien werden auch die islamische Jahreszählung und die islamischen Monatsnamen verwendet. Beides hat aber nur im religiösen Kontext Relevanz.

3. Zeitangaben II – Zeitadverbien

a) in die Zukunft gerichtete Zeitangaben

depan und *yang akan datang*/*yang mendatang* kennzeichnen immer die nächstliegende Zeiteinheit, z.B.:

tahun depan – kommendes/nächstes Jahr

minggu yang akan datang – kommende/nächste Woche

Minggu depan kami ada waktu untuk pergi ke Surabaya.
Nächste Woche haben wir Zeit nach Surabaya zu fahren.

lagi und *kemudian* bezeichnen die Anzahl der in der Zukunft liegenden Zeiteinheiten, z.B.:

dua tahun lagi – in zwei Jahren

lima hari lagi – in fünf Tagen

Empat hari lagi Mbak Dewi mau mengunjungi temannya di Jerman.
In vier Tagen will Dewi ihre Freundin in Deutschland besuchen.

Beberapa bulan kemudian …
Einige Monate später …

b) in die Vergangenheit gerichtete Zeitangaben

Rückwärts gerichtet folgt auf den Zeitbegriff *yang lalu*, z.B.:

tahun yang lalu – voriges Jahr, vor einem Jahr

tujuh bulan yang lalu – vor sieben Monaten

Tiga tahun yang lalu dia belum bisa membaca.
Vor drei Jahren konnte sie noch nicht lesen.

Ausnahmen sind morgen (*besok*), übermorgen (*lusa*), gestern (*kemarin*) und vorgestern (*kemarin dulu*).

4. Uhrzeiten

Das Wort für Stunde ist *jam* (= Uhr) oder *pukul*, für Minute ist es *menit*.

jam/pukul lima –fünf Uhr

Uhrzeiten werden mit *lewat* (hier: nach) und *kurang* (hier: vor) gebildet. Dabei finden die Kardinalzahlen ergänzt durch *menit* Verwendung:

jam lima lewat sepuluh menit
zehn Minuten nach fünf

jam lima kurang dua puluh menit
20 Minuten vor fünf

Analog zum Deutschen werden „halb“ und „viertel“ mit *setengah* bzw. *seperempat* wiedergegeben:

jam setengah tiga
halb drei Uhr

jam tujuh kurang seperempat
viertel vor sieben

Weitere Beispiele:

1.10 Uhr – jam satu lewat sepuluh menit
12.50 Uhr – jam dua belas kurang sepuluh menit
6.15 Uhr – jam enam lewat seperempat
5.45 Uhr – jam enam kurang seperempat
6.30 Uhr – jam setengah tujuh

Die Tageszeiten können zur Spezifizierung angefügt werden:

jam empat sore (16.00 Uhr) *versus* jam empat pagi (04.00 Uhr)

5. Zeitangaben und Fragen nach Zeit, Zeitpunkt und Zeitdauer / temporale Präpositionen

a) Präzise Datums- und Zeitangaben

Präzise Datums- und Zeitangaben werden mit der Partikel *pada* gebildet, wobei *pada* auch weggelassen werden kann. Beispiele:

pada jam lima – um 5 Uhr

Dia bertemu dengan Pak Harsono pada jam lima.
Er traf sich um 5 Uhr mit Herrn Harsono.

pada tanggal 14 Oktober – am 14. Oktober

Mereka mau mengunjungi candi Budha itu pada tanggal 14 Oktober.
Sie wollen jenen buddhistischen Tempel am 14. Oktober besuchen.

b) Fragen nach dem Zeitpunkt

Die Frage nach einem Zeitpunkt erfolgt mit dem Interrogativpronomen *kapan* (wann?), z.B.:

Kapan dia datang?
Wann kommt er?

Dia datang pada sore hari.
Er kommt am Nachmittag.

c) Fragen nach Uhrzeit, Datum und Jahr

Nach der Stunde/Uhrzeit, dem Datum und dem Jahr wird mit *berapa* gefragt. Beispiele:

jam/pukul berapa? – wieviel Uhr?

Sekarang jam/pukul berapa?
Wie spät ist es jetzt?

Anda sampai di Jakarta pada jam berapa?
Um wie viel Uhr kommst du in Jakarta an?

tanggal berapa? – der Wievielte/welches Datum?

Hari ini tanggal berapa?
Der Wievielte/welches Datum ist heute?

Tanggal berapa ulang tahun Anda?
An welchem Datum ist dein Geburtstag?

tahun berapa? – welches Jahr?

Rumah itu dibangun pada tahun berapa?
In welchem Jahr wurde dieses Haus gebaut?

Beachte:	vorgestelltes *berapa* bedeutet „wie viele", z.B. *berapa jam* = wie viele Stunden Berapa jam dia bekerja di sawah? – Wie viele Stunden arbeitet er auf dem Nassreisfeld?

d) Fragen nach dem Tag und dem Monat

Nach namentlichen Zeitbegriffen wie *hari*, *bulan* und *minggu* wird mit *apa* gefragt. Beispiel:

hari apa? – was für ein/welcher Tag?

Hari apa saya bisa ke kantor pos?
An welchem Tag kann ich zur Post?

bulan apa? – welcher Monat?

Bulan apa ulang tahun Anda?
In welchem Monat hast du Geburtstag?

e) Frage nach der Zeitdauer und deren Angabe

Die Zeitdauer wird mit *berapa lama* erfragt:

berapa lama? – wie lange?

Berapa lama kita harus menunggu?
Wie lange müssen wir warten?

Die Zeitdauer selbst wird mit *selama* und *mulai dari ... sampai* angegeben:

selama – für (die Dauer von)

Dia tinggal di Jakarta selama tiga tahun.
Sie wohnte drei Jahre lang in Jakarta.

mulai dari … sampai (von bis)

Saya bekerja dari hari Senin sampai hari Jumat.
Ich arbeite von Montag bis Freitag

II. Vokabeln

akhir	
terakhir	letzter, letze, letztes
Agustus	August
April	April
bandara	(großer) Flughafen
baring	
berbaring	liegen, sich hinlegen
capék	erschöpft, müde
dengan	
dengan begitu	damit, auf diese Weise
Désémber	Dezember
erat	eng, fest (auch übertr.)
Éropa	Europa
Fébruari	Februar
hambar	fade, geschmacklos
hubung	
hubungan	Verbindung, Beziehung
ingat	sich erinnern, etw. erinnern

jam	Stunde; Uhr; Uhrzeit
jam …	… Uhr
Januari	Januar
Juli	Juli
Jumat, Jum'at	Freitag
Juni	Juni
Kamis	Donnerstag
kadang-kadang	manchmal
kapal	Schiff
kecéwa	enttäuscht
mengecéwakan	enttäuschend
kemudian	… später
keringat	Schweiß
berkeringat	schwitzen
kerja	Arbeit
bekerja-sama	zusammenarbeiten
kunjung	
kunjungan	Besuch
kurang	vor (Uhrzeit)
lagi	… später
laksana	
melaksanakan	durchführen, realisieren
lama	
selama	für (die Dauer von), über einen Zeitraum von
lokét	Schalter (Büro)
léwat (1)	nach … (Uhrzeit)
léwat (2)	vorübergehen, vorüberfahren etc.
macam	
bermacam-macam	vielerlei, diverse
Marét	März
Mei	Mai
Minggu	Sonntag
mulai dari … sampai	von … bis (Zeitangabe)
Novémber	November
Oktober	Oktober
pantai	Strand
pulau	Insel
pindah	umsteigen
porsi	Portion
Rabu	Mittwoch
rasa	Gefühl
merasa	etw. fühlen
Sabtu	Samstag
sedangkan (Konj)	während, wohingegen
sederhana	einfach, schlicht
Selasa	Dienstag

Senin	Montag
Séptémber	September
siap	
menyiapkan	vorbereiten, fertig machen
supaya	damit, um zu
tanggal	Datum
temu	
menemukan	finden; entdecken
menemui	jmdn. treffen, sich treffen mit
terbang	fliegen
tiket	Fahrkarte, Eintrittskarte
tipu	
menipu	betrügen
tertipu	betrogen
turut	
menurut	gemäß, zufolge
menurut (pendapat)…	nach … Meinung
waktu	
waktu itu	zu jener Zeit

III. Text –Minggu terakhir kunjungan Pak Meier di Indonesia

Sarapan di hotel itu sedikit mengecewakan karena makanannya agak sederhana dan hambar. Selain itu porsinya terlalu sedikit. Setelah sarapan Pak Meier masih beristirahat. Dan pada sore hari, setelah pulang dari candi, dia berbaring di pantai. Kadang-kadang dia diganggu oleh orang yang ingin menjual bermacam-macam barang. Pak Meier kurang suka membeli barang di jalan karena dia takut tertipu. Untungnya di tempat ini tidak ada orang yang mencoba menipu. Setelah berbaring selama setengah jam dia berenang di laut. Dia bisa melihat kapal-kapal lewat. Selain itu juga terlihat beberapa pulau kecil. Setelah berenang Pak Meier berbaring lagi dan tertidur. Empat puluh menit kemudian dia terbangun dan berpikir: „Sekarang jam berapa?“ Dia melihat jamnya. „O, sudah jam empat lewat seperempat.“ Pada jam setengah lima dia mau bertemu dengan tamu lain yang baru dia kenal waktu sarapan tadi pagi. Pak Meier tidak mau terlambat. Pak Meier selalu mencoba tepat waktu.

Minggu depan, pada hari Kamis, Pak Meier akan pulang ke Jerman. Dia mau berangkat pada tanggal 12 Mei dari bandara Soekarno-Hatta di Jakarta. Tiketnya sudah dibeli. Dia tidak boleh terlambat karena pesawatnya berangkat tepat waktu pada jam 5:15 sore. Loket check-in dibuka pada jam 2:40 siang. Pak Meier masih ingat waktu dia mau terbang ke Jerman dua tahun yang lalu. Waktu itu dia hampir terlambat sehingga dia naik pesawat terburu-buru. Waktu masuk pesawat dia sudah berkeringat sehingga dia merasa kurang enak. Menurut pendapat dia, lebih baik sampai di bandara 2 jam sebelum keberangkatan supaya tidak terlambat. Dengan begitu dia masih punya cukup waktu kalau ada macet di jalan ke bandara. Nanti, antara Indonesia dan Eropa, Pak Meier harus pindah pesawat, karena tidak ada pesawat yang langsung ke Jerman.

Tahun depan Pak Meier mau datang lagi ke Indonesia. Ada proyek baru yang akan dilaksanakan bersama dengan Pak Harsono dan yang harus disiapkan sekarang. Mereka sudah bekerja-sama selama empat tahun. Sudah dua kali Pak Harsono datang ke Jerman sedangkan Pak Meier sudah tiga kali ke Indonesia. Pak Meier selalu ingat waktu pertama kali dia ke Indonesia pada tahun 2017. Antara mereka ada hubungan kerja erat. Selain itu mereka juga menjadi teman erat. Pak Meier menyadari bahwa teman sebaik Pak Harsono sulit ditemukan di mana-mana.

Beantworten Sie folgende Fragen zum Text:

1) Di mana Pak Meier berbaring?
2) Ada pesawat yang langsung ke Jerman?
3) Pak Meier melakukan apa di laut?
4) Dengan siapa Pak Meier mau bertemu?
5) Apakah Pak Meier berencana ke Indonesia lagi?
6) Loket check-in dibuka pada jam berapa?
7) Pada tanggal berapa Pak Meier mau pulang ke Jerman?
8) Apakah Pak Harsono dan Pak Meier sudah menjadi teman baik?

IV. Übungen

1. Übersetzen Sie ins Deutsche:

   a) Aku baru ingat dia mau datang seperempat jam lagi.
   b) Masih tiga seperempat kilo sampai ke desa saya.
   c) Ibu perlu dua seperempat kilo daging sapi untuk memasak.
   d) Tadi ayah saya minum dua setengah gelas air putih.
   e) Kita bergembira sekali, karena hanya sepertiga dari panen belum terjual.
   f) Proyek riset ini berlangsung selama tiga tigaperempat tahun.

2. Übersetzen Sie ins Indonesische:

   a) Ich habe 3¼ Stunden gewartet.
   b) Ich will ein halbes Kilo Reis kaufen.
   c) Ein Drittel der jungen Leute hat das Dorf bereits verlassen.
   d) Ich habe aus Versehen die Hälfte des Kuchens gegessen.
   e) Ein Fünftel der Gebäude ist bereits beschädigt.

f) Er hat 1½ Tassen Tee getrunken.

3. Übersetzen Sie ins Deutsche:

a) Ayahku berangkat pada jam setengah enam.
b) Pak Meier akan masuk laboratorium kita pada jam empat lewat seperempat.
c) Tadi pagi saya bangun pada jam sebelas kurang lima menit.
d) Saya akan datang pada jam lima tepat.
e) Sekarang jam lima lewat dua belas menit.

4. Übersetzen Sie ins Indonesische:

a) Jetzt ist es viertel vor zwölf.
b) Wir werden um 13.30 Uhr essen.
c) Er ist um 14.20 Uhr eingeschlafen.
d) Wir haben ihn um Punkt 15 Uhr wieder aufgeweckt.
e) Jetzt ist es fünf vor zwölf.

5. Beantworten Sie folgende Fragen:

a) Besok lusa hari apa?
b) Bulan depan bulan apa?
c) Sekarang jam berapa?
d) Hari ini tanggal berapa?
e) Tahun ini tahun berapa?

6. Übersetzen Sie ins Deutsche:

a) Kemarin dulu ayah saya menjual mobilnya.
b) Besok kita akan berkumpul untuk membahas proyek baru yang akan kita laksanakan bersama dengan beberapa kolega Jerman.
c) Bulan ini cuaca kurang baik. Bulan yang lalu kita masih bisa bermain di pantai.
d) Tiga hari yang lalu kami bertemu dengan Pak Harsono.
e) Dua tahun yang lalu desa kami sering kebanjiran. Waktu itu ibuku sering menangis.
f) Minggu depan mereka akan berlibur di pulau Bali sedangkan saya harus masuk kantor.
g) Bulan yang lalu gedung ini belum rusak.

7. Beantworten Sie folgende Fragen:

a) Hari ini Anda bangun pada jam berapa?
b) Tadi malam Anda tidur pada jam berapa?
c) Biasanya Anda bekerja mulai dari jam berapa sampai jam berapa?
d) Anda biasanya sarapan pada jam berapa?
e) Pada hari apa Anda biasanya berbelanja?
f) Pada bulan apa Anda berulang tahun?
g) Anda mulai belajar bahasa Indonesia pada tahun berapa?
h) Anda berulang tahun pada tanggal berapa?
i) Umur Anda berapa tahun?
j) Apa yang akan Anda lakukan pada akhir minggu ini?

8. Übersetzen Sie ins Indonesische:

a) Vorgestern kam mein Sohn nicht nach Hause.
b) In fünf Tagen will ich abreisen.
c) Er will drei Wochen Urlaub machen.
d) Letzte Woche besuchten wir unseren Kollegen.
e) Kommenden Monat werde ich heiraten.
f) Übermorgen werde ich meine ältere Schwester aus Jakarta abholen.
g) Wie lange will er noch schlafen?
h) Wann kannst du mir helfen?
i) Im März werden wir nach Bandung umziehen.
j) Sie arbeiten bereits seit 10 Jahren zusammen.

Übungstext: Pak Meier mau berangkat

Besok adalah hari terakhir Pak Meier di Indonesia. Ada beberapa hal yang masih perlu diselesaikan, antara lain dia harus membayar hotel. Itu lebih mahal daripada membayar sewa rumah biasa. Selain itu banyak orang mau bertemu dengan dia sebelum keberangkatannya. Kemudian Pak Meier harus menyiapkan bagasinya, termasuk dua buah koper yang besar dan berat. Kemarin dulu dia sudah bertemu dengan Pak Haldoko untuk terakhir kali. Syukur tidak ada urusan lagi sehingga ada cukup banyak waktu. Di Jerman sudah ada beberapa urusan yang harus dia selesaikan di sana. Minggu yang akan datang sudah ada rapat penting lagi. Untungnya ada kolega di sana yang bisa menyiapkan semua. Pada hari Selasa yang lalu mereka sudah membahas hal itu. Jadi Pak Meier bisa tenang. Besok dia harus berangkat pada pagi hari. Airportnya terletak jauh dari pusat kota. Syukur Pak Harsono bisa membantu lagi mengantar dia ke sana. Lebih enak diantar teman naik mobil daripada naik bus atau taksi. Istri Pak Harsono juga akan ikut. Pak Meier akan sampai di Jerman 25 jam lagi.

Lektion 14

I Grammatik

1. Nominalbildung mit dem Präfix *pe...*

Mit dem Präfix *pe...* werden durch Anfügung an Verben und Adjektive Nomen gebildet, die Personen, Instrumente oder Mittel bezeichnen. Es ist zwischen assimiliertem *pe...* und nicht assimiliertem *pe...* zu unterscheiden.

A. Assimiliertes *pe...*

a. Bildung

Die Ableitung erfolgt von *me...*-Verben, von affixlosen Verben oder von Adjektiven, wobei das Präfix *pe...* assimiliert wird. Die Assimilierung erfolgt nach den bereits bekannten Regeln, Bsp.:

menulis	→	penulis
tidur	→	penidur
bersih	→	pembersih

b. Funktionen und Bedeutungsgruppen

1. Es bezeichnet die Person, die die vom Verb ausgedrückte Handlung vollzieht. Beispiele:

   menulis (schreiben) → penulis – Verfasser/in, Autor/in

   menjual (verkaufen) → penjual – Verkäufer/in

2. Es bezeichnet ein Instrument oder Mittel, mit dem die betreffende Handlung ausgeführt wird. Beispiel:

   bersih (sauber) → pembersih – Reinigungsmittel

3. Es bezeichnet eine Person, die etwas gewohnheitsmäßig tut. Beispiele:

   membantu (helfen) → pembantu – Helfer, Assistent

   tidur (schlafen) → penidur – Vielschläfer, schläfrige Person

B. Nichtassimiliertes Präfix pe...

Nichtassimilierte *pe...*-Nomen werden in der Regel von *ber...*-Verben abgeleitet. Sie kennzeichnen eine Person, die etwas gewerbsmäßig tut. Beispiele:

bertani (Landwirtschaft betreiben) → petani – Bauer, Bäuerin

bermain (spielen) → pemain – Spieler

berdagang (handeln) → pedagang – Händler

Ausnahme von der Regel:

serta (mit) → peserta – Teilnehmer

2. Verbalbildung mit der Präfixkombination me... + ...per...

Mit der Präfixkombination *memper*... (einschließlich der abgeleiteten Formen *diper*... und *terper*...) können transitive Verben gebildet werden, sowohl selbständig als auch ergänzt durch die Suffixe ...*kan* oder ...*i*.

a. Bildung

Die Präfixkombination *memper*... setzt sich zusammen aus *mem*... und ...*per*.... Am Grundwort finden keine morphologischen Änderungen statt.

memper...	memperpanjang
memper...kan	mempertontonkan
memper...i	memperbarui

b. Funktionen und Bedeutungsgruppen

1) memper...

Mit adjektivischer Wortbasis bildet *memper*... kausative Verben, die die Herbeiführung oder Verstärkung der im Adjektiv bezeichneten Eigenschaft ausdrücken.

kecil (klein) → memperkecil – verkleinern

besar (groß) → memperbesar – vergrößern

dalam (tief) → memperdalam – vertiefen

Die Übergänge zu der Bedeutung der entsprechenden Verben mit *me*...*kan* sind oft fließend (so bei *mengecilkan* und *membesarkan*). Oft liegt eine Emphase vor. In vielen Fällen ist die Bedeutung identisch. In einigen Fällen sind sie aber nicht austauschbar, z.B. kann *memperdalam* (vertiefen) im übertragenen Sinne gebraucht werden, *mendalamkan* aber nicht.

2) memper…kan

Die mit *memper...kan* und transitivem sowie intransitivem verbalen Grundwort gebildeten Verben entsprechen in vielen Fällen den entsprechenden Verben ohne *...per....* Auch hier kann in der Verwendung eine Emphase vorliegen. Beispiele:

mengenalkan = memperkenalkan (jmdn./etw. vorstellen)

melihatkan = memperlihatkan (etw. zeigen/vorzeigen)

Häufig liegt allerdings ein klarer semantischer Unterschied vor. Beispiel:

menanyakan (nach etw. fragen) *versus* mempertanyakan (etw. in Frage stellen)

Die semantischen Ableitungen und ihre Beziehungen zu den Formen mit *me...kan* sind nicht a priori erkennbar und müssen in der Regel individuell erlernt werden.

> Vor allem in der gesprochenen Sprache kommt *memper...kan* mitunter auch mit adjektivischer Basis vor. Diese Konstruktion entspricht aber nicht der Standardgrammatik. Die entsprechenden Bildungen werden daher in der Regel auch nicht in Wörterbüchern aufgeführt (z.B. *memperdalamkan*).

3) memper…i

Die Bildung von transitiven Verben mit dem Zirkumfix *memper...i* ist selten. Mit adjektivischer Wortbasis drücken *memper...i* gebildete Verben die Herbeiführung der im Adjektiv bezeichneten Eigenschaft aus. Zwei der so gebildeten Verben kommen relativ häufig vor:

baru (neu) → memperbarui (erneuern, modernisieren)

baik (gut) → memperbaiki (reparieren, verbessern)

3. Anzeige der wörtlichen Rede

Wörtliche Rede kann vor oder nach der wörtlichen Rede kenntlich gemacht werden. Vor der Rede wird das affigierte transitive oder intransitive Verb verwendet:

Dia <u>ber</u>kata/<u>meng</u>ata<u>kan</u>: „…“ – Er sagt: „…“

Dia <u>ber</u>tanya: „…“ – Sie fragt: „…“

Dia <u>men</u>jawab: „…“ – Er antwortet: „…“

Nach der Rede folgt ein entsprechendes Grundwort mit nachgesetztem Agens:

„…“, kata dia.
„…“, tanya dia.
„…“, jawab dia.

4. Reflexive Verben

Reflexive Verben werden im Indonesischen mit *diri* (selbst) gebildet, welches an das Verb angeschlossen wird.

memperkenalkan (jmdn. vorstellen) → memperkenalkan diri (sich vorstellen)

Boleh saya memperkenalkan teman saya kepada Anda?
Darf ich Ihnen meinen Freund vorstellen?

Setelah masuk rapat Pak Harsono memperkenalkan diri.
Nachdem er die Versammlung betreten hatte, stellte sich Herr Harsono vor.

Beachte die Formulierung

minta diri – sich verabschieden

Generell ist die Anzahl reflexiver Verben im Indonesischen geringer als im Deutschen. Ebenso bedeutet Reflexivität im Indonesischen nicht automatisch Reflexivität auch im Deutschen und umgekehrt.

Die Reflexivität kann durch Anfügen des Wortes *sendiri* (selbst; persönlich) verstärkt werden. Beispiel:

Dia memperkenalkan diri sendiri.
Sie hat sich selbst vorgestellt.

5. Adverbbildung mit *dengan*

Adverbiale Bestimmungen der Art und Weise können mit Adjektiven unter Hinzufügung von *dengan* (mit) gebildet werden. Davon wird insbesondere dann Gebrauch gemacht, wenn Unklarheiten vermieden werden sollen. Z.B.

dengan mudah – leicht

Pak Harsono menyelesaikan tugasnya dengan mudah.
Herr Harsono hat seine Aufgabe mit Leichtigkeit erledigt.

II Vokabeln

ada	
keadaan	Zustand, Lage
asistén	Assistent/in
aspék	Aspekt
baik	
membaik	sich bessern, besser werden
memperbaiki	in Ordnung bringen, reparieren, verbessern
bantu	
pembantu	Hilfskraft, Hausangestellte/r
baru	
memperbarui	erneuern, modernisieren, verbessern
béda	
berbéda	unterschiedlich sein
beli	
pembeli	Käufer/in
bersih	
pembersih	Reinigungsmittel; Reinigungskraft
besar	
membesarkan	vergrößern
memperbesar	vergrößern
budaya	Kultur
cara	Art und Weise
cerita	Geschichte, Erzählung
bercerita tentang	sprechen über
dagang	
pedagang	Händler
dalam	tief
mendalamkan	vertiefen
memperdalam	vertiefen (auch im übertragenen Sinn)
diri	selbst
hutan	Wald
perhutanan (vgl. L. 15)	Forstwirtschaft
informasi	Information(en)
institut	Institut
jalan	
berjalan	gehen; stattfinden, laufen
jawab	
menjawab	antworten
jual	
penjual	Verkäufer
kata	Wort
berkata	sagen
mengatakan	etw. sagen

kecil	
mengecilkan	verkleinern
memperkecil	verkleinern
kenal	
mengenalkan	jmdn. vorstellen
memperkenalkan	jmdn. vorstellen
memperkenalkan diri	sich vorstellen
Perkenalkan!	Gestatten! (Vorstellungsfloskel)
keréta	Fahrzeug
kereta api	Eisenbahn
libat	
melibatkan	einbeziehen
lihat	
melihatkan	etw. zeigen/vorzeigen
memperlihatkan	etw. zeigen/vorzeigen
liput	
meliputi	einschließen, umfassen, einbeziehen
main	
pemain	Spieler/in; Darsteller/in
meskipun	obwohl
métode	Methode, Verfahren
minta	
minta diri	sich verabschieden
mohon	
bermohon	um Erlaubnis bitten
permohonan	Gesuch, Antrag
muséum	Museum
olah	
mengolah	bearbeiten, verarbeiten
pengolahan (vgl. L. 15)	Bearbeitung, Verarbeitung, Nutzung
pakar	Spezialist/in
pamér	
memamérkan	ausstellen, zeigen
paméran	Ausstellung
panjang	lang
memanjangkan	verlängern
memperpanjang	verlängern (auch im übertragenen Sinn)
pelihara	
memelihara	behüten, aufpassen auf, pflegen
propinsi	Provinz
rangka	Rahmen
dalam rangka	im Rahmen von, im Zusammenhang mit
sendiri	selbst; persönlich
serta	
peserta	Teilnehmer/in
siap	
mempersiapkan	vorbereiten, fertig machen

sila	
mempersilakan	jmdn. höflich bitten etw. zu tun
mempersilakan masuk	jmdn. hereinbitten
stasiun	Station, Bahnhof
tanah	Land, Erde
tanya	
menanyakan	nach etw. fragen
mempertanyakan	in Frage stellen
teliti	gründlich, sorgfältig, genau
meneliti	erforschen, genau untersuchen
terang	
keterangan	Erklärung, Erläuterung
tiba	ankommen, eintreffen
tidur	
penidur	Vielschläfer, schläfrige Person
tim	Team
timbang	
mempertimbangkan	etw. bedenken, in Erwägung ziehen, abwägen
tugas	Auftrag, Aufgabe
tulis	
penulis	Verfasser/in, Autor/in

III Text – Pak Harsono bertemu dengan Ibu Schmitz

Setelah tiga bulan di Jerman Pak Meier mengirim asistennya ke Indonesia untuk bertemu dengan Pak Harsono supaya mereka bisa mempersiapkan dan mempercepat proyek yang baru. Mereka belum pernah bertemu. Waktu tiba di institut dia dipersilakan oleh Pak Harsono masuk kantor. Ibu Schmitz, asisten Pak Meier, memperkenalkan diri.

„Perkenalkan! Nama saya Beate Schmitz. Saya asisten Pak Meier." kata dia.

„Selamat datang di Indonesia, Ibu Schmitz! Nama saya Pak Harsono. Saya sangat senang bertemu dengan Ibu. Pak Meier sudah bercerita tentang Ibu. Apa kabar?" tanya Pak Harsono.

„Kabar baik, Pak", jawab Ibu Schmitz.

Pak Harsono mengundang Ibu Schmitz makan siang bersama-sama. Pak Harsono tahu bahwa Ibu Schmitz bukan asisten Pak Meier saja, tetapi anggota tim riset juga. Mereka makan sate kambing di sebuah restoran yang kecil dan sederhana. Restoran itu dekat setasiun kereta api. Ibu Schmitz masih mengantuk karena dia tidak bisa tidur selama duduk di pesawat sehingga dia ingin cepat pulang ke hotel dan beristirahat. Karena itu dia langsung minta diri setelah makan. Di hotel Ibu Schmitz, meskipun bukan seorang penidur, langsung tertidur waktu menonton televisi. Besok, sebelum mulai bekerja, Pak

Harsono mau mengantar tamunya ke museum. Di sana ada pameran yang baru dan sangat menarik tentang sejarah Hindu dan Budha di Jawa Tengah. Banyak barang dipamerkan di sana, termasuk beberapa barang yang baru ditemukan. Ibu Schmitz belum pernah ke Indonesia. Karena itu dia belum tahu banyak tentang sejarah dan budaya Jawa dan Indonesia. Sayang sekali museum itu sekarang dalam keadaan yang kurang baik, karena kurang dipelihara sehingga museum itu perlu diperbaiki serta diperbarui.

Tugas Ibu Schmitz yang paling penting adalah menyiapkan permohonan proyek baru. Untuk itu dia masih perlu mengumpulkan informasi lagi dan memperdalam beberapa aspek yang penting. Proyek itu harus dipersiapkan dengan teliti supaya tidak harus dipertanyakan. Banyak hal harus dipertimbangkan. Menurut rencana mereka proyek baru akan berjalan selama lima tahun dan akan melibatkan beberapa pakar di Jerman dan Indonesia. Besok Ibu Schmitz akan memberikan keterangan lagi kepada peserta proyek yang dari Indonesia.

Proyek lama dan proyek baru berbeda sekali: Lain dari proyek lama proyek baru meliputi beberapa daerah dan propinsi, termasuk beberapa pulau di Maluku. Dalam rangka proyek itu metode-metode pertanian dan pengolahan hutan di daerah-daerah tersebut akan diteliti. Cara mengolah tanah memang berbeda di setiap daerah.

Beantworten Sie folgende Fragen zum Text:

1) Ibu Schmitz dan Pak Harsono makan apa di restoran?
2) Apakah Ibu Schmitz sudah pernah ke Indonesia?
3) Pakar Jerman dan Indonesia akan meneliti apa dalam rangka proyek itu?
4) Pak Harsono mau mengantar Ibu Schmitz ke mana?
5) Mengapa Ibu Schmitz langsung minta diri setelah makan?
6) Proyek baru akan berjalan selama berapa tahun?
7) Ada pameran baru tentang apa?
8) Ibu Schmitz mau beristirahat di mana?

IV Übungen

1. Wählen Sie das passende Wort:

pembantu	penjual	pemain
penulis	peserta	pedagang
pembersih	penidur	petani

a. Saya selalu lupa nama .... buku itu. Membaca buku itu memang menarik sekali.
b. Semua .... ekskursi ke kota Yogyakarta sangat capek setelah mengunjungi tiga pameran.
c. Temanku memang seorang .... Kadang-kadang dia tertidur waktu bekerja.
d. Jangan berbelanja di toko itu! .... yang bekerja di sana suka menipu!
e. Teman Mbak Dewi cukup kaya. Ada beberapa orang .... yang bekerja di rumahnya.
f. Nanti malam sebuah film baru dipertontonkan di televisi! Menurutku .... filmnya bagus sekali!
g. Aku tidak mau menjadi .... seperti ayahku. Setiap hari dia bekerja di sawah, mulai dari jam setengah enam pagi sampai jam empat sore. Aku ingin menjadi seorang .... mobil!
h. Wah! Kamar ini kotor sekali dan harus dibersihkan! Di mana ....nya?

2. Setzen Sie die richtige Affigierung ein (*memper...*, *memper...kan* atau *memper...i*):

a) Kami tidak bisa .... liburan kami. (panjang)
b) Menurut pendapat dia kita harus .... cara kita berpikir! (baru)
c) Mengapa Anda belum .... aspek tentang sejarah Indonesia yang penting itu? (dalam)
d) Lima tahun yang lalu tetangga kami .... kolam ikan yang ada di belakang rumahnya. (kecil)
e) Ibu Sutrisno .... kita masuk. (sila)
f) Saya tidak pandai .... mobil saya sendiri. (baik)
g) Pak Meier .... banyak foto yang diambilnya waktu di Indonesia. (lihat)

3. Übersetzen Sie ins Deutsche:

a) Nanti kita harus mempersiapkan barang-barang kita.
b) Jalan ini akan diperpanjang tahun depan.
c) Paspornya tidak bisa diperpanjang.
d) Pak Haldoko mau memperbesar rumahnya.
e) Tolong perlihatkan hasil riset kamu!
f) Tolong perkenalkan saya kepada dia!
g) Menurut pendapat saya gedung ini perlu diperbarui.

h) Mereka sudah mempertimbangkan semua hal yang penting.
i) Kalau begitu hasil riset kita tidak bisa dipertanyakan.

4. Übersetzen Sie ins Indonesische:

a) Dieses Foto muss vergrößert werden.
b) Wir wollen unser Haus verkleinern.
c) Die Ausstellung zeigt viele interessante Gegenstände.
d) Alle Bauern des Dorfes müssen einbezogen werden.
e) Er möchte seine Freunde nicht vorstellen.
f) Dieser Aspekt muss noch vertieft werden.
g) Ich will heute meine Sachen für meine Abreise vorbereiten.
h) Diese Ausstellung wird bis nächsten Monat verlängert.

5. Setzen Sie die richtige Objektfokus-Form der Verben mit *…per…* ein:

a) Tamu kita .... minum oleh Pak Harsono. (sila)
b) Gedung walikota sudah rusak dan tidak bisa .... lagi. (baru)
c) Jam Hadi yang rusak perlu .... (baik)
d) Ada banyak hal penting yang belum .... mereka. (timbang)
e) Tadi malam kerja itu sudah saya .... (siap)
f) Menurut Ibu Schmitz budaya Indonesia sangat menarik. Tetapi masih ada banyak aspek yang perlu............................. (dalam).
g) Kerjaku jangan ....! (tanya)
h) Paspormu harus .... (panjang)

6. Übersetzen Sie ins Deutsche:

a) Setelah makan Pak Haldoko minta diri.
b) Setelah sampai di rapat Pak Harsono memperkenalkan diri.
c) Ibu Sulis mempersiapkan diri untuk berjalan-jalan.

7. Übersetzen Sie ins Indonesische:

a) „Ich will nach Hause“, sagte Herr Meier.
b) „Wo ist mein Ehemann?“, fragte meine Nachbarin.
c) „Ich weiß es nicht“, antwortete Herr Harsono.
d) Der Student sagte: „Ich will nicht lernen.“
e) Der Polizist fragte: „Können Sie mir Ihren Rucksack geben?“

f) Ich antwortete: „Nein!“

8. Übersetzen Sie ins Deutsche:

a) Kerja ini tidak bisa diselesaikan dengan mudah.
b) Cobalah menjawab dengan teliti!
c) Ibu Schmitz berdiri dengan cepat.
d) Dia datang dengan gembira.
e) Dengan senang kami menerima bantuan Ibu.

Übungstext: Membicarakan proyek baru di depan banyak orang

Hari ini Ibu Schmitz dipersilakan berbicara tentang proyek yang baru di depan beberapa profesor dan mahasiswa. Ada 49 orang yang hadir. „Banyak sekali orang di sini!“ pikir dia sebelum mulai berbicara. Dia segan berbicara di depan banyak orang.

Ibu Schmitz. „Terima kasih banyak atas kesempatan untuk berbicara tentang riset saya. Nama saya Beate Schmitz. Saya mewakili Profesor Meier. Beliau sangat menyesalkan tidak bisa hadir hari ini. Beliau sudah pulang ke Jerman karena ada banyak tugas di sana. Baiklah, dalam rangka proyek baru ini kami mau meneliti cara mengolah tanah di Indonesia. Proyek itu meliputi beberapa propinsi di Indonesia, termasuk Maluku.“

Ibu Schmitz mulai membahas metode-metode yang mau digunakan mereka dalam rangka proyek itu. Setelah itu orang-orang yang hadir mendapat kesempatan untuk bertanya tentang proyek itu.

Ibu Sri: „Terimah kasih, Ibu Schmitz! Saya senang mendengar keterangan Ibu. Menurut saya riset itu sangat menarik dan penting. Ibu memang benar, pengolahan hutan itu bisa bikin masalah besar di Indonesia. Saya mau bertanya: Menurut pendapat Ibu, apakah ada jalan keluar?”

Setelah banyak berbicara beberapa peserta mulai mengantuk. Karena itu mereka dipersilakan minum kopi dulu. Kopi dan kue sudah dipersiapkan asisten Pak Harsono. Waktu Ibu Schmitz kembali ke hotel dia senang sekali dengan hasil hari itu. Dia berpikir: „Aku memang mendapat banyak bantuan dan mendengar banyak informasi baru yang bisa memperbaiki riset kami lagi”.

Lektion 15

I Grammatik

1. Nominalbildung mit *per...an*

Das Zirkumfix *per...an* bildet Abstrakta. Nomen mit *per...an* werden meist von Verben mit *ber...* sowie von Verben mit *me...*, *memper...*, *memper...kan* und *memper...i*, aber auch von Nomen abgeleitet. Die Suffixe *...kan* und *...i* entfallen.

a. Bildung von Nomen mit *per...an*

bertanya	→	pertanyaan
! bekerja	→	pekerjaan
! belajar	→	pelajaran
memperpanjang	→	perpanjangan
mempertimbangkan	→	pertimbangan
memperbaiki	→	perbaikan

b. Funktionen und Bedeutungsgruppen

1) Prozess oder Ergebnis einer Handlung

Viele der mit *per...an* abgeleiteten Nomen kennzeichnen den Prozess oder das Ergebnis der betreffenden Handlung. Beispiele:

bertemu (sich treffen) → pertemuan – das Treffen, die Versammlung

mempertimbangkan (abwägen) → pertimbangan – Abwägen

bertanya (fragen) → pertanyaan – die Frage

Pertemuannya akan mulai pada jam 5 sore.
Das Treffen wird um 5 Uhr nachmittags beginnen.

Itu bukan masalah pertimbangan.
Das ist keine Frage der Abschätzung.

Tidak ada pertanyaan lagi.
Es gibt keine Fragen mehr.

Einige von *me...*-Verben abgeleitete *per...an*-Nomen bezeichnen die Handlung als solche. Beispiele:

menolong (helfen) → pertolongan – die Hilfe

memohon (beantragen) → permohonan – der Antrag

2) Ausdruck eines „zu tun haben mit“

Mit diversen Basiswörtern bilden Nomen mit *per…an* Abstrakta, die die Bedeutung der Basis modifizieren und mitunter eine Verallgemeinerung implizieren. Sie drücken ein „zu tun haben mit“ dem im Grundwort Bezeichneten aus. Beispiel:

musuh (Feind) → permusuhan (Feindschaft)

tani → pertanian (Landwirtschaft)

Tidak ada permusuhan lagi antara mereka.
Es gibt keine Feindschaft mehr zwischen ihnen.

Saya mau meneliti pertanian di daerah ini.
Ich möchte die Landwirtschaft dieser Region erforschen.

Als semantische Variante kann auch eine Verallgemeinerung gemeint sein. Diese erschließt sich dann aus dem inhaltlichen und grammatischen Zusammenhang:

kebun (Plantage, Garten) → perkebunan (Plantage bzw. Plantagenwirtschaft)

Di perkebunan itu ada banyak pohon yang rusak.
In jener Plantage gibt es viele zerstörte Bäume.

Einige *per...an*-Nomen haben dabei die gleiche oder eine sehr ähnliche Bedeutung wie die nominalen Grundwörter:
batas = perbatasan (Grenze)
muka = permukaan (Oberfläche)
Aber: *batas* kann auch im übertragenen Sinne gemeint sein, und *muka* bedeutet auch Gesicht.

2. Bildung von Nomen mit *pe…an*

Es bestehen zwei Möglichkeiten der Ableitung. Bei der einen findet eine Pränasalierung statt, bei der anderen nicht. Die pränasalierte Variante ist wesentlich häufiger.

A. *pe…an* Ableitungen mit Pränasalierung

Pränasalierte Nomen mit *pe…an* werden gewöhnlich von Verben mit *me…*, *me…kan* und *me…i* abgeleitet. Dabei entfallen beim Verb vorhandene Suffixe.

a. Bildung

Die Nasalierung von *pe…* erfolgt analog zu den bereits bekannten Regeln zu den Verben mit *me…*:

membangun	→	pembangunan
menginap	→	penginapan

b. Funktionen und Bedeutungsgruppen

1) Prozess oder Ergebnis einer Handlung

Die meisten pränasalierten Nomen mit *pe…an* haben *me…*-Verben als Basis und kennzeichnen den Akt des Handelns. Damit entsprechen sie dem zugehörigen Verbalnomen, zum Beispiel:

mengirim (senden, schicken) → pengiriman – Schicken, Versenden, Versand

menjual (verkaufen) → penjualan – Verkauf, Verkaufen

Pengiriman paket dari Jerman ke Indonesia perlu waktu 2 bulan.
Der Versand eines Pakets von Deutschland nach Indonesien benötigt zwei Monate.

In einigen Fällen bezieht sich die Bedeutung nicht auf den Akt der Handlung, sondern auf deren Ergebnis, zum Beispiel:

memandang (betrachten, anschauen) → pemandangan – Aussicht

Pemandangan dari atas candi Borobodur memang indah sekali.
Die Aussicht vom Borobodur-Tempel ist wirklich schön.

2) Ort, an dem die Handlung ausgeführt wird

Weitere von *me…*-Verben abgeleitete Nomen mit *pe…an* haben lokative Bedeutung. Sie bezeichnen den Ort, an dem die im verbalen Grundwort bezeichnete Handlung ausgeführt wird; zum Beispiel:

mengadili (Recht sprechen) → pengadilan – Gerichtshof, Gericht

menginap (übernachten) → penginapan – Unterkunft, Herberge

Besok kita akan bertemu di pengadilan.
Morgen werden wir uns im Gericht treffen.

Penginapan "Bu Sulis" adalah penginapan yang terbaik di daerah ini.
Die Unterkunft "Bu Sulis" ist die beste in dieser Gegend.

Bei einigen Grundwörtern, von denen sowohl Verben mit *ber...* als auch mit *me...* abgeleitet werden können, resultiert dies in alternierenden Nominalbildungen mit *per...an* und *pe...an*, zum Beispiel:

beda
berbeda (unterschiedlich sein) → perbedaan (Unterschied)
membedakan (etwas unterscheiden) → pembedaan (Unterscheidung)

Grundsätzlich gibt es auch die Möglichkeit einer weiteren Präfigierung mit *ber...*, die das Nomen erneut in einVerb transformiert, zum Beispiel bei:

mengalami (erfahren, erleben) → pengalaman (Erfahrung) →
berpengalaman (erfahren sein, Erfahrung haben)

B. *pe...an* Ableitungen ohne Pränasalierung

Nomen mit *pe...an* ohne Pränasalierung sind weniger häufig. Sie werden meist von Nomen, aber auch von anderen Grundwörtern abgeleitet.

a. Bildung

Bei Ableitungen ohne Pränasalierung findet zwischen dem Präfix *pe-* und der Wortbasis keine Assimilierung statt:

gunung	→	pegunungan
desa	→	pedesaan

Nicht zu verwechseln sind Nomen mit *pe...an* mit den Sonderfällen von *per...an*-Nomen, bei denen das „r" entfallen ist, z.B. in *pekerjaan*. (Ausgangsform *ber...*-Verb *bekerja*, s. Lektion 4).

b. Funktionen und Bedeutungsgruppen

Mit nominaler Wortbasis haben Nomen mit *pe...an* ohne Pränasalierung lokative Bedeutung und bezeichnen den Ort, an dem das durch das nominale Grundwort Bezeichnete gehäuft vorkommt. Sie können ebenso ein „zu tun haben mit" ausdrücken, Beispiele:

gunung (Berg) → pegunungan – Gebirge, Gebirgszug

desa – Dorf → pedesaan – dörflich

kubur (Grab) → pekuburan – Friedhof

In einigen Fällen sind *pe…an* und *per…an* austauschbar, zum Beispiel:
pekuburan = perkuburan – Friedhof

3. Gebrauch von *ada*, *adalah* und *ialah* (Zusammenfassung) sowie *merupakan*

Das Indonesische kennt – wie gelernt – keine Kopula (s. Lektion 1):

Ayah saya polisi.
Mein Vater ist Polizist.

Saya tinggi.
Ich bin groß.

Dies ist zu unterscheiden vom deutschen „sein" im Sinne von „vorhanden sein" bzw. „es gibt". Dies wird mit *ada* ausgedrückt (s. Lektion 2):

Di lemari ada banyak buku.
Im Schrank gibt es viele Bücher.

„Tidak ada!"
„Gibt es nicht!"

In Fällen, in denen das Subjekt, das Prädikat oder beide komplexer sind, besteht die Möglichkeit, zur Verdeutlichung der Satzstruktur das Wort *adalah* einzufügen. Es kann auch der Betonung dienen. In der Dritten Person kann alternativ *ialah* (*dia*) verwendet werden. Gewöhnlich werden *adalah* und *ialah* in Sätzen mit nominalem Prädikat verwendet. *Ialah* kommt, im Gegensatz zu *adalah*, nur in Sätzen mit einem Subjekt in der dritten Person vor.

Kamu adalah murid yang paling pintar di kelas kita.
Du bist die klügste Schülerin in unserer Klasse.

Di desa ini pembangungan jalan adalah tugas yang penting.
In diesem Dorf ist der Bau von Straßen eine wichtige Aufgabe.

Tinggal di rumah saja ialah pilihan yang terbaik.
Einfach zu Hause bleiben, das ist die beste Wahl.

Für Nicht-Personen findet in der gehobenen Sprache bzw. Bildungssprache neben *adalah* auch *merupakan* („etwas darstellen") Anwendung. Es sollte sparsam verwendet werden:

Ini merupakan satu dari banyak masalah.
Dies ist eins von vielen Problemen.
= Dies stellt eins von vielen Problemen dar.

II Vokabeln

adil	
mengadili	verurteilen; Recht sprechen
pengadilan	Gericht, Gerichtshof
alam	
mengalami	etw. erfahren, erleben
pengalaman	Erfahrung
berpengalaman	erfahren sein, Erfahrung haben
anéh	seltsam
asing	fremd
bagi (Präp.)	für, was … betrifft, mit Bezug auf
baik	
perbaikan	Verbesserung
bangun	
pembangunan	Bau; Aufbau
batas	Grenze (auch übertr.)
perbatasan	Grenze
béda	
perbédaan	Unterschied
pembédaan	Unterscheidung
bunga	Blume
désa	
pedésaan	dörflich
gunung	
pegunungan	Gebirge
idé	Idee, Vorstellung
iklim	Klima
inap	
penginapan	Herberge, Unterkunft
internét	Internet
jalan	
perjalanan	Reise
jenis	Art
jual	
penjualan	Verkauf, Verkaufen
kaki	Fuß
berjalan kaki	zu Fuß gehen
kebun	Garten; Plantage
kebun sawit	Ölpalmenplantage
perkebunan	Plantage(nwirtschaft)
kembang	
berkembang	sich entwickeln
perkembangan	Entwicklung

kerja	
pekerjaan	Arbeit, Tätigkeit
kesan	
mengesankan	beeindruckend
terkesan	beeindruckt
kirim	
pengiriman	Senden, Verschicken, Versand
kubur	Grab
pekuburan	Friedhof
perkuburan	Friedhof
kumpul	
perkumpulan	Versammlung, Zusammenkunft
ladang	
berladang	Trockenfeldbau betreiben
lalu	
melalui	über, via, mittels (Präp.)
lingkung	
lingkungan	Umgebung
lingkungan alam	natürliche Umwelt
lokal	örtlich, lokal
maju	vorwärts gehen, Fortschritte machen
méter	Meter
muka	Gesicht, Oberfläche
permukaan	Oberfläche
permukaan laut	Meeresoberfläche, Meeresspiegel
musuh	Feind
permusuhan	Feindschaft
panas	
kepanasan	sich heiß fühlen, überhitzt sein
pandang	
pemandangan	Aussicht, Panorama
panjang	
perpanjangan	Verlängerung
pengaruh	Einfluss, Wirkung
rupa	Form, Gestalt
merupakan	sein, darstellen (bei Nicht-Personen)
sawit	
kelapa sawit	Ölpalme
situ	
di situ	dort (= di sana)
sop	Suppe
suatu	ein; eins; ein gewisser; irgendein
suhu	Temperatur
tanam	
menanam	etw. anpflanzen

tanya	
pertanyaan	Frage
teliti	
penelitian	Forschung
temu	
pertemuan	Treffen, Versammlung
tinggi	
ketinggian	Höhe
tolong	
pertolongan	Hilfe
tumbuh	
tumbuhan	Pflanze
ubah	
berubah	sich verändern
perubahan	Veränderung
utama	
terutama	vor allem

III Text – Perjalanan ke Indonesia - Sebuah pengalaman baru

Ibu Schmitz sudah pernah mengunjungi daerah tropis yang lain. Karena itu dia sudah berpengalaman dengan suhu udara yang tinggi sehingga dia tidak cepat kepanasan dan berkeringat waktu berjalan kaki. Sekarang masih musim hujan. Pada musim ini udara tidak terlalu panas dan hujan bisa turun beberapa kali dalam waktu satu hari.

Untuk melihat tempat risetnya Ibu Schmitz pergi bersama dengan Pak Harsono ke suatu daerah pedesaan di propinsi Jawa Barat dekat perbatasan Banten. Dareah tersebut terletak di ketinggian lebih dari 400 meter di atas permukaan laut. Dulu ada banyak petani yang berladang di sana. Mereka menanam sayur-sayuran, kelapa dan beberapa jenis tumbuhan lain. Sekarang pemandangannya sudah berubah. Banyak kebun sawit terlihat di situ. Pak Meier dan Pak Harsono berencana meneliti pengaruh perkebunan itu atas iklim lokal. Setelah kembali ke kampus Ibu Schmitz sudah punya ide tentang apa yang harus dilakukan. Setelah sampai di hotel dia mempersiapkan laporan untuk Pak Meier. Melalui internet dia juga bisa memperlihatkan banyak foto yang diambilnya. Ada foto Pak Harsono yang sedang berdiri di kebun kelapa sawit. Ada foto Ibu Schmitz yang duduk di bawah pohon kelapa sawit sedang mendengarkan petani lokal berbicara. Juga ada sebuah foto yang diambil waktu berkunjung ke keluarga Pak Harsono. Foto itu memperlihatkan anak-anak Pak Harsono yang sedang bermain di halaman rumah serta bunga-bunga indah yang tumbuh di sana.

Untuk Ibu Schmitz perjalanan ke Indonesia merupakan pengalaman baru. Yang paling mengesankan adalah mengalami lingkungan alam di sana:

sungai-sungai, pegunungan-pegunungan, pulau-pulau dan segala jenis binatang serta tumbuhan. Untuk dia semua asing terutama makanan Indonesia yang belum pernah dia coba. Ibu Schmitz menyadari bahwa nasi memang penting sekali untuk orang Indonesia. Nasi bisa dimakan dari sarapan sampai makan malam. Juga sopnya, yang bernama soto, sering kali pakai nasi. Ibu Schmitz paling suka makan ikan laut. Ikan dari kolam kurang disukai dia. Ibu Schmitz sangat terkesan. Dia berencana ke Indonesia lagi untuk berlibur bersama dengan keluarganya kalau ada kesempatan.

Ibu Schmitz sangat menyesalkan bahwa tidak ada cukup waktu untuk berkunjung ke daerah lain. Dia sudah memikirkan perpanjangan perjalanannya.

Beantworten Sie folgende Fragen zum Text:

1) Ibu Schmitz suka makan apa?
2) Ibu Schmitz dan Pak Harsono pergi ke mana?
3) Dulu petani di daerah itu menanam apa?
4) Apa yang paling mengesankan Ibu Schmitz?
5) Ibu Schmitz mempersiapkan apa?
6) Ibu Schmitz mau memperlihatkan apa kepada Pak Meier?
7) Apakah Ibu Schmitz sudah pernah mengunjungi daerah tropis?
8) Apakah benar orang Indonesia sering makan nasi?

IV Übungen

1. Bilden Sie die richtige Ableitung mit den Zirkumfixen *pe...an* oder *per...an*:

   mengadili, berubah, bekerja, belajar, bermain, bersawah, memperpanjang, memperbaiki, menolong, bertanya, kubur

2. Setzen Sie das passende Wort ein:

pengiriman	pembangunan	perjalanan
pertanyaan	penjualan	pengadilan
pegunungan	pemandangan	

a) Kita sudah membahas semua. Masih ada .... ?
b). Masalah antara tetangga itu hanya dapat terselesaikan di........................
c) Dia masih sibuk dengan .... paket .

d) Di atas gunung itu Anda bisa menikmati .... yang bagus sekali.
e) .... gedung ini perlu banyak waktu.
f) .... barang bisa dipercepat kalau dilaksanakan melalui internet.
g) Liburan yang lalu aku bersama dengan teman-teman pergi ke daerah .... untuk mendaki gunung berapi.
h) Kita belum sampai. Kita masih di dalam ....

3. Übersetzen Sie ins Deutsche:

a) Kemarin saya bertemu dengan tetangga saya di perkuburan.
b) Mas Hadi selalu menolong teman-teman. Pertolongan itu sangat penting untuk mereka.
c) Kadang-kadang pengiriman sebuah paket dari Indonesia ke Jerman perlu lebih dari dua bulan.
d) Pengaruh perkebunan kelapa sawit bagi iklim lokal sangat terlihat di sana.
e) Perjalanan dari Yogyakarta ke Jakarta sangat jauh.
f) Sayang sekali tidak ada perkembangan yang terlihat.
g) Hari ini saya mau menghadiri pertemuan petani.
h) Perbaikan penelitiannya pasti akan memakan banyak waktu.

4. Übersetzen Sie ins Indonesische:

a). Das war keine gute Erfahrung.
b) Ich brauche deine Hilfe nicht.
c) Hast du noch Fragen?
d). Seit zwei Jahren gibt es keine Veränderung.
e) Gestern haben wir über Landnutzung in Indonesien gesprochen.
f) Dies ist der größte Friedhof der Stadt.
g) Heute bin ich mit dem Versenden von Büchern beschäftigt.
h) Jene Unterkunft ist sehr schmutzig.

5. Vervollständigen Sie:

a) Tadi malam waktu berbelanja Bambang .... dengan Mia, teman sekolahnya. Itu adalah .... pertama mereka sejak delapan tahun (temu)
b) Orang tuanya bukan pedagang, mereka .... Sudah 22 tahun mereka .... Karena itu mereka tahu semua tentang hal-hal .... (tani)

c) Masalah-masalah .... di daerah ini harus dibahas sekarang. (kebun)
d) Kami sangat membutuhkan .... Anda. (tolong)
e) Dua minggu lagi saya mau mulai dengan .... tentang pengolahan tanah Indonesia. (teliti)
f) .... mereka sudah berlangsung sejak lama. (musuh)
g) .... saya dengan tetangga saya menjadi .... yang kurang enak. (temu, alam)
h) Ibu Schmitz ada banyak .... tentang hasil penelitian seorang kolega. Syukur Ibu Schmitz sekarang di Indonesia sehingga dia bisa................ langsung kepada dia. (tanya)
i) Tidak ada banyak yang bisa saya lakukan di daerah .... ini. Karena itu saya mau meninggalkan .... saya dan pindah ke kota. (desa)

6. Übersetzen Sie ins Deutsche:

a) Penelitian ini adalah proyek kita yang paling penting.
b) Pertanyaan kami adalah: Di mana mereka?
c) Ini merupakan masalah terbesar.
d) Ini merupakan pameran yang paling bagus di Jawa Tengah pada tahun ini.
e) „Saya mencari celana untuk anak saya yang berumur 5 tahun.“ „Tidak ada, Bu! Mungkin di toko lain ada.“
f) Kita berpikir ini adalah tugas yang paling penting.
g) Saya sudah tahu bahwa penginapan „Bu Sulis“ adalah penginapan terbaik di daerah ini.
h) „Ada apa, Bu?“

7. Beantworten Sie folgende Fragen:

a) Menurut Anda, apa yang paling aneh untuk orang asing kalau mengunjungi Jerman?
b) Apa yang paling mengesankan dalam perjalanan terakhir Anda?
c) Apakah Anda sudah pernah berkunjung ke daerah tropis?
d) Kalau begitu, bagaimana pengalaman Anda?
e) Apa yang paling mengecewakan Anda?
f) Anda lebih suka makan yang mana: ikan dari kolam atau ikan laut?

8. Setzen Sie in den Subjekt- bzw. Objektfokus:

a) Bumbu pedas ini belum pernah dicobanya.
b) Tidak usah menjawab pertanyaan itu.
c) Segala macam sayur, bunga serta pohon kelapa ditanam petani-petani di daerah ini.
d) Tolong tanyakan jalan ke kantor pos pusat pada orang itu!
e) Masalah itu tidak dimengerti banyak orang.
f) Jangan memberi makanan itu pada binatang ini!
g) Apakah dia sudah memberi kamu uang?
h) Saya takut kolega-kolega saya akan mempertanyakan kerja saya.

Übungstext - Menginap di daerah pegunungan

Waktu ke daerah pedesaan Ibu Schmitz dan Pak Harsono harus mencari penginapan untuk bermalam. Tidak susah mencari penginapan karena Pak Harsono banyak berpengalaman. Sambil Ibu Schmitz menunggu di luar, Pak Harsono masuk sebuah penginapan.

Mas Udin: „Selamat datang di penginapan „Bu Sulis". Apa yang bisa saya bantu, Pak?"

Pak Harsono: "Terima kasih, Mas. Kami mau menginap di sini malam ini. Apakah ada dua kamar?"

Mas Udin: „Ada, Pak! Harga satu kamar Rp. 100 000 semalam. Sarapan tersedia mulai dari jam 5 sampai jam 9. Apakah Bapak mau melihat kamar itu dulu?"

Pak Harsono: „Tidak usah, Mas. Saya sudah pernah bermalam di sini. Jadi saya sudah tahu. Saya akan membayar nanti waktu check-out."

Mas Udin: „Baiklah! Atas nama siapa, Pak?"

Pak Harsono: „Atas nama Pak Harsono dan Ibu Schmitz. Bisa Anda membantu kami membawa bagasi kami ke atas?"

Setelah semua urusan sudah selesai Pak Harsono dan Ibu Schmitz memasuki kamar. Kamar-kamar itu sederhana dan bersih. Penginapan „Bu Sulis" terletak di pinggir sungai kecil di tengah pegunungan. Pertanian di sana bermacam-macam. Ada petani yang berladang, ada yang menanam kelapa sawit dan ada juga yang bersawah. Desa itu memang kecil: Tidak ada kantor pos. Hotel besar juga tidak ada. Karena letaknya tinggi, ada pemandangan yang bagus sekali. Ibu Schmitz senang sekali mendapat kesempatan itu. Perjalanan ini memang merupakan sebuah pengalaman yang indah.

Lektion 16

I Grammatik

1. Nominalbildung mit *ke...*

Nominalbildung mit *ke*... kommt nur bei wenigen, unterschiedlichen Grundwörtern vor. Es lassen sich keine spezifischen Bedeutungsgruppen zusammenfassen. Wichtige Beispiele sind:

hendak (wollen) → kehendak – Wunsch, Wille

tua (alt) → ketua – Vorsitzender

kasih (Zuneigung) → kekasih – Liebster, Liebste

2. die Suffixe ...*wan* und ...*wati*

Die Suffixe ...*wan* und ...*wati* kennzeichnen Personen, die mit dem meist nominalen Grundwort in Zusammenhang stehen, zum Beispiel:

karya (Arbeit) → karyawan – Arbeiter

ilmu (Wissenschaft) → ilmuwan – Wissenschaftler

warta (Nachricht) → wartawan – Reporter, Journalist

...*wan* ist grammatikalisch maskulin, kann aber geschlechtsneutral verwendet werden. Soll die Weiblichkeit betont werden, wird die Endung ...*wati* verwendet. Beispiel:

karyawati – Arbeiterin

3. Weitere Ableitungen von Zahlen

Neben Kardinal- und Ordinalzahlen sowie den Bruchzahlen gibt es weitere Möglichkeiten der Bildung von Zahlwörtern. Dies geschieht unter anderem über das Suffix ...*an*, die Präfixe *ber*... und *ke*... sowie das Suffix ...*nya*.

A. Ableitungen mit dem Suffix ...*an*

Mit ...*an*-Suffigierung werden verschiedene Bedeutungen erreicht.

a) unbestimmte Vielheit

Bei Anhängung an einfache Gruppenzahlen (10, 100, 1000 usw.) bezeichnet ...*an* – ebenso wie *beberapa* – eine unbestimmte Vielheit der Gruppenzahl. Beispiel:

beberapa ribu = ribuan – tausende
Ribuan orang menghadiri pesta itu.
Tausende Leute waren auf der Feier anwesend.

b) unbestimmte Zahl zwischen elf und neunzehn

Bei Suffigierung an *belas* bezeichnet *...an* eine unbestimmte Zahl im Bereich elf bis neunzehn.

Saya hanya mengundang belasan orang.
Ich habe nur zwischen elf und neunzehn Personen eingeladen.

c) ungefähre Zahl

Mit spezifizierten Gruppenzahlen (20, 30, 200, 2500 etc.) bezeichnet *...an*, ebenso wie *kira-kira*, eine ungefähre Zahl. Beispiel:

kira-kira tujuh puluh = tujuh puluhan – ungefähr siebzig

Pedagang itu menjual dua ribuan mobil setiap tahun.
Diese Händlerin verkauft jedes Jahr ungefähr 2000 Autos.

d) Dekade

Als Jahreszahl mit spezifizierter Zehnerzahl kennzeichnet *...an* eine Dekade. Beispiel:

pada tahun delapan puluhan – in den achtziger Jahren

Gedung ini diperbaiki pada tahun sembilan puluhan.
In den neunziger Jahren wurde dieses Gebäude renoviert..

B. Ableitungen mit dem Präfix *ber...*

Durch die Präfigierung von *ber...* an Zahlen werden verschiedene Bedeutungen erreicht:

a) unbestimmte Vielheit

Mit reduplizierter Basis bezeichnet *ber...* – ebenso wie *beberapa* – eine unbestimmte Vielheit der Gruppenzahl (10, 100, 1000 usw.). Die Bedeutung ist damit analog zu *...an* (s.o.).

beberapa ratus = beratus-ratus – hunderte

Beratus-ratus orang menghadiri pesta itu.
Hunderte Leute waren auf der Feier anwesend.

b) Gruppenbezeichnungen

Mit Zahlen zwischen eins und vier drückt *ber...* aus, dass eine Handlung in einer Gruppe aus X Personen ausgeführt wird:

berdua – zu zweit

Mereka memperbaiki sepeda itu berdua.
Sie reparieren das Fahrrad zu zweit.

C. Ableitungen mit *ke...*

a) Vorgestellt vor ein Nomen bezeichnet *ke...* die Mitglieder der Gruppen als Kollektiv:

ketiga – alle drei

Ketiga ilmuwan itu tidak mau ikut.
Die drei Wissenschaftler wollen nicht mitmachen.

b) Ebenfalls Gruppenbezeichnungen werden mit *ke...nya*, *ke...-...-nya*, und *...-...-nya* gebildet. Beispiele:

keduanya – beide

kedua-duanya – beide

dua-duanya – beide

Saya memperkenalkan mereka keduanya/kedua-duanya/dua-duanya pada keluarga saya.
Ich habe die beiden meiner Familie vorgestellt.

4. Irrealer Bedingungssatz

Irreale Bedingungssätze werden mit *seandainya, andaikata* oder *sekiranya* gebildet.

Seandainya saya kaya ... – Wenn ich reich wäre ...

Seandainya itu benar saya tidak khawatir lagi.
Wenn das wahr wäre, wäre ich nicht mehr besorgt.

Seandainya saya kaya saya akan membeli sebuah mobil yang baru.
Wenn ich reich wäre würde ich ein neues Auto kaufen.

5. *se...*[Adj.] *mungkin* als Kennzeichnung eines Höchstmaßes im Sinne von „so ... wie möglich“

secepat mungkin – so schnell wie möglich

setinggi mungkin – so hoch wie möglich

Cobalah selesaikan tugas ini secepat mungkin!
Bitte erledige diese Aufgabe so schnell wie möglich!

6. Bezeichnungen innerhalb der Familie

a. Die Bezeichnungen *adik* und *kakak*

Bei Geschwistern liegt die Priorisierung beim Alter und nicht, wie im Deutschen, beim Geschlecht. Das heißt, man spricht gewöhnlich vom jüngeren Geschwister, *adik*, oder dem älteren, *kakak*, die sowohl männlich wie weiblich sein können. Spezifizierungen erfolgen über nachgestelltes *perempuan* oder *laki-laki*. Die Begriffe *adik* und *kakak* werden auch anstelle des persönlichen Namens in der Anrede gebraucht. Meist wird dann eine Abkürzung verwendet, also *Dik* statt *Adik* bzw. *Kak* für *Kakak*.

b. die Suffixe *...anda* und *...nda*

Die Suffixe *...anda* und *...nda* werden an Verwandtschaftsnamen angefügt, um Höflichkeitsformen zu bilden. *...anda* folgt auf Grundwörter mit konsonantischem Ausgang, *...nda* auf solche mit vokalischem. Häufig sind:

ibu (Mutter) → ibunda

ayah (Vater) → ayahanda

Da „k" bei dieser Suffigierung als Auslaut ausfällt, ergibt sich *...nda* auch für

kakak (älteres Geschwister) → kakanda

und

adik (jüngeres Geschwister) → adinda

c. *saudara*

Saudara ist ein gehobeneres Wort sowohl für Bruder als auch Schwester und kann als Entlehnung aus dem Sanskrit auch in der weiblichen Variante *saudari* auftreten. *Saudara* kann darüber hinaus auch im übertragenen Sinne verwendet werden. „*Kita bersaudara*" muss also nicht unbedingt bedeuten, dass jemand im engen Verwandtschaftsverhältnis steht, sondern bezeichnet auch eine Geschwisterlichkeit im übertragenen Sinne.

c. Gebrauch von *pupu*

Pupu ist das Zählwort für Verandtschaftsgrade, also *sepupu*, *dua pupu* etc. *Saudara sepupu* bezeichnet somit Cousins und Cousinen, *saudara dua pupu* Cousins und Cousinen zweiten Grades usw. Gebräuchlich und häufiger ist allerdings lediglich *sepupu*.

d. Tante, Onkel, Nichte und Neffe, Schwager bzw. Schwägerin sowie Schwiegersohn bzw. Schwiegertochter

Der indonesische Begriff für Tante ist *tante*. Er wird auch in der Anrede verwendet. *Paman* steht für Onkel, wird aber im Gegensatz zu *tante* nicht in der Anrede verwendet. Dafür dient das Wort *o(o)m* (kein Stimmlippenverschlusslaut zwischen den beiden „*o*“!). Sowohl *o(o)m* als auch *tante* wird nicht nur als Anrede gegenüber leiblichen Verwandten benutzt, sondern auch bei älteren Personen. Es klingt dann weniger distanziert.

Die Bezeichnung für Nichten und Neffen ist *keponakan*.

Schwiegersohn bzw. Schwiegertochter sind *menantu*.

Schwager und Schwägerin werden als *ipar* bezeichnet.

II Vokabeln

ada	
mengadakan	abhalten, durchführen, veranstalten
adik	jüngeres Geschwister
akhir	
akhirnya	schließlich, endlich
apartemén	(Etagen)wohnung
andai	
andaikata	angenommen dass, wenn … wäre
seandainya	angenommen dass, wenn … wäre
apalagi	vor allem, überdies, geschweige denn
awal	Anfang, Beginn
awal mula	anfangs, ganz am Anfang
benar	
membenarkan	gutheißen, billigen, zustimmen zu
berani	mutig, unerschrocken
betul	
kebetulan	zufälligerweise
bodoh	dumm
capai	
mencapai	etw. erreichen, erlangen
cinta	Liebe
mencintai	jmdn. lieben
jatuh cinta	sich verlieben
cucu	Enkel, Enkelin
gaji	Lohn, Gehalt
héndak	wollen
kehéndak	Wunsch, Wille
ilmu	Wissen; Wissenschaft
ilmuwan	Wissenschaftler, Wissenschaftlerin
ingin	
keinginan	Wunsch, Verlangen
ipar	Schwager, Schwägerin
kakak	älteres Geschwister

kakék	Großvater
karya	Arbeit
karyawan	Arbeiter
karyawati	Arbeiterin
kali	
untuk pertama kali	zum ersten Mal
kasih	
kekasih	Liebster, Liebste
kelompok	Gruppe
keponakan	Nichte, Neffe
khayal	
berkhayal	sich vorstellen, phantasieren, träumen
kira	
sekiranya	angenommen dass, wenn … wäre
lalu	dann
berlalu	vorüber sein; verstreichen, vorüber gehen (Zeit, Gelegenheit)
lepas	frei, ungebunden
melepaskan	freilassen, gehen lassen
malas	faul, arbeitsscheu
menantu	Schwiegersohn, Schwiegertochter
mimpi	Traum
bermimpi	träumen
nénék	Großmutter
nikah	
pésta pernikahan	Hochzeitsfest
o(o)m	Onkel (Anrede)
pacar	Freund, Freundin (amourös, nicht mit *teman* zu verwechseln)
paman	Onkel (nicht als Anrede)
perabot	
perabot rumah	Möbel
percaya	glauben, vertrauen
mempercayai	jmdm. glauben/vertrauen
perintah	
pemerintah	Regierung
pemerintahan	Regierung; Regierungs…
pisah	
perpisahan	Trennung
pupu	/Zählwort für Verwandtschaftsgrade/
renung	
merenungkan	über etw. nachsinnen/grübeln
rumah tangga	Haushalt
saling	einander, gegenseitig, /drückt Reziprozität aus/

saudara	Geschwister; Verwandter; Kamerad
bersaudara	Geschwister sein; Geschwister haben
saudara sepupu	Cousine, Cousin
sendiri	eigen (vgl. Lektion 11)
tanggung-jawab	
bertanggung-jawab	verantwortlich sein, Verantwortung tragen
tante	Tante
tapi	/Kurzform von tetapi/
télékomunikasi	Telekommunikation
tentang	
menentang	sich (etw.) widersetzen, gegen etwas sein
tetap	dauerhaft, fest, konstant
truk	Lastwagen
tua	
ketua	Ältester, Vorsitzender
tuju	
tujuan	Ziel, Absicht
setuju	zustimmen, einverstanden sein
urus	
mengurus	regeln, organisieren, führen, leiten
usaha	
perusahaan	Unternehmen, Betrieb
warta	Nachricht
wartawan	Journalist

III Teks – Fatimah akan pindah ke Jakarta

Pesta pernikahan Fatimah sudah berlalu. Minggu depan dia mau pindah ke Jakarta bersama dengan suaminya. Di sana mereka sudah mencari apartemen yang cukup bagus. Sebelum berangkat dia mau mengadakan pesta perpisahan. Dia mengundang semua anggota kedua keluarga, tetangga dan banyak teman termasuk Ibu Schmitz. Hampir semua datang. Akhirnya tiga puluhan orang menghadiri pesta itu. Nenek dan kakek Fatimah sedih sekali karena mereka harus melepaskan cucu mereka. Tetapi keduanya tidak mau menentang keinginan cucunya. Apalagi mereka tahu suaminya adalah orang yang baik dan ramah sekali. Tentu Fatimah juga sedih. Tapi dia bisa selalu pulang kampung kalau dia ingin bertemu dengan keluarga.

Suami Fatimah bukan seorang ilmuwan seperti ayahanda istrinya. Dia bekerja di perusahaan telekomunikasi yang besar. Istrinya juga akan bekerja di kantor pemerintahan sehingga tidak mudah mengurus rumah tangga. Karena itu mereka mau mencari seorang pembantu secepat mungkin. Yang penting mereka bertanggung-jawab berdua. Kebetulan di Jakarta ada saudara sepupu Pak Harsono yang bisa membantu mencari pembantu kalau perlu.

Kakek berpikir: "Si Fatimah seperti ayahnya. Keduanya berani dan mau mencari jalan sendiri. Untungnya ketiga cucu kita tidak bodoh dan tidak malas. Mereka pintar dan rajin."

Adiknya yang termuda berkhayal: "Seandainya saya sudah besar saya mau ikut kakakku ke Jakarta." Sampai malam dia masih merenungkan mau ikut kakaknya ke Jakarta. Dia sudah mulai memikirkan bagaimana dia bisa mencapai tujuannya.

Fatimah juga ingat waktu pertama kali bertemu dengan kekasihnya. Fatimah langsung terkesan dan jatuh cinta. Sudah dua tahun berlalu. Mereka berdua tetap saling mencintai. Syukur orang tua Fatimah dari awal mula setuju dengan hubungan mereka karena mereka merasa bahwa laki-laki muda itu bisa dipercayai. Mereka juga setuju waktu Fatimah dan pacarnya mau menikah. Mereka yakin laki-laki itu akan menjadi menantu yang bertanggung-jawab. Pada awal minggu depan sebuah truk akan membawa semua barang mereka, termasuk perabot rumah, ke rumah mereka yang baru di Jakarta.

Beantworten Sie folgende Fragen zum Text:

1) Apakah anak-anak Pak Harsono bodoh?
2) Mengapa Fatimah serta suaminya mau pindah ke Jakarta?
3) Fatimah punya adik berapa?
4) Apakah nenek dan kakek Fatimah bergembira?
5) Apakah suami Fatimah seorang ilmuwan?
6) Sejak kapan Fatimah dan suaminya saling mencintai?
7) Adik Fatimah berkhayal tentang apa?
8) Siapa yang bisa membantu mereka mencari pembantu di Jakarta?

IV Übungen

1. Übersetzen Sie ins Deutsche:

a) Mereka digigit ratusan nyamuk.
b) Mereka datang berdua.
c) Nenek dan kakek Fatimah bertemu dan jatuh cinta pada tahun enam puluhan.
d) Waktu di Indonesia tahun lalu, Pak Meier mengunjungi dua puluhan candi Hindu dan Budha.
e) Mereka dua-duanya agak bodoh.
f) Laki-laki itu ketiga-tiganya sedang dicari polisi.
g) Tahun yang lalu beribu-ribu orang kena banjir di daerah ini.

2. Übersetzen Sie ins Indonesische:

   a) Ungefähr 80 Leute kamen gestern zu seinem Haus.
   b) Hunderte Gäste werden in vier Wochen jenes Gebäude betreten.
   c) Tausende Möbel werden jedes Jahr in Indonesien verkauft.
   d) Wir gehen zu dritt spazieren.
   e) In den 90ern habe ich zum ersten Mal Indonesien besucht.
   f) Ich habe beide vor der Moschee stehen sehen.
   g) Vor hunderten von Jahren gab es noch keine Flugzeuge.

3. Übersetzen Sie ins Deutsche:

   a) Seandainya dia pintar dia tidak berbicara begini.
   b) Andaikata dia saudaraku saya mau membantu.
   c) Sekiranya dia sudah besar dia bisa ikut saya ke Jerman.

4. Vervollständigen Sie:

   a) Seandainya saya kaya ….
   b) Seandainya adik Fatimah berani ….
   c) Andaikata kamu bisa dipercayai ……
   d) Andaikata orang-orang itu bertangung-jawab ….
   e) Seandainya aku sebodoh kamu ….
   f) Sekiranya pacar dia tidak datang terlambat ….
   g) Andaikata gaji suami saya lebih tinggi daripada gaji saya…

5. Übersetzen Sie ins Indonesische:

   a) Wäre ich in Deutschland, würde ich dich besuchen.
   b) Wenn er genügend viel Geld hätte, würde er Urlaub machen.
   c) Wenn ich Zeit hätte, würde ich arbeiten.
   d) Wenn sie ein Fahrrad hätte, könnte sie mich einfacher besuchen.

6. Übersetzen Sie ins Indonesische:

   a) Ich werde so schnell wie möglich kommen.
   b) Säubere dieses Zimmer so sauber wie möglich!
   c) Er hilft ihr so gut wie möglich.
   d) Mein Cousin wird so schnell wie möglich nach Jakarta kommen.

7. Erstellen Sie einen Stammbaum unter Verwendung von indonesischen Verwandtschaftsbezeichnungen und beantworten Sie folgende Fragen:

   a) Apakah Anda punya kakak atau adik?

b) Anda anak keberapa?
c) Apakah orang tua Anda punya saudara?
d) Siapa nama tante dan paman Anda?
e) Apakah orang tua Anda masih bekerja?
f) Apakah Anda sudah nikah?
g) Apakah nenek dan kakekmu masih hidup?

8. Übersetzen Sie ins Deutsche:

a) Apakah kamu punya saudara?
b) Dia adalah saudara sepupu saya.
c) Tetangga saya mau mencari menantu untuk anaknya.
d) „Om, boleh saya bertanya?“
e) „Kapan tante mau mengunjungi kami lagi?“
f) Dia belum pernah bertemu dengan iparnya.
g) Paman saya sudah tua sehingga dia tidak bisa datang.

Übungstext Fatimah dan suaminya sampai di Jakarta

Setelah pindah ke rumahnya yang baru di Jakarta Fatimah dan suaminya memperkenalkan diri pada tetangga. Mereka keduanya sudah tidak muda lagi.

Fatimah: „Perkenalkan! Nama saya Fatimah dan ini Mas Hadi, suami saya. Kami baru pindah ke sini dari Jawa Tengah!“

Ibu Ayu: „Selamat datang di Jakarta! Saya Bu Ayu dan ini suami saya, Pak Kamsi.”

Pak Kamsi: Selamat sore! Senang bertemu dengan Anda! Kami senang kalau bisa membantu. Kalau Anda perlu informasi di mana ada restoran yang bagus atau mencari yang lain, pasti kami tahu. Sudah belasan tahun kita tinggal di kampung ini.“

Fatimah: Terima kasih banyak! Benar, kami mau bertanya kepada Bapak dan Ibu. Kami ingin mencari seorang pembantu. Mungkin Ibu dan Bapak tahu seseorang yang bisa dipercayai?“

Ibu Ayu: „Oh iya! Saraswati, teman dekat saya, pernah punya pembantu yang baik dan sopan sekali. Saya akan bertanya sama dia.“

Mas Hadi: “Baik, terima kasih. Saya minta diri dulu, ya. Saya harus ke bawah lagi untuk mengambil barang-barang yang belum kami bawa ke atas.“

Fatimah dan suaminya merasa bahwa tidak akan ada masalah dengan tetangga itu. Tetangga yang lain juga siap membantu. Mereka semua adalah orang baik dan sopan. Rumah Fatimah dan suaminya terletak di luar kota. Untungnya ada bus. Mereka hanya perlu 1½ jam kalau naik bus ke pusat kota. Sampai sekarang mereka belum mempunyai mobil sendiri.

Lektion 17

I Grammatik

1. Reduplikationen

Das Indonesische kennt verschiedene Arten und verschiedenen Bedeutungen von Reduplikationen.

A. Reduplikation zur Bildung des Plurals

a. Pluralbildung bei Nomen

Durch einfache Reduplikation von Nomen erfolgt die Bildung des Plurals. Sie erfolgt in der Regel nur aus Gründen der Relevanz oder Eindeutigkeit (s. Lektion 3), also:

toko-toko – Geschäfte, Läden

pohon-pohon – Bäume

Folgt auf das in den Plural gesetzte Nomen ein weiteres näher bestimmendes Nomen, so wird nur das erste, bestimmte redupliziert, zum Beispiel:

toko-toko pakaian – Kleidungsgeschäfte

pohon-pohon kelapa – Kokospalmen

Einige Nomen existieren bereits im Singular als einfache Reduplikationen, die ihrerseits nicht erneut redupliziert werden können. Sie bezeichnen oft Pflanzen oder Tiere, zum Beispiel:

kupu-kupu – Schmetterling

alang-alang – Alang-alang-Gras

oder Gegenstände, die paarweise oder aus noch mehr Teilen bestehend auftreten, zum Beispiel:

paru-paru – Lunge/n

anting-anting – Ohrring/e

Die Bildung des Plurals erfolgt in diesen Fällen nicht über eine weitere Reduplikation, sondern über Verwendung eines unbestimmten Zahlwortes, zum Beispiel *beberapa* oder *banyak*:

banyak kupu-kupu – viele Schmetterlinge

beberapa anting-anting – einige Ohrringe

b. Pluralbildung durch Reduplikation von Adjektiven

Reduplizierte Adjektive können als Attribut zu einem nicht reduplizierten Nomen dessen Pluralität ausdrücken. Die im Attribut ausgedrückte Eigenschaft bezieht sich dann auf deren Gesamtheit, zum Beispiel:

Semua gedung di sini kecil-kecil.
Alle Gebäude hier sind klein.

Anaknya pintar-pintar.
Ihre Kinder sind klug

B. Reduplikation bei Verben

a. In einer Kategorie drücken reduplizierte Verben aus, dass die bezeichnete Handlung nicht zielgerichtet ist oder auf entspannte Art und Weise erfolgt. Beispiel:

berjalan (gehen) → berjalan-jalan – spazieren gehen

duduk (sitzen) → duduk-duduk – herumsitzen

Mereka duduk-duduk di jalan dan menonton orang yang lewat.
Sie sitzen an der Straße herum und beobachten die vorbeigehenden Menschen.

b. In einer weiteren Kategorie erfolgt eine Bedeutungsverschiebung gegenüber dem nicht reduplizierten Pendant, zum Beispiel:

meminta (um etw. bitten) → meminta-minta – betteln

membesarkan (vergrößern) → membesar-besarkan – übertreiben, aufbauschen

Saya sedih melihat anak-anak itu meminta-minta.
Ich bin traurig diese bettelnden Kinder zu sehen.

Hasil kunjungan itu dibesar-besarkan oleh kolega kita.
Das Ergebnis dieses Besuches wurde von unseren Kollegen aufgebauscht.

C. Reduplikation zur Bildung von Adverbien und adverbialen Bestimmungen

a. Einfache Reduplikationen

Durch Reduplikation von Adjektiven können Adverbien gebildet werden.

Duduklah baik-baik!
Sitz ordentlich!

Einige Adverbien sind einfache Reduplikationen ohne nicht redupliziertes Pendant, zum Beispiel:

tiba-tiba – plötzlich
kadang-kadang – manchmal
sia-sia – vergeblich

Sia-sia dia mencari surat itu.
Sie hat den Brief vergeblich gesucht.

b. Komplexe Reduplikationen

se...-...nya
Reduplikationen mit *se-...-...-nya* bilden Adverbien, die das Höchstmaß bezeichnen. Meist erfolgt die Ableitung von Adjektiven. Sie haben die Bedeutung „so … wie möglich" und sind damit bedeutungsgleich zur Konstruktion *se-... mungkin* (s. L. 16)

cepat (schnell) → secepat-cepatnya – so schnell wie möglich
baik (gut) → sebaik-baiknya – so gut wie möglich

Dia minta saya kembali secepat-cepatnya.
Sie möchte, dass ich schnellstmöglich zurückkehre.

In einigen wichtigen Fällen erfolgt bei der Ableitung von Adverbien oder anderen Wortarten mit *se...-...nya* allerdings auch eine Bedeutungsverschiebung, zum Beispiel:

kurang (weniger) → sekurang-kurangnya – wenigstens
lambat (spät) → selambat-lambatnya – spätestens
tidak (nein, nicht) → setidak-tidaknya (auch: setidaknya) – wenigstens

Saya harus berangkat selambat-lambatnya minggu depan.
Ich muss spätestens nächste Woche aufbrechen.

...-...an
Mit …-…-an werden einige Adverbien der Art und Weise gebildet, zum Beispiel:

habis (aufgebraucht) → habis-habisan – restlos, in Gänze
mati (tot) → mati-matian – mit großer Anstrengung

Mereka berusaha mati-matian untuk meraih tujuannya.
Sie mühen sich ab, ihr Ziel zu erreichen.

ber…-…

Mit ber-…-… in Verbindung mit Nomen, die Zeitspannen bezeichnen, werden Adverbien gebildet, die eine unbestimmte Dauer ausdrücken, z.B.:

jam (Stunde) → berjam-jam – stundenlang
tahun (Jahr) → bertahun-tahun – jahrelang

Saya tidak mau menunggu berjam-jam.
Ich will nicht stundenlang warten.

Sudah bertahun-tahun saya mengenal dia.
Ich kenne ihn schon jahrelang.

2. Gebrauch von sakit

Sakit bedeutet sowohl „krank sein“ wie auch „schmerzen“ oder „kranken an“.

Im ersten Fall steht *sakit* für sich allein:

Suami saya sakit.
Mein Mann ist krank.

Im zweiten Fall steht *sakit* hinter dem schmerzenden Körperteil:

Punggung saya sakit.
Mein Rücken schmerzt.

Im dritten Fall steht *sakit* vor dem erkranken Körperteil bzw. vor der Bezeichnung der Krankheit:

Suami saya sakit paru-paru.
Mein Mann hat ein Lungenleiden.

Anaknya sakit flu.
Ihr Kind hat Grippe.

Anmerkung: Abweichend von dieser Regel bedeutet *sakit kepala* „Kopfschmerzen haben“.

Achtung: *penyakit* bedeutet „Krankheit“ und nicht „Kranker“, wie die Konstruktion nahelegt. Letzteres wird mit *orang sakit* wiedergegeben.

3. Adverbialkonstruktionen mit *secara*

Ähnlich wie bei *dengan* (s. Lektion 14) kann mit *secara* (*cara* = Art, Weise) die Art und Weise wiedergegeben werden, mit der eine Handlung erfolgt. Anders als bei *dengan*, dem ein Adjektiv folgt, kommen bei *secara* auch nominale und verbale Ergänzungen zum Tragen.

Masalah itu diselesaikan secara damai.
Das Problem wurde auf friedliche Art und Weise gelöst.

Dia berbicara secara anak kecil.
Er spricht wie ein kleines Kind.

Riset itu dilaksanakan secara terbuka.
Die Untersuchung wurde offen durchgeführt.

4. Relativsatzkonstruktionen mit *yang* und rückbezüglichem …*nya*

a. Genitivischer Relativsatz

Im genitivischen Relativsatz wird das Bezugswort des Hauptsatzes nicht nur mit *yang* wieder aufgenommen. Zusätzlich wird zur Verdeutlichung des Genitivs ein rückbezügliches …*nya* angefügt. Es entspricht somit dem deutschen *dessen* bzw. *deren*. Beispiel:

Saya tidak mau membeli rumah yang atapnya sudah rusak.
Ich will kein Haus kaufen, dessen Dach schon kaputt sind.

b. Relativsatz in Form einer Präpositionalphrase

Ist der Relativsatz eine Präpositionalphrase, die das Bezugswort im Hauptsatz näher beschreibt, so wird das rückbezügliche …*nya* direkt an die Präposition angefügt. An der Verwendung des *yang* ändert sich nichts.

Saya mau membeli sebuah rumah yang di belakangnya ada banyak pohon kelapa.
Ich möchte ein Haus kaufen, hinter dem sich viele Kokospalmen befinden.

II Vokabeln

alang-alang	Alang-alang-Gras
amat	sehr (geh.)
angin	Wind
masuk angin	erkältet sein, sich erkälten

anting-anting	Ohrring/e
atap	Dach
awal	
pada awalnya	anfangs, zu Beginn
awas	
mengawasi	auf jmdn. aufpassen
bawah	
bawahan	Mitarbeiter/in; Untergebener, Untergebene
besar	
membesar-besarkan	etw. übertreiben, etw. aufbauschen
buruk	schlecht
memburuk	sich verschlechtern, schlecht werden
cara	Art, Weise
secara	auf … Weise
dalam	
mendalam (intrans.)	tiefgehend, tief empfunden
demam	Fieber
duduk	
duduk-duduk	herumsitzen
dukacita	Trauer, Kummer
flu	Influenza
gadis	Mädchen
ganti	
mengganti	ersetzen, jmds. Platz einnehmen
hilang	verschwunden; verschwinden
kehilangan	Verlust, Verschwundensein, Verschwinden
habis	aufgebraucht, alle
habis-habisan	restlos, in Gänze
jadi	
terjadi	vorkommen, vorfallen, passieren
kuat	stark, kräftig
kubur	
menguburkan	beerdigen
kupu-kupu	Schmetterling
kurang	
sekurang-kurangnya	wenigstens
lambat	langsam; spät
selambat-lambatnya	spätestens
lebih	
selebih-lebihnya	höchstens
lemah	schwach (körperlich)
melemah	schwach werden
mampu	fähig sein, in der Lage sein

mati	tot
mati-matian	mit großer Anstrengung, mit aller Kraft
menung	
bermenung	grübeln, nachsinnen
minta	
meminta-minta	betteln
moga	
semoga	hoffentlich, möge …
mual	Übelkeit empfinden
muntah	sich übergeben
musibah	Katastrophe
nyawa	Leben (phys.), Seele
obat	
mengobati	behandeln, therapieren
pengobatan	Behandlung, Therapie
parah	ernst, schlimm (Krankheit, Situation etc.)
paru-paru	Lunge/n
peluk	
memeluk	umarmen
pelukan	Umarmung
periksa	
pemeriksaan	Untersuchung (auch med.)
memeriksa	untersuchen (auch med.)
peristiwa	Ereignis, Geschehnis
pucat	blass
memucat	blass werden
punggung	Rücken
pusing	schwindelig; verwirrt, ratlos
rekan	Kollege, Kollegin
rekan kerja	Arbeitskollege
rupanya	anscheinend, offensichtlich
saat	Zeitpunkt, Moment, Augenblick
sakit	schmerzen; krank sein, an etw. erkrankt sein
penyakit	Krankheit
orang sakit	Kranker, Kranke
jatuh sakit	krank werden
rumah sakit	Krankenhaus
séhat	gesund
keséhatan	Gesundheit
selamat	
menyelamatkan	retten
menyelamatkan jiwa sso.	jmds. Leben retten
sementara	vorübergehend
untuk sementara	vorerst, für den Augenblick

sia-sia	vergeblich
tidak	
setidak-tidaknya	wenigstens
tinggal	
meninggal	sterben
usaha	
berusaha	sich bemühen, sich anstrengen

III Text – Keluarga Pak Harsono kena musibah

Tidak lama setelah Fatimah pindah ke Jakarta keluarganya kena musibah. Sebelumnya semua anggota keluarga Pak Harsono sehat dan kuat. Tiba-tiba keadaan Ibu Harsono mulai memburuk. Pada awalnya dia pusing. Kemudian dia melemah dan mukanya memucat. Pak Harsono membawa istrinya ke rumah sakit untuk diperiksa. Di sana beberapa dokter berusaha untuk menyelamatkannya, tetapi sia-sia. Mereka tidak mampu menyelamatkan nyawanya. Ibu Harsono mendapat demam tinggi dan dia mual sampai muntah. Pengobatannya tidak berhasil sehingga dia tidak sembuh. Dua hari kemudian Ibu Harsono meninggal dalam pelukan suaminya. Berjam-jam Pak Harsono tidak bisa berhenti menangis. Dengan dukacita yang amat mendalam Ibu Harsono dibawa ke perkuburan dan dikuburkan di sana.

Sebelum peristiwa itu terjadi Ibu Harsono tidak ada masalah kesehatan yang parah. Kadang-kadang dia sakit flu atau masuk angin. Dan kadang-kadang dia sakit kepala. Tetapi penyakit lain apalagi penyakit yang parah tidak ada.

Setelah sedikit tenang Pak Harsono menjadi bingung. Siapa yang mau mengurus anak-anaknya sekarang? Siapa yang bisa mengganti ibu mereka? Untuk sementara Pak Harsono harus mencari seorang pembantu yang baik yang bisa mengurus dan mengawasi anak-anaknya.

Di kantornya Pak Harsono mencoba bekerja seperti biasa. Tetapi semua rekan kerja serta bawahannya bisa melihat perubahannya. Pak Harsono jarang tersenyum apalagi tertawa. Dia sering duduk saja dan bermenung. Begitu juga dengan anak-anaknya. Mereka sangat sedih karena kehilangan ibu.

Untungnya ada seorang gadis, anak dari teman Ibu Harsono, yang bersedia membantu mengurus rumah tangga Pak Harsono untuk sementara.

Beantworten Sie folgende Fragen zum Text:

1) Siapa yang akan membantu mengurus rumah tangga Pak Harsono?
2) Ibu Harsono sakit apa?
3) Di mana Ibu Harsono dikuburkan?
4) Apakah Ibu Harsono sering sakit sebelum meninggal?
5) Kenapa Pak Harsono menjadi bingung?

6) Apakah dokter-dokter di rumah sakit bisa membantu?
7) Apakah anak-anak Pak Harsono sedih karena kehilangan ibu?
8) Rekan kerja Pak Harsono bisa melihat apa?

IV Übungen

1. Übersetzen Sie ins Deutsche:

a) Dengarkan baik-baik!
b) Udin akan mampir ke rumah Bowo kira-kira pada jam 4.
c) Tiba-tiba Ibu Harsono kena penyakit yang parah.
d) Pekerjaan itu akan selesai selambat-lambatnya minggu depan.
e) Pembantu yang dicari Pak Harsono tidak bisa mengganti Ibu Harsono melainkan hanya membantu mengurus rumah tangga sebaik-baiknya.
f) Anak yang kakeknya meninggal itu dipeluk temannya. Temannya yakin anak itu akan merasa sedih sekali selama berminggu-minggu.
g) Kalau Anda tidak bisa hadir di rapat yang penting itu setidak-tidaknya kirimkanlah sepucuk surat.
h) Desa-desa di daerah ini sudah berhari-hari kebanjiran. Perbaikan rumah yang hancur perlu modal sekurang-kurangnya tiga milyar rupiah.
i) Barang-barang saya dicuri habis-habisan.
j) Ibu itu memeluk anaknya erat-erat.

2. Wählen Sie das richtige Wort aus:

hati-hati	meminta-minta	duduk-duduk
bermacam-macam	kupu-kupu	sia-sia
membesar-besarkan	berjam-jam	mati-matian
	secepat-cepatnya	

a) Teman saya suka berjalan-jalan. Kadang-kadang dia berjalan-jalan ....
b) Toko Sempurna menyediakan barang ....: Ada baju, kemeja, celana dan juga perabot rumah.
c) Kemarin ada sebuah pertemuan penting yang harus saya hadiri. Walaupun saya bangun dan mempersiapkan diri .... saya sampai di sana terlambat.

d) Anak itu kurang suka bermain di luar bersama dengan anak-anak yang lain. Dia lebih suka .... saja di kamar dan menonton televisi.
e) Pak Haldoko selalu .... masalah irigasi sawah di desanya. Petani-petani lain berpikir bahwa pembangunan jalan jauh lebih penting.
f) Dia berusaha .... untuk memperbaiki mobilnya tetapi tidak berhasil.
g) Mahasiswa itu sudah berusaha untuk menyelesaikan tugas itu, tetapi ....
h) Saya mengenal seseorang yang tertarik pada .... Seperti Pak Meier dia suka mencari binatang itu di sawah dan di tempat lain juga.
i) Karena kehilangan tempat kerja dia harus .... di jalan.
j) Kamu harus .... waktu berjalan di tengah jalan.

3. Übersetzen Sie ins Indonesische:

a) Schaut gut hin!
b) Jene Schüler lesen so viele Bücher wie möglich.
c) Ich stehe jeden Morgen spätestens um 7 Uhr auf.
d) Sie sitzen herum und trinken Tee.
e) Bitte kehre so schnell wie möglich dorthin zurück!
f) Manchmal grübelt er tagelang über diese Katastrophe.
g) Wochenlang besuchten sie ihren Nachbarn, der an einer schweren Grippe erkrankt war, im Krankenhaus.
h) Die Person, die immer vor dem Postamt um Geld bettelt, ist jetzt verschwunden.
i) Sie arbeiteten mit größter Anstrengung, um diese Aufgabe zu beenden.
j) Bausch die Angelegenheit nicht auf!
k) Mein altes Auto ist völlig kaputt.

4. Übersetzen Sie ins Deutsche:

a) Kepala si Ahmad sakit karena dipukul teman.
b) Anak-anak saya jarang sakit.
c) Ibu saya tidak pernah kena penyakit yang parah.
d) Pacar saya sedang sakit flu. Saya mau membawakan dia obat.
e) Mata anak kecil itu sakit karena terlalu banyak menonton televisi.

5. Übersetzen Sie ins Indonesische:

   a) Mein Gesicht tut weh.
   b) Er ist von einer schweren Krankheit betroffen.
   c) Es gibt dort viele Lungenkranke.
   d) Was fehlt ihm?

6. Übersetzen Sie ins Deutsche:

   a) Datanglah ke sini secara langsung.
   b) Anak ini berbicara secara orang dewasa.
   c) Dia berpakaian secara orang Jawa.
   d) Penyakit mata itu harus diobati secara baik.

7. Übersetzen Sie ins Indonesische:

   a) Sie arbeiten sorgfältig.
   b) Er geht wie ein alter Mann.
   c) Manchmal spricht er wie ein Kind.

8. Übersetzen Sie ins Deutsche:

   a) Beberapa kali mereka mengunjungi tetangga mereka yang anaknya meninggal minggu yang lalu.
   b) Saya kehilangan ransel yang di dalamnya ada uang dan paspor.
   c) Saya mencari sebuah meja yang kakinya cukup kuat.
   d) Dia mencari seorang istri yang orang tuanya cukup kaya.
   e) Saya ingin membeli sebuah rumah yang di belakangnya ada kolam ikan.

9. Verbinden Sie die Sätze zu Relativsatzkonstruktionen:

   Beispiel: Ini memang perkembangan buruk. Pengaruh perkembangan itu sangat terlihat.

   → Ini memang perkembangan buruk yang pengaruhnya sangat terlihat.

   a) Dia seorang kaya. Orang tua dia bekerja di sebuah perusahaan pemerintahan.
   b) Ini penyakit parah. Pengobatan penyakit itu sulit sekali.
   c) Dua minggu yang lalu aku menerima sebuah paket dari Indonesia. Di dalamnya ada oleh-oleh, kue dan bumbu khas Jawa Tengah.
   d) Nanti sore aku mau mengunjungi temanku. Kakaknya baru menikah.

e) Seandainya anak Ibu Sutrisno sudah besar dia mau tinggal di rumah besar. Di depan rumah itu ada halaman luas.

10. Übersetzen Sie ins Indonesische:

a) Bist du die Kollegin, deren Hochzeitsfeier gestern war?
b) Ist dies das Dorf, dessen Straßen repariert werden müssen?
c) Wir suchen ein Haus, in dem genügend viele Zimmer sind.
d) Dies ist die Frau, deren Hund ich gestern gesehen habe.
e) Ist das die Tasche, in der gefährliche Sachen sind?

Übungstext: Kesehatan Pak Ahmad perlu diperiksa

Tadi malam Pak Ahmad mulai merasa kurang enak. Dia tidak bisa tidur dan setelah bangun dia merasa lemah dan capek. Kemudian keadaannya memburuk lagi sehingga dia pergi ke dokter untuk diperiksa. Dia takut kena penyakit yang parah. Baru beberapa hari yang lalu teman dia meninggal karena sakit parah.

Dokter: „Selamat pagi, Pak! Apa yang bisa saya bantu? Bapak sakit apa?"

Pak Ahmad: „Selamat pagi, Bu! Saya merasa kurang enak. Pada awalnya saya demam. Kemudian saya mual sampai muntah."

Dokter: „Saya mau memeriksa Bapak. Coba berbaring di sana!"

Dokter itu memeriksa Pak Ahmad dengan teliti. Syukur Pak Ahmad tidak sakit berat. Rupanya ada infeksi paru-paru yang bisa diobati dengan mudah.

Dokter: „Ini resep obat supaya Bapak cepat sembuh. Bapak harus minum* obat ini tiga kali sehari. Makan dulu sebelum obat ini diminum. Cobalah beristirahat sebanyak mungkin. Semoga Bapak cepat sembuh!"

Waktu pulang Pak Ahmad mampir di apotik. Untungnya obat itu tidak terlalu mahal. Setelah itu dia pulang dan beristirahat. Dua hari kemudian keadaannya sudah membaik dan dia mulai sembuh.

---

* Anmerkung: Im Indonesischen sagt man für die Einnahme von Medikamenten „*minum*", also „trinken", egal welche Konsistenz das Medikament hat.

Lektion 18

I. Grammatik

1. Weitere Verbbildungen

Es gibt weitere Affigierungen als die bisher vorgestellten, mit denen Verben gebildet werden. Sie spielen allerdings quantitativ eine geringere Rolle.

A) Verbbildung mit ...*-me*... zum Ausdruck von Reziprozität

Diese Form besteht aus der Basis und nachfolgend dessen aktiver transitiver Verbform. In den meisten Fällen drücken die so gebildeten Verben Reziprozität aus. Beispiele:

> pukul-memukul – sich gegenseitig schlagen, sich prügeln
>
> tolong-menolong – sich gegenseitig helfen
>
> Kedua anak ini sering pukul-memukul.
> Diese beiden Kinder prügeln sich oft.
>
> Walaupun sibuk sekali mereka selalu tolong-menolong.
> Obwohl sie sehr beschäftigt sind, helfen sie sich immer.

Selten werden suffigierte Verben verwendet. In diesen Fällen wird das Suffix gewöhnlich beibehalten. Beispiele:

> cinta-mencintai – einander lieben
>
> maaf-memaafkan – einander vergeben
>
> Kakek dan nenek saya tetap cinta-mencintai.
> Meine Großeltern lieben sich immer noch.
>
> Kalian harus maaf-memaafkan supaya bisa hidup secara damai.
> Ihr müsst euch gegenseitig verzeihen um in Frieden leben zu können.

In einigen sehr wenigen Fällen entfällt das Suffix *-i*. Beispiel:

> mengunjungi (jmdn. besuchen) → kunjung-mengunjung – sich gegenseitig besuchen
>
> Dulu mereka sering kunjung-mengunjung, sekarang tidak lagi.
> Früher haben sie sich oft (gegenseitig) besucht, jetzt nicht mehr.

In diesem Fall existiert auch parallel die Form *kunjung-mengunjungi*.

> Anmerkung:
>
> In der gesprochenen Sprache wird statt dieser Konstruktion oft *saling* („gegenseitig") in Kombination mit der transitiven Verbform verwendet. Beispiel:
>
> saling menolong – sich gegenseitig helfen
> usw.
>
> Walaupun sibuk sekali mereka selalu saling menolong.
> Obwohl sehr beschäftigt, helfen sie sich immer.
>
> Bisweilen kommen beide Möglichkeiten in Kombination vor:
>
> Walaupun sibuk sekali mereka selalu saling tolong-menolong.

B) Verbbildung mit dem Zirkumfix *ber...an*

a. *ber...an* zum Ausdruck von Reziprozität

Das Zirkumfix *ber...an* kann ebenfalls Reziprozität ausdrücken. In dieser Bedeutung bezeichnet es entweder wie *...-me...* die Gegenseitigkeit einer Handlung oder es gibt die Wechselseitigkeit eines Beziehungsverhältnisses zwischen zwei Gegenständen oder Personen an.

bersalaman – sich (gegenseitig) die Hände schütteln

bermusuhan – miteinander verfeindet sein

Mereka tidak mau bersalaman.
Sie wollen sich nicht die Hände schütteln

Kedua laki-laki itu tidak bermusuhan lagi.
Die zwei Männer sind nicht mehr verfeindet.

Bisweilen wird auch ein wechselseitiges räumliches Verhältnis ausgedrückt. Beispiel:

berdekatan – nahe zueinander sein (räumlich)

berdampingan – Seite an Seite, gemeinsam

Rumah mereka berdekatan.
Ihre Häuser sind nicht weit voneinander entfernt.

Mereka hidup berdampingan.
Sie leben Seite an Seite / Sie leben zusammen.

Anmerkungen:

In einigen Fällen tritt das Zirkumfix *ber...an* mit redupliziierter Basis auf (*ber...-...an*). Diese wenigen Verben drücken ebenfalls Reziprozität aus, Beispiele:

berdekat-dekatan = berdekatan Rumah-rumah mereka berdekat-dekatan.

Mitunter gibt es parallele Formen zu Verben mit ...-*me*...
berpukul-pukulan = pukul-memukul
Mereka berpukul-pukulan.

b. In einigen wenigen Fällen drücken *ber…an*-Verben ein persönliches Verhältnis aus, z.B.

bermusuhan – verfeindet sein
berkenalan* – miteinander bekannt sein

Mereka berkenalan sejak lima tahun.
Sie kennen sich seit fünf Jahren.

c. In einer weiteren Bedeutung drückt *ber...an* aus, dass eine Handlung unkoordiniert und in großer Zahl abläuft. Beispiel:

berdatangan – von überall herkommen, eintrudeln
berlarian – in alle Richtungen herumlaufen (lari = laufen, weglaufen)

Tamu-tamu kita sudah mulai berdatangan.
Unsere Gäste trudeln schon ein.

Eine Ausnahme bildet das Verb *berkeliaran* (herumreisen, umherwandern), da es sich auch auf eine einzelne Person beziehen kann, Beispiel:

Kemarin saya berkeliaran di kota ini.
Gestern bin ich in der Stadt umhergewandert.

C) *ber...kan*

Eine kleine Gruppe von Verben wird mit *ber...kan* gebildet. Der Sinn kann mit „mit etwas zu tun haben“ wiedergegeben werden. Sie drücken vorrangig

* *berkenalan* existiert auch mit der Präposition *dengan* und bedeutet dann „bekannt sein mit“.

aus, dass das Subjekt das im Grundwort Bezeichnete entweder hat, es als Eigenschaft trägt oder mit ihm versehen ist. Es werden also keine Handlungen, sondern Zustände bezeichnet. Basiswörter sind meist Nomen. Beispiele:

berdasarkan (dasar = Basis, Grundlage) – etwas als Basis haben = basieren auf

berisikan (isi = Inhalt) – etwas zum Inhalt haben = beinhalten

Republik Indonesia berdasarkan Pancasila.
Die Republik Indonesien basiert auf der Pancasila.

Paket ini berisikan 22 buku.
Dieses Paket enthält 22 Bücher.

In der Bedeutung „versehen mit …" haben Verben mit *ber...kan* als Grundlage Nomen mit *...an*. Das Suffix *…an* entfällt bei der Bildung. Beispiel:

berhiaskan (hiasan = Schmuck, Verzierung) – geschmückt mit

bertuliskan (tulisan = Schrift, Geschriebenes) – beschrieben mit, beschriftet mit

Pintu ini berhiaskan bunga cantik.
Diese Tür ist mit hübschen Blumen verziert.

Botol itu bertuliskan bahasa Jawa.
Diese Flasche ist mit javanischer Sprache beschrieben.

2. Indefinitpronomen

A) *seseorang* („jemand"; „irgendjemand") und *sesuatu* („etwas")

Seseorang (jemand, irgendjemand) bezieht sich auf nicht näher identifizierte Personen und *sesuatu* (etwas) auf nicht näher identifizierte Gegenstände. Beispiele:

Tadi malam dia didekati seseorang.
Gestern Abend näherte sich ihr irgendjemand.

Saya melihat sesuatu di sana.
Ich sehe dort etwas.

B) Indefinitpronomen mit *saja* (bloß)

Von *saja* (bloß) gefolgte Interrogativpronomen drücken eine Beliebigkeit aus (vgl. das englische *any*):

siapa saja – jeder, wer auch immer.

Siapa saja boleh masuk.
Jeder darf eintreten.

apa saja – alles, was auch immer

Kamu boleh mengambil apa saja.
Du darfst nehmen, was du willst.

di mana saja – überall, wo auch immer

Pembantu bisa dicari di mana saja.
Hilfskräfte kann man überall finden.

Analog dazu lassen sich *ke mana saja* (überall hin, wohin auch immer) und *dari mana saja* (von überall her, von wo auch immer) bilden.

kapan saja – zu jeder Zeit, wann auch immer

Dia bisa datang kapan saja.
Er kann zu jedem Zeitpunkt erscheinen.

berapa saja – wieviel auch immer

Ambillah berapa saja!
Nimm so viele du willst!

Außer bei den Konstruktionen mit *kapan* und *berapa* kann *saja* in allen Fällen auch durch *...pun* ersetzt werden. *...pun* kann mit dem Pronomen zusammengeschrieben werden, muss es aber nicht:

Siapapun bisa melakukannya.
Das kann jeder machen.

C) Besonderheiten in negierten Aussagen mit Indefinitpronomen

Bei negiertem Prädikat kann statt *...pun* auch die reduplizierte Form des Pronomens verwendet werden:

Saya tidak melihat siapapun. = Saya tidak melihat siapa-siapa.
Ich sehe niemanden.

Dia tidak tahu apapun. = Dia tidak tahu apa-apa.
Er weiß gar nichts.

Anmerkung:	In der gesprochenen Sprache bedeutet „Tidak apa-apa!“ „Das macht nichts!“

Apa-apa und *apapun* sowie *siapa-siapa* und *siapapun* können nicht als Subjekt auftreten. In diesem Fall werden die Formen *tidak satupun* bzw. *tidak seorangpun* benutzt. Ersteres ist allerdings selten:

> Tidak seorangpun mau datang ke pesta saya.
> Niemand will zu meinem Fest kommen.

Tidak seorangpun und *tidak satupun* können auch vor einem Nomen stehen und bedeuten dann „nicht ein einziger" oder „nicht ein einziges":

> Tidak satupun bus mau berhenti di sini.
> Kein einziger Bus will hier halten.
>
> Tidak seorangpun pembantu mau datang hari ini.
> Keine einzige Hilfskraft will heute kommen.

3. Appositionen mit *yakni* und *yaitu*

Mit *yakni* und *yaitu* (und zwar, das heißt) werden Nominalphrasen als Apposition (Ergänzung) angeschlossen. Beispiel:

> Saya berteman dengan walikota, yakni Pak Siregar.
> Ich bin mit dem Bürgermeister, d.h. Herr Siregar, befreundet.

II. Vokabeln

antar(a)…	zwischen…, inter…
asing	
orang asing	fremde Person, Ausländer
bagai	
sebagai	als, /Adv. zur näheren Erläuterung eines Bezugswortes/
bangsa	Volk
cakap	
percakapan	Gespräch, Unterhaltung
cinta	
cinta-mencintai	einander lieben
damping	nahe, eng, vertraut
berdampingan	Seite an Seite, zusammenleben
dasar	Basis, Grundlage
berdasarkan	etwas als Basis haben, basieren auf
datang	
berdatangan	von überall herkommen

dekat	
berdekatan	einander nahe sein
berdekat-dekatan	einander nahe sein
hias	
hiasan	Schmuck, Verzierung
berhiaskan	geschmückt sein mit
imigrasi	Einwanderungsbehörde
isi	Inhalt
berisikan	etwas zum Inhalt haben, beinhalten
jadi	
menjadikan	etw. machen zu
keliar	
berkeliaran	herumreisen, umherwandern
kembang	
mengembangkan	etw. entwickeln, zu etw. machen
kenal	
berkenalan	einander kennen
berkenalan dengan	jmdn. kennen, mit jmdm. bekannt sein
konflik	Konflikt
kunjung	
kunjung-mengunjung	einander besuchen
kunjung-mengunjungi	einander besuchen
lanjut	ausgedehnt, andauernd
melanjutkan	etw. fortsetzen, weiterführen
lari	laufen, davonlaufen
berlarian	in alle Richtungen herumlaufen
maaf	
maaf-memaafkan	einander vergeben
maksud	Absicht, Zweck, Bedeutung
maksudnya	das heißt, will sagen
mayoritas	Mehrheit, Majorität
Melayu	
Bahasa Melayu	Malaiisch, malaiische Sprache
minoritas	Minderheit, Minorität
musuh	
bermusuhan	Feinde sein, verfeindet sein
nasional	national
negara	Staat
pacar	
berpacaran	eine amouröse Beziehung haben
paksa	
terpaksa	gezwungen sein
pamit	sich verabschieden
Pancasila	/Bezeichnung der indonesischen Staatsprinzipien/

pukul	
pukul-memukul	sich gegenseitig schlagen, sich prügeln
berpukul-pukulan	sich gegenseitig schlagen, sich prügeln
pulau	
kepulauan	Archipel, Inselwelt
republik	Republik
saja	
siapa saja	wer auch immer, jeder
apa saja	was auch immer, alles
berapa saja	wieviel auch immer
kapan saja	wann auch immer
di mana saja	wo auch immer, überall
salam	
bersalaman	sich die Hände schütteln
Sampai bertemu (lagi)	Auf Wiedersehen, Tschüss
satu	
kesatuan	Einheit, Einheits…
sebab	Grund, Ursache, Anlass
sendiri	
tersendiri	einzeln, getrennt, gesondert
seringkali	oft (verstärkend)
suatu	
sesuatu	etwas, irgendetwas
suku	Ethnie, Volksgruppe
suku bangsa	Volksgruppe
sumber	Quelle (auch im übertragenen Sinn)
tahu	
pengetahuan	Wissen
toleran	tolerant
tolong	
tolong-menolong	sich gegenseitig helfen
tulis	
bertuliskan	beschrieben mit, beschriftet mit
umum	allgemein, gewöhnlich; öffentlich
pada umumnya	im Allgemeinen, generell
visa	Visum
yakni	das heißt, und zwar, /leitet Apposition
ein/	
zaman	Zeitalter, Zeit

III: Text – Belajar tentang Indonesia

Kemarin Ibu Schmitz mengunjungi suatu desa. Di sana dia mendengarkan beberapa orang berbicara. Walaupun sudah cukup pandai berbahasa Indonesia dia tidak bisa mengerti apapun sehingga dia mulai merasa sedikit bingung. Setelah kembali dari sana dia bertemu dengan Pak Harsono untuk membahas hasil penelitiannya. Ibu Schmitz mengambil kesempatan ini dan bertanya tentang pengalamannya yang aneh itu.

Ibu Schmitz: „Maaf, Pak! Boleh saya bertanya?“

Pak Harsono: „Tentu boleh. Ada pertanyaan apa?“

Ibu Schmitz: „Tadi di desa saya mendengar beberapa orang berbicara dalam sebuah bahasa yang rupanya bukan bahasa Indonesia. Saya tidak bisa mengerti apa-apa. Bagaimana bisa begitu? Apakah mereka bukan orang Indonesia?“

Pak Harsono: „Oh, mereka memang orang Indonesia, bukan orang asing. Halnya begini: bahasa Indonesia merupakan bahasa nasional Republik Indonesia. Tetapi di samping bahasa Indonesia ada ratusan bahasa daerah. Di Indonesia ada ratusan suku bangsa. Setiap suku bangsa berbahasa tersendiri.“

Ibu Schmitz: „Maksudnya Bahasa Indonesia bukan bahasa asli semua orang Indonesia?“

Pak Harsono: „Benar, Bu. Saya kasih contoh. Banyak anak di sini baru belajar bahasa Indonesia waktu mereka mulai masuk sekolah. Sebelumnya mereka tidak perlu berbahasa Indonesia karena di rumah mereka berbahasa daerah.“

Ibu Schmitz: „Saya mengerti, Pak. Saya pernah membaca dalam sebuah buku bahwa bahasa Indonesia berdasarkan bahasa Melayu yang sudah dipakai di mana-mana di kepulauan Indonesia sejak seribu tahun.“

Pak Harsono: „Memang begitu, Bu! Bahasa Melayu dikembangkan sebagai bahasa nasional karena orang Indonesia perlu sebuah bahasa kesatuan yang tidak berdasarkan bahasa suku mayoritas, yakni suku Jawa. Seandainya bahasa mayoritas dijadikan bahasa nasional pasti ada masalah dengan suku-suku minoritas. Seandainya tidak ada bahasa nasional orang Indonesia tidak bisa saling mengerti.“

Ibu Schmitz: „Itu sebabnya sekarang semua suku di Indonesia hidup berdampingan secara damai serta tolong-menolong?“

Pak Harsono: „Memang masih ada masalah antar suku. Tetapi tidak seperti dulu sebelum Indonesia menjadi negara kesatuan. Pada umumnya zaman ini konflik-konflik bisa diselesaikan dengan cara damai. Biasanya suku-suku di Indonesia tidak bermusuhan.“

Ibu Schmitz: „Jadi, orang Indonesia merupakan bangsa yang toleran. Bagaimana menurut Bapak?"

Pak Harsono: „Secara umum, ya. Tetapi ada cukup banyak sumber konflik lain. Maaf, Bu! Sekarang saya terpaksa pamit karena sebentar lagi ada pertemuan yang harus saya hadiri. Sebagai ketua saya harus hadir. Besok kita bisa melanjutkan percakapan kita."

Ibu Schmitz: „Tidak apa-apa! Termina kasih, Pak! Sampai bertemu!"

Ibu Schmitz dan Pak Harsono bersalaman dan berpisah. Pak Harsono berangkat ke tempat pertemuan itu, sedangkan Ibu Schmitz pergi ke sebuah toko buku. Dia berencana membeli buku tentang sejarah dan budaya suku bangsa yang ada di Indonesia. Dia sangat ingin memperdalam pengetahuannya tentang kedua aspek itu. Selain itu dia harus ke kantor imigrasi untuk memperpanjang visanya.

Beantworten Sie folgende Fragen zum Text:

1. Mengapa Ibu Schmitz menjadi bingung waktu di desa?
2. Apakah ada lebih dari satu bahasa di Indonesia?
3. Apa nama bahasa nasional Indonesia?
4. Orang desa biasanya berbahasa apa?
5. Ada berapa suku bangsa di Indonesia?
6. Apakah bahasa Indonesia berdasarkan bahasa mayoritas?
7. Kenapa Pak Harsono harus pamit?
8. Ibu Schmitz mau membeli apa setelah berbicara dengan Pak Harsono?

IV Übungen

1. Übersetzen Sie ins Deutsche:

   a) Sebagai tetangga kita harus saling tolong-menolong.
   b) Anak-anak itu suka pukul-memukul.
   c) Saya dan nenek saya sering kunjung-mengunjungi.
   d) Murid-murid ini harus belajar maaf-memaafkan.
   e) Biasanya suami dan istri cinta-mencintai.

2. Übersetzen Sie ins Indonesische:

   a) Alle Menschen in diesem Ort helfen einander.
   b) In dieser Schule dürfen sich die Kinder nicht schlagen.
   c) Obwohl sie verheiratet sind, lieben sie einander nicht.

d) Normalerweise besuchen wir uns oft.
e) Die beiden Feinde wollen einander nicht verzeihen.

3. Übersetzen Sie ins Deutsche:

a) Kedua musuh ini tidak mau bersalaman apalagi bekerja-sama.
b) Anak saya lupa menutup pintu kandang sapi. Karena itu ternak saya sudah berlarian ke mana-mana!
c) Sudah lama mereka bermusuhan. Mereka sudah lupa apa yang menjadi alasan permusuhan itu.
d) Sejak menikah mereka selalu hidup berdampingan.
e) Kedua candi itu berdekatan.

4. Übersetzen Sie ins Indonesische:

a) Obwohl sie dicht beieinander wohnen, treffen sie sich selten.
b) Als sie sich trafen, gaben sie sich die Hand.
c) Warum sind wir Feinde?
d) Meine Kinder liefen in alle Richtungen davon.
e) Normalerweise leben Ehefrau und Ehemann zusammen.
f) Sulis und Ahmad haben seit einem Jahr eine Beziehung.
g) Alle anderen Leute denken, dass sie lediglich befreundet sind.

5. Übersetzen Sie ins Deutsche:

a) Lemari di kamar tidurnya tidak berisikan barang yang berharga.
b) Kamar tamu kami berhiaskan bunga.
c) Buku ini berdasarkan penelitian kami.
d) Botol ini bertuliskan apa?

6. Übersetzen Sie ins Indonesische:

a) Was beinhaltet dein Rucksack?
b) Dies beruht auf den Erfahrungen anderer Leute.
c) Ihr Kopf war mit Blumen geschmückt.
d) Diese Tür ist mit jawanischer Schrift beschrieben.

7. Setzen Sie das richtige Wort unter der Verwendung der passenden Affigierung ein:

a) Tamu-tamu sudah .... dari mana-mana tetapi ketua perkumpulan itu belum hadir. (datang)
b) Walaupun Siti dan Amir sudah lama .... Siti belum pernah .... rumah Amir. (pacar, kunjung)
c) Cerita dia selalu .... banyak bohong. Karena itu jangan mempercayai dia! (isi)
d) Rofik dan Brahma tidak .... lagi sejak mereka diterima di universitas yang sama (musuh).
e) Di pasar Ibu Schmitz memilih batik yang .... bermacam-macam tumbuhan dan binatang. (hias)
f) Minah dan saya sudah bertahun-tahun........................ Kami selalu........................ (teman, tolong)
g) Saya melihat Hasan dan Udin .... sampai luka. (pukul)
h) Walaupun saling .... sejak tahun sembilan belas delapan puluhan mereka jarang........................ (kenal, kunjung).
i) Rumah-rumah Bu Sulis dan Bu Sutrisno .... (dekat).
j) Penulis ini menulis sebuah buku yang........................ pengalaman sendiri (dasar).
k) „Coba bayangkan: Tadi ada beberapa ekor sapi yang .... di jalan-jalan pusat kota!“ (lari).
l) Lebih baik Anda berbicara .... pengetahuan dan hasil riset daripada pendapat Anda sendiri. (dasar)

8. Übersetzen Sie ins Deutsche:

a) Saya tidak bisa melihat apapun.
b) Di mana saja ada orang yang baik.
c) Dia boleh datang kapan saja.
d) Saya mau membeli sesuatu yang bagus.
e) Tidak seorangpun suka dipukul.
f) Kita bisa pergi ke mana saja.
g) Dia tidak melakukan apa-apa yang baik.
h) Siapa boleh ikut? Siapa saja!
i) Berapa buah kamu pilih? Tidak satupun!

9. Setzen Sie das passende Indefinitpronomen oder Adverb ein:

di mana-mana	seseorang	siapapun
tidak seorangpun	apa-apa	apapun
mana saja	kapan saja	sesuatu
	tidak satupun	

a) Saya baru pindah ke kota ini. .... mengenal saya di sini.
b) Rumah dia memang kotor. Dia perlu .... yang membantu membersihkan rumah.
c) Tidak ada .... yang bisa Anda lakukan untuk menyenangkannya!
d) Kalau kamu ingin tahu tentang suku bangsa Indonesia cobalah baca buku sejarah ini! Buku ini bisa dibeli ....
e) Orang seperti dia tidak tahu .... dan tidak mengerti ....
f) Saya tidak bertemu dengan .... di sana.
g) Pada musim hujan aku selalu membawa payung karena hujan bisa turun ....
h) Aku tidak menyesal ....
i) Rani berulang tahun besok! Marilah kita membelikan dia .... yang menggembirakannya!
j) Kalian mau ke mana? - Ke .... Yang penting kami meninggalkan kota ini.
k) Kemarin saya mau mencari kumbang di sawah tetapi .... yang terlihat.

10. Übersetzen Sie ins Indonesische:

a) Das Treffen kann jederzeit stattfinden.
b) Ich kannte niemanden.
c) Souvenirs kann man überall kaufen.
d) Gestern befand sich niemand im Haus.
e) Ich kenne keinen, der besser ist als du.
f) Wir können nichts machen.
g) Sie arbeiten mit jedem zusammen.

h) Er machte etwas, was nicht gut war.
i) Ich habe nichts genommen.
j) Niemand kann mich ersetzen.

Übungstext – Ibu Schmitz dibantu asisten Pak Harsono

Kemarin Pak Harsono menyuruh asistenya membantu Ibu Schmitz. Sebagai orang asing dia tidak bisa mungurus semua sendiri dengan cepat. Pertama Ibu Sutrisno mengantar Ibu Schmitz ke kantor imigrasi untuk memperpanjang visanya. Dia berencana tinggal lebih lama di Indonsesia. Urusan itu memang tidak terlalu sulit. Orang kantor bersedia membantu. Tidak ada masalah. Setelah itu Ibu Sutrisno mengantar Ibu Schmitz ke kantor pos untuk mengirim sebuah paket yang berisikan banyak buku yang dibelinya di toko-toko buku dan yang didapatnya sebagai hadiah dari kolega-kolega Indonesia.

Kedua perempuan itu sudah dekat sejak mereka bertemu untuk pertama kali. Mereka sering bertemu di kantor Pak Harsono. Di sana mereka sudah biasa tolong-menolong. Ibu Schmitz mau mengundang dia ke Jerman.

Ibu Schmitz: „Terima kasih atas segala bantuannya, Bu!“

Ibu Sutrisno: „Sama-sama, Bu! Saya sangat senang sudah bisa membantu. Sampai bertemu lagi besok lusa!“

Ibu Schmitz: „Ya, sampai bertemu lagi!“

Besok Ibu Schmitz tidak mau bertemu dengan siapapun dan tidak melakukan apapun. Dia juga tidak mau ke manapun karena dia perlu waktu untuk mengurus segala bahan yang sudah dikumpulkannya. Di samping itu dia ingin memperdalam pengetahuannya tentang suku bangsa Indonesia. Memang banyak yang sudah dia tahu. Tetapi semakin lama dia semakin tertarik pada sejarah dan budaya Indonesia.

Lektion 19

I. Grammatik

1. Ergänzungen bei intransitiven Verben

Eine Reihe von intransitiven Verben können – müssen aber nicht – mit Ergänzung auftreten. Diese Ergänzungen können Nomen oder Verben sein.

a. Intransitive Verben mit nominaler Ergänzung

belajar (lernen) → belajar bahasa Indonesia – Indonesisch lernen

bermain (spielen) → bermain tenis – Tennis spielen

berbicara (sprechen) → berbicara bahasa Jerman – Deutsch sprechen

bertanam (pflanzen) → bertanam padi – Reis anbauen

In den Fällen, in denen es analog eine transitive Verbvariante gibt, bezieht sich das *ber…* Verb auf eine allgemeine Tätigkeit und das *me…* Verb auf eine konkrete:

bertanam padi – Reis anbauen *versus* menanam padi – Reis pflanzen (konkrete Aktion)

b. Intransitive Verben mit verbaler Ergänzung

mulai – beginnen, (mit) etw. beginnen

Sekarang kita bisa mulai bekerja.
Jetzt können wir zu arbeiten anfangen.

berhenti –stoppen; mit etw. aufhören

Ayah saya sudah berhenti merokok.
Mein Vater hat schon aufgehört zu rauchen.

selesai – erledigt sein, abgeschlossen sein

Sepedanya sudah selesai diperbaiki.
Ihr Fahrrad ist schon fertig repariert.

2. Exklamationen

Es gibt eine größere Anzahl von Exklamationen. Einige wichtige sind:

Wah! – Wow!

Aduh! – Aua! Oh weh!

Astaga! – Gott bewahre!

Masa! – Wie kann das sein! Wie bitte?

Kasihan! – Wie schade! Oh je!

Ausrufesätze im Sinne von „Wie sehr …“ werden mit „*Bukan main* …“, „*Alangkah* …“ und „*Betapa* …“ eingeleitet. An das folgende Adjektiv wird ein …*nya* angeschlossen.

Bukan main besarnya! – Wie groß das ist!

Alangkah besarnya! – Wie groß das ist!

Betapa besarnya! – Wie groß das ist!

Bukan main kann auch ohne Ergänzung stehen.

„Bukan main!“ – „Großartig!“, „Außerordentlich!“

3. Weitere Anwendungen von …*nya*

A) Topikalisierung mit …*nya*

Besitzanzeigen können, unter Einfügung eines rückbezüglichen ...*nya*, zur Hervorhebung vorgestellt (topikalisiert) werden.

Nama penjual pakaian itu Maya. → Penjual pakaian itu namanya Maya.
Der Name dieser Textilverkäuferin ist Maya → Dieser Textilverkäuferin Name ist Maya.

Kaki anak ini besar sekali. → Anak ini kakinya besar sekali.
Die Füße dieses Kindes sind sehr groß. → Dieses Kindes Füße sind sehr groß.

B) Nominalisierung von Verben und Adjektiven mit …*nya*

Mit …*nya* können sowohl Verben als auch Adjektive nominalisiert werden. Es handelt sich dabei um die Nominalisierung von Verben und Adjektiven, die als Prädikat fungieren. Durch das Anhängen von …*nya* wandern sie als Subjekt an den Anfang der Phrase.

a. Nominalisierung von Adjektiven

Musibah ini terjadi karena bodohnya orang itu.
Dieses Unglück geschah wegen der Dummheit dieses Menschen.

Dia tahu tentang pentingnya membawa payung waktu keluar pada musim hujan.
Sie weiß um die Wichtigkeit, einen Regenschirm mitzunehmen, wenn man in der Regenzeit das Haus verlässt.

Häufig werden adjektivische Prädikate/Adjektive, die Maße/Maßeinheiten betreffen, mit …*nya* nominalisiert. Beispiele:

> Beratnya laki-laki itu 100 kilo.
> Der Mann wiegt hundert Kilo. (wörtl.: Das Gewicht des Mannes ist 100 Kilo.)
>
> Tingginya gunung itu 2000 meter.
> Der Berg ist zweitausend Meter hoch. (wörtl.: die Höhe des Berges ist zwei Kilometer.)

Diese Konstruktion ist nur in der 3. Person anwendbar und kann nicht mit einem zweiten, possessivischen …*nya* versehen werden.

b. Nominalisierung von Verben

Die Nominalisierung von Verben mit ...*nya* unterscheidet sich in Abhängigkeit davon, ob das Verb transitiv oder intransitiv ist.

b1. intransitive Verben

> Datangnya kakek membuat kami gembira.
> Das Kommen unseres Großvaters machte uns glücklich.
>
> abgeleitet von: Kakek datang.
> Großvater kommt.
>
> Mereka tidak suka hadirnya anak-anak kecil di pertemuan itu.
> Die Anwesenheit kleiner Kinder auf dieser Versammlung gefällt ihnen nicht.
>
> abgeleitet von: Anak-anak kecil hadir di pertemuan itu.
> Auf der Versammlung sind kleine Kinder anwesend.

Diese Konstruktion kommt oft in Verbindung mit *ada* („es gibt") vor:

> Saya tidak melihat adanya kebaikan apapun.
> Ich sehe keinerlei Nutzen. (wörtl.: Ich sehe nicht das Vorhandensein von irgendeinem Nutzen.)

b2. transitive Verben

Wird ein transitives Verb mit ...*nya* nominalisiert, muss dieses im Objektfokus oder Zustandspassiv stehen. Die semantischen Unterschiede von Objektfokus und Zustandspassiv bleiben erhalten (s. Lektion 12). Beispiel:

<u>Objektfokus</u>: Ditutupnya beberapa jalan menyebabkan macet besar.
Das Sperren einiger Straßen führte zu einem großen Stau.

abgeleitet von: Beberapa jalan ditutup.
Einige Straßen werden gesperrt.

<u>Zustandspassiv</u>: Tertutupnya beberapa jalan menyebabkan macet besar.
Das Gesperrtsein (die Sperrung) einiger Straßen führte zu einem großen Stau.

abgeleitet von: Beberapa jalan tertutup.
Einige Straßen sind gesperrt.

4. Die Grundrechenarten

Die vier Grundrechenarten erfolgen im Indonesischen wie folgt:

+	-	x	:	=
ditambah	dikurangi	kali	dibagi	sama dengan = jadi

<u>ditambah</u> (menambah = hinzufügen, vermehren): „plus“

9 + 8 = 17

Sembilan ditambah delapan sama dengan tujuh belas.

<u>dikurangi</u> (mengurangi = reduzieren, vermindern): „minus“

22 – 6 = 16

Dua puluh dua dikurangi enam jadi enam belas.

<u>kali</u> (mal): „mal“

5 x 4 = 20

Lima kali empat sama dengan dua puluh.

<u>dibagi</u> (membagi = teilen): „geteilt durch“

30 : 2 = 15

Tiga puluh dibagi dua jadi lima belas.

5. Koordinierende Konjunktionen *baik … maupun …*, *baik… ataupun…* sowie *bukan hanya … melainkan/tetapi juga …*

a. *baik … maupun …*

Baik … maupun … bedeutet „sowohl … als auch …“, z.B:

> Baik istriku maupun saya sendiri suka makan nasi.
> Sowohl meine Frau als auch ich selbst essen gernReis.
>
> Baik di kota maupun di desa ada orang yang miskin.
> Sowohl in der Stadt als auch auf dem Dorf gibt es arme Menschen.

b. *baik ... ataupun ...*

Baik … ataupun … bedeutet „entweder … oder …“, z.B.

> Saya akan mencari dia di mana-mana, baik di rumahnya ataupun di kantor.
> Ich werde ihn überall suchen, entweder in seinem Haus oder im Büro.

c. *bukan hanya … melainkan juga …*

Bukan hanya … melainkan juga … bzw. *bukan hanya … tetapi juga …* bedeutet „nicht nur … sondern auch …“, z.B.

> Jakarta bukan hanya ibu kota melainkan juga kota terbesar di Indonesia.
> Jakarta ist nicht nur die Hauptstadt, sondern auch die größte Stadt Indonesiens.
>
> Hasan bukan hanya anak pintar tetapi juga rajin.
> Hasan ist nicht nur ein kluges, sondern auch ein fleißiges Kind.

6. Der Gebrauch von *tukang*, *ahli* und *pakar*

In ihrer Grundbedeutung geben *tukang*, *ahli* und *pakar* einen beruflichen Kontext wieder.

Tukang wird benutzt bei handwerklichen Berufen, z.B. *tukang jam* (Uhrmacher) oder bei Händlern, z.B. *tukang daging* (Fleischhändler).

Tukang nimmt im Gegensatz zu *ahli* und *pakar* insofern eine Sonderstellung ein, als es auch im übertragenen Sinn benutzt werden kann. Es bezeichnet dann einen Menschen mit gewohnheitsmäßiger Eigenschaft, meist abwertend, z.B. *tukang bohong* (Person, die notorisch lügt) oder *tukang ribut* (Querulant).

Ahli wird bei hoch qualifizierten Berufen verwendet, oft mit akademischem Bezug, z.B. *ahli ekonomi* (Ökonom), *ahli masak* (Chefkoch), *ahli obat* (Pharmazeut, Apotheker).

Pakar ist in der Regel akademischen Bezügen vorbehalten, z.B. *pakar bahasa* (Linguist). Die Übergänge zu *ahli* sind aber fließend. So sind beispielsweise *pakar bahasa* und *ahli bahasa* semantisch identisch.

II. Vokabeln

agama	Religion
ahli	Fachperson, Experte, Expertin
air	
air mata	Träne, Tränen
Arab	Arabien; Araber; arabisch
atur	
mengatur	ordnen; aufräumen
teratur	geordnet; aufgeräumt
bagi	
membagi	teilen
dibagi	geteilt durch (Math.)
bagian	Teil
baik	
kebaikan	Güte, Wohltat, Nutzen
biasa	
kebiasaan	Gewohnheit, Brauch
buang	
membuang	wegwerfen
cantik	hübsch, schön
bunuh	
membunuh	töten, ermorden
Cina	China; Chinese; chinesisch
cincin	Fingerring
datang	
pendatang	Ankömmling, Fremder
e-mail	e-mail
gembira	
menggembirakan	erfreulich; erfreulich sein; jmd. erfreuen
geréja	Kirche
hati	
perhatian	Aufmerksamkeit, Interesse; Zuwendung
India	Indien
jadi	gleich, ergibt (Math.)

janji	
berjanji	versprechen, versichern
kali	mal (Math.)
kena	
mengenai	bezüglich, betreffs
kenang	
kenangan	Erinnerung
kenang-kenangan	Andenken, Souvenir
Katolik	Katholik; Katholiken; Katholizismus; katholisch
kejut	
mengejutkan	jmdn. erschrecken
komunikasi	Kommunikation, Verbindung, Verständigung
berkomunikasi	miteinander kommunizieren, in Verbindung sein
Konghucu	Konfuzianer, Konfuzianismus, konfuzianisch
Kristen	Christ; Christen; christlich; Protestanten; Protestantismus; protestantisch
kurang	
mengurangi	reduzieren, vermindern
dikurangi	minus (Math.)
laci	Schublade
lengkap	vollständig
luar	
luar negeri	Ausland
masyarakat	Gesellschaft
merdéka	frei, unabhängig
kemerdékaan	Unabhängigkeit
muncul	auftauchen, erscheinen
negeri	Land, Staat
pérak	Silber
putus	
keputusan	Entscheidung
mengambil keputusan	eine Entscheidung treffen
ragam	
beragam	vielfältig sein
keragaman	Vielfalt
raih	
meraih	etw. erlangen, etw. erreichen
rapi	ordentlich, geordnet
merapikan	aufräumen, ordnen
réaksi	Reaktion

risau	unruhig, aufgeregt
kerisauan	Aufregung, Unruhe
rokok	
merokok	(etw.) rauchen (Zigarette etc.)
sama	
sama dengan	gleich (Math.)
sampah	Müll, Abfall
sebab	
menyebabkan	etw. verursachen, hervorrufen
simpul	
kesimpulan	Resümee, Zusammenfassung
mengambil kesimpulan	Bilanz ziehen
sudut	Winkel, Ecke
sumbang	
sumbangan	Beitrag, Anteil
tahan	
menahan	zurückhalten, aufhalten, zügeln
mempertahankan	aufrechterhalten, gewährleisten
tahu	
mengetahui	kennen, erkennen, sich einer Sache bewusst sein/werden
tambah	mehr, zusätzlich
ditambah	plus (Math.)
tinggal	
Selamat tinggal!	Auf Wiedersehen!, /Abschiedsfloskel der abreisenden Person/
teliti	
peneliti	Forscher/in
ténis	Tennis
tradisional	traditionell
turis	Tourist/in

III. Text – Ibu Schmitz mengambil kesimpulan

Ibu Schmitz sudah tinggal di Indonesia hampir selama tiga bulan. Waktu berlalu dengan cepat. Dengan bekerja keras dia sudah menyelesaikan banyak hal sehingga proyek baru sudah bisa berjalan dengan baik. Pak Meier dan Pak Harsono sangat setuju dengan hasil kerja Ibu Schmitz. Untungnya pada zaman ini Ibu Schmitz bisa berkomunikasi dengan Pak Meier dengan mudah lewat e-mail walaupun dia tinggal di luar negeri.

Waktu datang ke Indonesia Ibu Schmitz sudah tahu banyak tentang pertanian tropis tetapi hanya sedikit tentang Indonesia dan masyarakatnya. Tetapi semakin lama dia tinggal di Indonesia semakin berkembang perhatiannya pada bangsa Indonesia serta sejarah dan budayanya. Pada waktu libur dia banyak membaca buku-buku supaya lebih tahu. Selain itu dia membuat ekskursi ke beberapa tempat bersejarah, mengunjungi bermacam-macam pameran serta menghadiri beberapa pesta budaya. Sekarang dia tahu cukup banyak tentang keragaman bangsa ini. Karena sudah mengenal banyak orang Indonesia yang beragam suku, bahasa, budaya dan agama dia juga mengetahui kebiasaan orang sini. Tidak mudah bagi pemerintah mempertahankan kesatuan bangsa dan negara. Di samping banyak suku bangsa ada juga beberapa agama, yaitu Islam, Kristen, Katolik*, Hindu, Budha dan Konghucu serta beragam agama tradisional asli Indonesia. Sebuah gedung masjid bisa berdiri berdampingan dengan gereja. Di samping orang yang asli Indonesia, ada banyak pendatang juga: dari India, Eropa, Arab dan Cina. Mereka semua menjadi bagian dari negara kesatuan. Keragaman itu bisa menyebabkan masalah juga. Setelah meraih kemerdekaan pada tanggal 17 Agustus 1945 mereka semua harus berusaha untuk hidup bersama secara damai.

Memang Indonesia merupakan negara yang sangat menarik. Ibu Schmitz sudah mengambil keputusan: Dia yakin akan datang ke sini lagi baik sebagai peneliti ataupun sebagai turis.

Sekarang dia sibuk mempersiapkan segala barang yang mau dibawa ke Jerman. Selain itu kantor yang disediakan Pak Harsono untuk Ibu Schmitz harus dirapikan. Beberapa barang termasuk sampah harus dibuang. Dia tidak mau meninggalkan kantornya dalam keadaan tidak teratur. Kemarin masih ada kerisauan karena kunci kantornya tiba-tiba hilang. Syukur kunci itu muncul lagi di sudut laci meja tulis waktu dikosongkan oleh Ibu Schmitz. Keberangkatannya sudah dekat, hanya dua hari lagi. Sebelum berangkat Ibu Schmitz mau ke tukang jam dulu, supaya jamnya yang rusak bisa diperbaiki. Segala teman dan kolega termasuk Pak Harsono serta istrinya sudah berjanji mengantar dia ke airport. Dalam pesta perpisahan Ibu Harsono memberikan sebuah cincin perak kepada dia sebagai kenang-kenangan. Semua kolega dan teman-teman lain juga memberikan hadiah perpisahan.

Untuk Ibu Schmitz kunjungannya ke Indonesia sudah menjadi peristiwa yang tidak terlupakan. Dia harus berusaha untuk menahan air matanya waktu ingat semua kebaikan dan perhatian yang diterimanya. Selamat tinggal, Indonesia!

Beantworten Sie folgende Fragen zum Text:

1. Ibu Schmitz mencoba menahan apa?
2. Apa yang dikosongkan oleh Ibu Schmitz?
3. Apa yang dihadiahkan oleh Ibu Harsono kepada Ibu Schmitz?
4. Ada pendatang dari mana di Indonesia?
5. Agama apa yang ada di Indonesia?
6. Ibu Schmitz membaca buku tentang apa waktu berlibur?

---

* In Indonesien werden Protestantismus und Katholizismus als getrennte Religionen geführt.

7. Teman-teman dan kolega-kolega Ibu Schmitz berjanji apa?
8. Ibu Schmitz membuat ekskursi ke mana?

IV. Übungen

1. Übersetzen Sie ins Indonesische:

   a) Die Kinder hören auf zu spielen.
   b) Unser Nachbar baut Gemüse an.
   c) Die Kinder spielen Polizei.
   d) Die beiden Männer hören auf sich gegenseitig zu schlagen.
   e) Mein Ehemann kann gut Tennis spielen.
   f) Die vielfältigen Volksgruppen beginnen, sich gegenseitig zu verzeihen.

2. Übersetzen Sie ins Deutsche:

   a) Kakak saya mobilnya sangat mahal.
   b) Tukang daging itu tangannya sangat kotor.

3. Übersetzen Sie ins Deutsche:

   a) „Kasihan anak itu ditinggalkan oleh keluarganya!"
   b) „Alangkah tingginya gunung itu!"
   c) „Aduh! Kepalaku sakit sekali!"
   d) „Astaga! Dia mengosongkan semua botol!"
   e) „Masa! Mereka sudah pergi?"
   f) „Wah! Enak sekali kue ini."
   g) „Bukan main sulitnya urusan ini!"
   h) „Betapa bodohnya anak itu!"
   i) „Aduh! Bagaimana aku bisa meraih tujuan itu?"
   j) „Alangkah indahnya hidup di desa!"
   k) „Alangkah bagusnya kalau kamu bisa datang besok!"
   l) „Aduh! Aku kehilangan dompetku. Aku tidak bisa menemukannya!"

4. Übersetzen Sie ins Deutsche:

   a) Mereka tidak suka hadirnya polisi di kampung ini.
   b) Kami sangat khawatir tentang munculnya berita itu.
   c) Karena tertutupnya semua toko kami tidak bisa berbelanja kemarin.
   d) Pentingnya semua anak bersekolah tidak bisa dipertanyakan.
   e) Berapa panjangnya sungai ini?

5. Übersetzen Sie ins Deutsche:

   a) Kakek kita semakin tua semakin lemah.
   b) Pegawai itu bukan hanya malas saja melainkan bodoh juga.
   c) Dia suka sekali makan segala macam makanan Indonesia, baik yang pedas maupun yang manis.
   d) Segala pilihan bagus, baik yang ini ataupun yang itu.

6. Verbinden Sie die koordinierenden Sätze, sodass sie inhaltlich und grammatikalisch Sinn ergeben:

   a) Gereja Katolik yang bersejarah itu ramai dikunjungi baik orang Katolik lokal

   b) Dia bukan hanya tersenyum

   c) Ibu Schmitz yakin dia akan meraih tujuannya dengan baik hari ini

   d) Saya datang ke sini bukan hanya untuk bermain

   e) Kepala desa itu berjanji bahwa dia bukan hanya akan berusaha mempertahankan budaya dan kebiasaan lokal di desanya

   f) Semakin teliti Anda belajar tentang sejarah Indonesia

   g) Negara kesatuan Indonesia bukan hanya beragam suku bangsanya

   h) Mereka akan bertanggungjawab

   tetapi juga melaksanakan proyek pembangunan gedung sekolah baru.

   ataupun pada minggu depan.

   melainkan juga untuk belajar.

   semakin mendalam pengetahuan Anda mengenai alasan kemerdekaan negara itu.

   maupun turis dari luar negeri.

   melainkan juga tertawa.

   baik disuruh maupun diminta.

   tetapi juga beragam agama.

7. Rechnen Sie auf Indonesisch (Zahlen und Zeichen ausschreiben):

   a) $25 + 7 =$
   b) $55 - 11 =$
   c) $7 \times 3 =$
   d) $60 : 15 =$

8. Setzten Sie in der richtigen Form ein:

a) Ibu Schmitz .... dengan Mbak Sulis beberapa bulan yang lalu. Ibu Schmitz masih ingat waktu dia .... Pak Harsono kepada Mbak Sulis. (kenal)
Mbak Sulis: „.............................! Nama saya Mbak Sulis. Selamat datang di Indonesia!“ (kenal)
b) Surat ini .... siapa?
......................nya terlalu kecil sehingga tidak terbaca oleh siapapun. (tulis)
c) Mas Udin takut .... parah karena dia merasa kurang enak dan dia mual. Dia diperiksa di rumah .... Syukur Mas Udin tidak kena .... Dia hanya makan terlalu banyak manisan. (sakit). Mas Udin tidak perlu dirawat apalagi .... di rumah sakit. Dia diberi .... yang harus diminum sebelum sarapan (obat).
d) Anak rajin itu ingin menyelesaikan tugas itu .... Untuk tujuan itu dia belajar berjam-jam tanpa beristirahat. Menurut pendapat ibunya lebih .... kalau dia beristirahat dulu. (baik)
e) Gadis itu .... di desa bersama dengan neneknya. Semua anggota keluarga lain sudah .... desa itu. Waktu neneknya .... gadis itu mengambil keputusan pindah ke kota juga. (tinggal)
f) Kedua teman itu sering .... Minggu yang lalu Siti lagi .... ke tempat Lindra. Tetapi .... terakhir itu mengecewakan Siti. Dia tidak suka mendengarkan cerita-cerita Lindra yang membosankan. Karena itu Siti mengambil keputusan tidak .... temannya pada minggu depan. (kunjung)
g) Bukan ....! Kamu melihat .... tenis terkenal itu di setasiun kereta api kemarin? Sudah bertahun-tahun aku bermimpi aku pandai .... tenis seperti orang itu! (main)
h) Orang-orang yang akan menghadiri rapat itu sudah .... dari mana-mana. Hanya Mas Bowo yang belum ....nya terlambat karena ada macet di jalan. (datang)
i) Sudah selama tiga bulan Ibu Schmitz mengadakan .... di Indonesia. Di Indonesia cara mengolah tanah berbeda sekali. Perbedaan itu .... Ibu Schmitz.

Sebagai seorang .... yang baik dia bekerja dengan .... (teliti)

j) Kemarin lusa ada sebuah pertemuan tentang pertanian di daerah tropis. Ada satu peserta yang ....nya membuat peserta lain menjadi pusing sampai mereka merasa hasil penelitian itu mau .... (tanya)

k) Kakak Indrawati membuka jendela dan .... bulan yang malam ini besar sekali. Dia memanggil adiknya.
- Sebentar, Kak! Kamu mau .... apa?
- ....lah! Betapa besarnya bulan malam ini! Tadi malam dia tidak .... karena udara berkabut.

Übungstext: Ibu Schmitz berangkat

Pada pagi hari Ibu Schmitz dijemput Pak Harsono. Rumah Ibu Schmitz tidak jauh dari airport. Mereka hanya perlu waktu 40 menit. Di sana mereka sudah ditunggu bukan hanya oleh teman-teman melainkan juga kolega-koleganya. Mereka semua sedih. Tetapi mereka tahu Ibu Schmitz akan datang kembali ke Indonesia. Selain dari itu mereka bisa tetap berkomunikasi lewat e-mail. Yang penting mereka membuat foto-foto bersama. Pasti foto-foto itu akan menjadi kenangan yang indah.

Waktu mau masuk gedung airport Ibu Schmitz mencari tiket dan paspornya yang duanya harus diperlihatkan di pintu masuk.

Ibu Schmitz: „Astaga! Paspor saya tertinggal di rumah! Apa yang bisa kulakukan?“

Pak Harsono: „Cobalah tenang dulu! Mungkin paspor itu ada di kantong ransel?“

Ibu Schmitz mencari paspornya di mana-mana. Akhirnya dia menemukannya di antara dua buku.

Ibu Schmitz: „Syukurlah! Ini dia!“

Ibu Schmitz bisa lega. Sekarang dia harus cepat. Dia pamit, berjabat tangan dengan semua teman dan masuk terburu-buru.

Setelah duduk di pesawat dia menyadari bahwa perjalanannya yang sangat mengesankan itu sudah selesai. Walaupun berusaha keras dia tidak bisa menahan air matanya.

Lektion 20 – Aufbautexte

I. Di kebun binatang

„Cuaca hari ini bagus. Ayo kita pergi ke kebun binatang. Saya belum pernah ke sana“, kata Fatimah.

„Itu ide yang bagus“, sahut Mas Hadi.

Kesempatannya memang baik. Mereka berdua cuti dan punya waktu untuk bermain. Kebun binatang Jakarta memang terkenal. Setelah masuk mereka bisa mengagumi banyak jenis binatang yang belum pernah dilihat mereka sebelumnya. Tentu ada segala jenis binatang besar yang endemik ke Indonesia seperti gajah, badak, banteng, kijang dan harimau tetapi juga banyak yang kecil seperti ular, kera dan banyak jenis burung. Di samping itu banyak binatang dari segala pelosok dunia bisa ditemukan juga seperti unta, singa dan lain-lain. Yang paling mengerikan untuk Fatimah adalah dua ekor buaya raksasa.

Mereka keduanya sangat menikmati hari itu. Di kebun binatang itu juga ada beberapa kedai kopi. Di sana mereka bisa beristirahat dan makan makanan ringan serta minum beberapa jenis minuman. Fatimah memilih minum segelas setrup. Untuk ngemil di jalan mereka juga membeli sebungkus krupuk. Untuk mereka hari ini memang merupakan hari yang sangat menyenangkan. Besok mereka harus masuk kantor lagi.

Vokabeln

badak	Nashorn
banténg	Wildbüffel
buaya	Krokodil
burung	Vogel
cuti	Freizeit, Urlaub; freihaben, Urlaub machen
dunia	Erde, Welt
éndémik	endemisch
gajah	Elefant
harimau	Tiger
kagum	
mengagumi	bewundern, staunen über
kebun	
kebun binatang	Zoo
kedai	Kiosk
kedai kopi	Coffeeshop
kera	Affe
kijang	Zwerghirsch
k(e)rupuk	knusperige Chips (oft mit Fisch- oder Krabbengeschmack)

main	
bermain	sich vergnügen, Spaß haben
ngemil	snacken, naschen
ngeri	entsetzt sein
mengerikan	entsetzlich, schrecklich
pelosok	Ecke, Winkel, Region (geographisch)
raksasa	Riese; riesig
ringan	leicht
makanan ringan	Imbiss, Snack
sahut	
menyahut	entgegnen, erwidern
singa	Löwe
strup	Limonade
ular	Schlange
unta	Kamel

II. Siti membuat rencana

Siti masih bersekolah. Tetapi dia sudah asyik membuat rencana untuk masa depan. Setelah tamat sekolah dia ingin kuliah.

Fatimah: „Siti mau bikin apa setelah tamat sekolah?"

Siti: „Saya mau kuliah di salah satu universitas yang unggul di luar negeri, mungkin di Amerika Serikat atau di Australi."

Fatimah: „Mata kuliah apa?"

Siti: „Kedokteran."

Fatimah: „Mau menjadi apa, mungkin ahli penyakit dalam atau ahli kulit?"

Siti: „Bukan. Saya mau menjadi ahli bedah."

Fatimah: „Bagus, Dik. Kalau saya boleh kasih nasihat: Sebelum kuliah di luar negeri lebih baik mulai di Indonesia dulu. Setelah sudah meraih S1* kamu bisa pindah ke luar negeri. Itu lebih mudah. Kemudian kamu harus tahu: Kuliah di negeri lain menyebabkan ongkos yang sangat tinggi."

Siti: „Saya tahu. Pasti ada kesempatan mendapat beasiswa dari pemerintahan."

Fatimah: „Mudah-mudahan cita-citamu akan terwujud. Negeri kita perlu orang yang ambisius seperti kamu. Tetapi jangan seperti banyak orang lain yang merantau selama-lamanya."

---

* Die indonesischen Hochschulabschlüsse gliedern sich in drei Stufen: S1 bis S3, was den internationalen Abschlüssen Bachelor, Master und PhD entspricht.

Sekarang Siti masih kecil sehingga masih ada banyak waktu untuk membuat rencana. Pasti rencana Siti masih sering diubah.

Vokabeln

ambisius	ehrgeizig, zielstrebig
Amerika	Amerika
Amerika Serikat	USA
asyik	vertieft sein in, etw. eifrig verfolgen
Australia	Australien
beasiswa	Stipendium
bedah	Operation (med.)
ahli bedah	Chirurg
cita-cita	Wunschtraum, Wünsche
dokter	
kedokteran	Medizin, Heilkunde
kulit	Haut
penyakit kulit	Hautkrankheit
ahli penyakit kulit	Hautarzt
lama	
selama-lamanya	auf Dauer, für immer
masa	Zeit, Zeitepoche
masa depan	Zukunft
mata	
mata kuliah	(Studien)fach
nasihat (= nasèhat)	Rat, Ratschlag, Ermahnung
ongkos	Kosten
rantau	
merantau	in die Fremde gehen, auswandern
S1 (= sarjana 1)	Bachelorabschluss
sakit	
penyakit dalam	innere Krankheit
ahli penyakit dalam	Internist
salah	
salah satu	(irgend)ein
tamat	Abschluss, Ende (u.a. Ausbildung)
ubah	
mengubah	verändern, umwandeln
unggul	erstklassig, exzellent
wujud	
terwujud	Wirklichkeit werden, sich realisieren

III Bencana alam di Indonesia

Indonesia adalah sebuah negara yang luas sekali dan kekayaan sumber daya alamnya luar biasa. Karena itu bangsa Indonesia bisa melihat ke depan dengan penuh kepercayaan. Walaupun begitu ada juga aspek yang bisa membuat hidup orang Indonesia susah. Maksudnya, ada banyak bahaya yang berhubungan dengan bencana alam. Contohnya ada 129 gunung berapi yang aktif. Dari gunung-gunung itu 65 boleh dibilang sangat berbahaya. Jadi, banyak orang Indonesia bisa kena letusan gunung berapi. Pada tahun 1825 Gunung Tambora di Pulau Sumbawa meletus. Letusan itu merupakan letusan yang paling dahsyat di sejarah manusia moderen. Ribuan orang meninggal waktu itu. Dan pengaruh letusan itu terasa sampai ke Eropa waktu itu.

Di samping letusan gunung berapi Indonesia sering kena gempa bumi. Kebanyakan dari gempa bumi itu tidak parah tetapi sesekali ada gempa dahsyat yang menyebabkan banyak kerusakan dan korban manusia. Kalau gempa begini terjadi di laut ada juga bahaya tsunami. Waktu terjadi tsunami besar pada tahun 2004 di laut dekat Aceh lebih dari 165.000 orang meninggal. Syukur Indonesia tidak terletak di sebuah daerah yang rawan topan walaupun kadang-kadang ada angin kencang sampai badai.

Vokabeln

aktif	aktiv
badai	Sturm
banyak	
kebanyakan	Mehrzahl, Mehrheit, die meisten
bencana	Katastrophe
bencana alam	Naturkatastrophe
bilang	
boléh/bisa dibilang	man kann betrachten als, man kann sagen dass
bumi	Erde
dahsyat	gewaltig, fürchterlich
gempa	Beben
gempa bumi	Erdbeben
hidup	
kehidupan	Leben, Existenz
hubungan	
berhubungan dengan	in Verbindung mit, betreffend, bezüglich
kaya	
kekayaan	Reichtum
kencang	heftig, stark (Wind)
angin kencang	starker Wind
korban	Opfer

letus	
meletus	explodieren, ausbrechen
letusan	Explosion, Ausbruch
luar	
luar biasa	außergewöhnlich
manusia	Mensch (Gegensatz von Tier); Menschheit
moderen	modern
penuh	voll
percaya	
kepercayaan	Vertrauen, Zuversicht
rasa	
terasa	spürbar sein
rawan	anfällig für, gefährdet durch
rusak	
kerusakan	Zerstörung, Schaden
sesekali	gelegentlich, dann und wann
sumber	
sumber daya alam	natürliche Ressourcen
topan	Taifun
tsunami	Tsunami

IV Indonesia dan pariwisata antarbangsa

Indonesia sudah menjadi destinasi untuk jutaan turis asing. Dengan begitu industri pariwisata merupakan bagian penting dari ekonomi Indonesia. Sampai sekarang kebanyakan dari turis masih bertujuan Pulau Bali meskipun seluruh wilaya Indonesia mengandung tujuan turis dan obyek wisata yang bagus dan indah, dari Aceh di barat sampai Papua di timur. Memang ada perbedaan dalam apa yang digemari turis. Mereka bisa bermain di pantai termasuk menyelam, hiking sampai mengunjungi candi-candi dan peninggalan zaman kuno lain yang tersebar dari Pulau Sumatera sampai Pulau Lombok.

Kebanyakan dari jutaan wisatawan itu masuk Indonesia naik pesawat. Dengan pesawat perjalanan cepat dan nyaman. Dari Jerman wisatawan hanya perlu 13 jam kalau tidak ada persinggahan di jalan. Hanya sebagian kecil sekali naik kapal, terutama kalau masuk dari negara tetangga seperti Singapura atau Malaysia. Banyak perusahaan penerbangan menghubungkan Indonesia dengan seluruh dunia. Sekarang Indonesia mempunyai banyak lapangan terbang yang bisa dituju pesawat luar negeri. Di dalam negeri pesawat juga menjadi pilihan utama untuk turis yang mau bergerak dari satu tempat ke tempat yang lain. Lain dari wisatawan antarbangsa kebanyakan turis domestik memilih memakai alat angkut lain seperti bus dll. kalau destinasinya tidak terlalu jauh.

Vokabeln

alat	Mittel, Werkzeug
alat angkut	Transportmittel
antarbangsa	international
barat	Westen
dalam	
dalam negeri	Inland
destinasi	Zielort
domestik	inländisch, einheimisch
ékonomi	Ökonomie
gemar	
menggemari	etw. mögen, Gefallen finden an
gerak	
bergerak	sich bewegen
hiking	wandern
hubung	
menghubungkan	verbinden, zusammenbringen
industri	Industrie
industri pariwisata	Tourismusindustrie
kandung	
mengandung	enthalten, beinhalten
kuno	alt, antik
lapang	
lapangan	offenes Feld, großer Platz
lapangan terbang	Flugplatz
Malaysia	Malaysia
obyék	Objekt
obyék wisata	Sehenswürdigkeit
pariwisata	Tourismus
selam	
menyelam	tauchen
seluruh	ganz, völlig, alle
Singapura	Singapur
singgah	
persinggahan	Zwischenaufenthalt, Zwischenstation
terbang	
penerbangan	Flug
perusahaan penerbangan	Luftfahrtgesellschaft
timur	Osten
tinggal	
peninggalan	Rest, Überbleibsel; Hinterlassenschaft
tuju	
menuju	etw. ansteuern, Kurs nehmen auf
bertujuan	zum Ziel haben, gerichtet auf

utama	bester, erster
wilayah	Region, Gegend
wisatawan	Tourist
zaman	
zaman kuno	alte Zeiten, Antike

Schlüssel zu den Übungen

Lektion 1

1a. Siti ist dabei zu baden.
Fatimah möchte frühstücken.
Der Vater hat schon gefrühstückt.
Dewi kann nicht schlafen.
(Der) Vater beginnt zu schlafen. / Vater schläft ein.
Fatimah isst immer Schokolade.

1b. (Die)Mutter trinkt gerne Tee.
(Der) Vater trinkt nicht gerne Kaffee.
Fatimah ist ein Mädchen, kein Junge. / Fatimah ist eine Frau, kein Mann.
Siti möchte keine Schokolade und keine Bananen essen.
Fatimah will nicht aufstehen.
(Die) Mutter kann nicht schlafen.
(der) Vater sitzt in der Küche, nicht im Schlafzimmer.
Das Badezimmer ist nicht ordentlich und sauber.
Ich will nicht essen.

1c. Isst (die) Mutter gerne Schokolade?
Möchte Siti baden?
Ist die (die) Mutter ein Mann?
Sitzen Siti und Fatimah am Tisch?
Trinkt (der) Vater gerne Tee?

1d. (Der) Vater isst gerade.
Ich bin noch nicht durstig und hungrig.
(Die) Mutter beginnt Schokolade zu essen.
Fatimah hat schon gebadet.
Siti ist noch nicht aufgestanden. / Siti ist noch nicht aufgewacht.
Das Frühstück ist noch nicht fertig.

1e. Isst Widya gerne Bananen oder Reis?
Ist das Frühstück schon fertig? – Noch nicht, das Frühstück ist noch nicht fertig.
Ist Siti schon aufgestanden? – Ja, sie ist schon aufgestanden. Sie isst gerade in der Küche.

1f. Möchte (der) Vater essen? – Nein, er möchte nicht essen.
Ist Siti im Schlafzimmer? – Nein sie ist nicht im Schlafzimmer.
Ist (der) Vater schon mit dem Frühstück fertig? – Ja, ist er.

2. a. Ich möchte essen. b. Siti ist schon aufgestanden und trinkt Tee. c. Fatimah ist schon groß. d.(der) Vater trinkt Kaffee. e. Siti ist durstig. f. (Die) Mutter sitzt frühstückend in der Küche. g. Ich bin ein Mann. h. Ich bin im Schlafzimmer. i. Ich will aufstehen. j. (Die) Mutter ist fertig mit Essen.

3. a. Ibu dan Siti tidak mau minum teh. b.Apa ayah mau makan pisang atau nasi? c. Ayah sudah di dapur. d. Sarapan belum siap. e. Fatimah masih kecil. f. Ibu juga masuk kamar tamu. g. Fatimah tidak makan telur. h. Ibu duduk di dapur. i. Siti belum bisa minum kopi. j. Kamar tidur besar. k. Saya sedang mandi.

4a Siti minum teh dan makan pisang.
Ayah makan nasi dan minum kopi.
Fatimah sedang bangun.
Siti dan Fatimah sudah selesai mandi.

4b Saya mau makan pisang.
Ibu tidak mau sarapan.
Ayah tidak mau minum teh.
Saya belum mau makan sayur.

4c Apakah Fatimah mau mandi?
- Tidak, dia tidak mau mandi.
- Dia tidak suka mandi.

4d Apa(kah) ibu sudah lapar dan haus?
- Belum, dia belum lapar dan haus.

Apa(kah) Siti masih di kamar tidur?
Tidak, dia sudah di kamar mandi.

Apa(kah) ayah sedang makan?
Tidak, dia tidak sedang makan.

Apa(kah) ibu dan ayah sudah di dapu atau masih di kamar tidur?
Mereka masih di kamar tidur.

5. a. Ya, Fatimah suka makan coklat. Tidak, Fatimah tidak suka makan coklat. b. Ya, ibu mau minum teh. Tidak, ibu tidak mau minum teh. c. Ya, ayah suka mandi. Tidak, ayah tidak suka mandi. d. Sudah, ibu sudah makan sayur. Belum, ibu belum makan sayur. e. Sudah, ayah sudah mau sarapan. Belum, ayah belum mau sarapan. f. Sudah, Siti sudah haus. Belum, Siti belum haus. g. Masih, Fatimah masih kecil. Tidak, Fatimah tidak kecil. h. Ya, Dewi mandi di dapur. Tidak, Dewi tidak mandi di dapur.

Lektion 2

1. a. kamu b. kalian c. aku d. mereka e. kami f. engkau g. saya h. Anda i. kita

2. a. Saya suka makan nasi dan telur. b. Kamu tidak bis amandi sekarang c. Dia duduk di kantor. D. Dia sedang minum kopi. e. Kita suka minum teh. f. Kami belum mau keluar. G. Apakah kalian tidak mau sarapan? h. Mereka lapar dan haus.

3. a. Ini kantor saya. b. Kita mau masuk kantor ini. c. Ini anak. d. Anak ini masih muda. e. Dia pegawai di kantor ini. f. Pegawai itu belum pergi. g. Apakah kamu sudah makan telur itu? h. Mobil itu baru. i. Laki-laki ini sedang sibuk. j. Saya tidak suka makan pisang. k. Ini meja besar sekali.

4. a. Sie wollen nicht gemeinsam essen. b. In dem Büro gibt es einen großen Schrank und einige Stühle. c. Will (die) Mutter Tee oder Kaffee trinken? d. Wollen Sie (Frau Sutrisno) diese Banane nicht essen? e. Dewi sitzt am Tisch. f. Herr Harsono ist noch im Büro beschäftigt. g. Herr Harsono ist jetzt nicht im Büro. Er ist schon gegangen. h. Danke sehr! – Gerne!

5. a. Di kantor ada meja. b. Ada surat untuk saya? – Tidak, tidak ada surat untuk Anda. c. Di dapur tidak ada kursi. d. Sekarang tidak ada sarapan.
6. a. tidak b. tidak c. bukan d. tidak e. bukan f. tidak g. tidak h. tidak i. bukan j. bukan, bukan k. bukan

Lektion 3

1. a. Itu suratmu. b. Apakah ini kamar Anda? c. Ada apa di dalam kamar kalian? d. Apakah ada banyak kamar di rumah dia? e. Apakah ayah Anda masih di kantor? f. Ini teko dia, bukan teko Pak Siregar. g. Hotel kita jauh dari kampus. h. Terminal bus dekat rumah saya. i. Kerja kami bagus sekali.
2. a. Ini rumah saya. b. Rumah saya besar. c. Ini mobil Kamsi. d. Mobil Kamsi kecil. e. Rumah kita juga kecil. f. Itu kursi siapa? g. Apakah itu kursi Pak Siregar? h. Apakah itu lemarimu? i. Apakah itu surat saya?
3. a. Was ist das? b. Wer ist das? c. Wie heißt jener Mensch? d. Wie heißt diese Stadt? e. Wessen Büro ist das? f. Wer möchte mitmachen? g. Wessen Kind ist er?
4. a. Kamu mau apa? … b. Ada apa di atas meja? … c. Ada apa di bawah kursi ini? … d. Siapa duduk di dapur? … e. Siapa mau ikut? … f. Ini rumah siapa? … g. Anda mau makan apa? … h. Sipa namamu? … i. Ada apa di kamarmu? … j. Ada apa di kantor Pak Harsono? …
5. a. Woher kommt er? b. Wohin willst du? c. Auf dem Tisch gibt es viele Briefe. d. Wir wollen nach oben gehen. e. Werden unsere Freunde hierherkommen? f. Wo sind meine Briefe?
6. a. Meine Mutter hat viel Geld. b. In der Nähe der Universität gibt es viele neue Häuser. c. Hast du jetzt Zeit für mich? d. In Frau Sutrisnos Büro gibt es keinen Schrank. e. Gibt es einen Brief für mich? f. Dies ist die Hauptpost. g. Alle meine Freunde sind schon gegangen.
7. a. Hari ini dia pergi makan bersama dengan teman-temannya. b. Semua teman saya mau ikut. c. Kolega-kolega saya hari ini sibuk. d. Di kota ini ada beberapa universtas. e. Kita/kami ada banyak teman.

Lektion 4

1. a. bertemu b. bernama c. berbahasa, berbahasa, belajar d. bersepeda e. berjalan-jalan f. bekerja g. beristirahat h. bergembira
2. a. Dieser Kollege lernt nicht gerne. b. Mein Freund heißt Udin. c. Können wir hier schwimmen? d. Jetzt wollen die Gäste aus Deutschland sich in der Stadt umschauen. e. Sie freut sich ihre Freundin wieder zu treffen. f. Benötigen Sie noch viel Zeit bis diese Arbeit erledigt ist?
3. a. besok b. tadi sore c. pagi hari d. hari ini e. tadi pagi f. nanti malam g. nanti
4. a. Nanti kita bisa makan malam. b. Nanti malam saya berjala-jalan dengan kolega saya. c. Tadi malam dia berbelanja. d. Nanti sore Pak Meier akan datang. e. Tadi Ibu Sutrisno sarapan. f. Dia selalu beristirahat pada siang hari. g. Tadi pagi dia tidak di rumah. h.Kemarin dia tidak mandi. i. Apakah kamu mau berjalan-jalan bersama saya besok?

5. a. Sie haben gerade erst gefrühstückt. b. Früher schwamm Mas Udin nicht gerne. c. Wir müssen erst einmal aufhören zu arbeiten. d. Herr Harsonos Haus ist noch neu. e. Wir haben gerade erst angefangen Indonesisch zu lernen. f. Wir ruhen erst einmal aus. Danach können wir einkaufen gehen. g. Morgens essen sie erst einmal. Danach gehen sie zur Uni um zu lernen.

6. a. Dulu ibu saya bekerja di restoran. b. Dulu temannya berdagang. c. Sekarang kita beristirahat dulu. d. Ibu Sutrisno masih kenyang. Dia baru makan. e. Pak Harsono baru keluar dari kantor.

8. a. Ibu Sutris no mau makan di warung mana? b. Di mana Pak Harsono sekarang? c. Ke mana kita boleh pergi hari ini? d. Dari mana tamu kita datang? e. Di mana surat kita?

9. a. Dort gibt es viele neue Häuser. b. Saya tidak mau ke sana lagi. c. Mein Haus ist nicht weit von hier. d. Wir dürfen hier nicht essen. e. Von hier zum Stadtzentrum ist es nicht weit. f. Sie will mit ihren Freunden nicht hierherkommen.

10. a. Dari sini tidak jauh ke kantor Pak Harsono. b. Saya tidak mau pergi ke sana. c. Di sini tidak ada restoran. d. Di sana ada beberapa rumah. e. Saya tidak datang dari sana. f. Kenapa kamu tidak mau datang ke sini?

Lektion 5

1. menukar, memukul, mengalir, menyisir, meratap, menjaga, mendarat, mencuci, meminta, membuka, menggigit, mengharap

2. hitung, tindas/nindas, putar/mutar, tulis/nulis, baca, karang/ngarang/arang, ukur/ngukur/kukur, larut, jahit, suruh/nyuruh (das tatsächlich zu Grunde liegende Grundwort ist unterstrichen)

3. a. membeli b. menulis c. menjemput d. memilih e. melihat f. membuat g. membantu h. mengantar

4. a. Pak Meier sucht gerne Tiere im Reisfeld. b. In Herrn Haldokos Haus sind viele gefährliche Käfer. c. Wo können wir Käfer suchen? d. Heute dürfen die Kinder Frau Haldoko nicht in die Stadt begleiten. e. Herr Harsono und Herr Haldoko sind schon lange befreundet. f. Wollen Sie dorthin mit dem Flugzeug reisen? g. Sie kann nicht mit dem Fahrrad zur Uni fahren. Die Uni ist sehr weit von ihrem Haus entfernt.

5. a. Kemarin kami naik Gunung Merapi. b. Teman saya suka naik sepeda. c. Pak Meier dan Ibu Sutrisno berama-sama pergi ke desa naik mobil. d. Ibu Haldoko suka berbelanja di kota. e. Pak Harsono mencari koleganya di kampus. f. Apakah kamu sudah menulis surat-surat itu? g. Dia tidak mau menganatar suaminya ke kantor naik mobil. h. Maaf, saya tidak ada waktu. Saya masih harus berbelanja. i. Saya sedang mengantar teman saya ke kampus. j. Apakah kamu bisa menjemput saya?

6. a. Er ist Herr Harsonos Sohn, der gerade in den Kindergarten gekommen ist. b. Ich bin Herr Harsonos Kollege, der soeben aus Deutschland angekommen ist.c. Dort gibt es viele ausgedehnte und fruchtbare Reisfelder. d. Herr Harsonos Kollege, der gerade aus Bandung gekommen ist, ist mein Freund.

7. a. Mereka membeli banyak barang yang murah sekali. b. Di sana ada beberapa binatang yang berbahaya sekali. c. Saya ada kolega baru yang sudah menjadi teman baik. d. Dia tinggal di daerah tropis yang subur sekali. e. Mereka sering bertemu dengan teman-teman yang tinggal di desa. f. Aku belum mengenal temannya yang dari Jerman. g. Kolega-kolega yang bekerja di laboratorium itu dari Jerman.
8. a. Ini teman saya yang suka makan coklat. b. Dia memilih baju yang bagus sekali. c. Bowo yang masih kecil sering membantu ibunya. d. Di sawah mereka mendapat banyak kumbang yang berbahaya sekali. e. Kumbang-kumbang yang ada di sawah itu tidak berbahaya. f. Saya ada sepeda yang baru dan bagus. g. Di sana ada banyak sawah yang besar.
9. a. Sie ruht sich aus, bevor sie arbeitet. b. Ibu Sutrisno will (noch) einige Briefe schreiben, bevor sie sich mit ihrem Kollegen unterhält. c.Morgen wollen sie gemeinsam im Restauant essen. Davor wollen sie spazierengehen. d. Nachdem sie Tiere im Reisfeld gesucht haben, wollen Herr Harsono und Herr Meier zur Uni. e. Danach will Herr Meier zurück zum Hotel um zu essen. f. Dann will er schlafen.

Lektion 6

1. a. sebuah rumah b. 28 kilo daging c. 59 ekor anjing d. 381 lembar kertas e. 2600 orang mahasiswa f. 5 pasang sepatu g. 30.456 pucuk surat h. 3.550.219 ekor kumbang i. rumah pertama j. anak kelima k. baju keenam
2. a. pucuk b. helai c. lembar d. orang e. buah f. ekor g. gelas h. piring i. pasang j. kilo
3. a. Hari ini saya sudah makan tiga kali. b. Berapa kali kamu sudah bertemu dengan dia? c. Lima kali saya sudah bertemu dengan dia. d. Anak-anak kita sudah beberapa kali bermain bersama.
4. a. Herr Haldoko wählt das zweite Auto. b. Neben dem vierten Haus gibt es ein gutes Restaurat. c. 459 Menschen wohnen in diesem Dorf. d. Er ist das dritte Kind seiner Eltern. e. Sie wählte ein sehr schönes Hemd. f. Ich habe keine Zeit um mit ihnen zu spielen. g. Heute Abend werden wir fünf Gäste haben. Darum müssen wir kochen. h. Sie brauchen kein Indonesisch zu lernen. Sie können es schon. i. Es ist nicht nötig weit zu gehen. In dieser Straße gibt es viele Geschäfte. j. Man kann in den Geschäften jenes Dorfes keine gute Kleidung finden. k. Mein Freund ist geschickt, gute und preiswerte Kleidung zu finden. l. Möglicherweise sind sie noch im Büro beschäftigt.
5. a. Anak saya pintar dan rajin. Dia sudah pandai menghitung, menulis dan membaca. b. Ayah saya pandai sekali memasak. c. Tidak perlu membeli sayur. Sayur sudah ada di rumah. Tidak usah bertemu sekarang. Nanti masih ada waktu. e. Mungkin dia masih tidur.
6. a. Könnt ihr schon Indonesisch sprechen? ...... b. Wie viele Briefe wollt ihr heute verschicken? ...... c. Wie viele Paar Schuhe sind im Schrank? ...... d. Wie alt sind Sie? ...... e. Wie lange lebst du schon in Indonesien? ...... f. Wie oft habt ihr euch schon getroffen? ......

7. a. Wie viel kostet diese Bluse? Diese Bluse ist sehr preiswert. Sie kostet nur 50.000 Rupien. b. Wie viel kostet die Bluse? Die Bluse ist teuer. Sie kostet 150.000 Rupien. c. Das wievielte Kind bist du? Ich bin das fünfte Kind meiner Eltern.

8. a. Ibu Haldoko membeli berapa helai kemeja? …… b. Berapa pucuk surat kamu harus menulis? …… c. Berapa toko ada di kota ini? …… d. Berapa gelas teh Hasan minum? …… e. Indrawati dapat apa? …… f. Harga rumah ini berapa?

9. a. membeli b. berbelana c. bergembira, dapat d. berumur e. bermain f. menonton g. bersekolah h. berkunjung i. membawa j. berbohong

Lektion 7

1. a. Das Kind wird geschlagen. b. Ich bin nicht eingeladen worden. c. Ist das Auto schon verkauft worden? d. Hat ihre Mutter sie noch nicht gesucht? e. Wurde mein Kind schon abgeholt? f. Ich möchte nicht, dass mein Auto verkauft wird. g. Mein Vater wird mein Auto verkaufen. h. Dieser Brief muss an das Zentralbüro geschickt werden. i. Dieser Brief kommt von Herrn Meiers Kollegen.

2. a. Mobil saya dijual Amir. b. Rumah baru ini dibeli dia. c. Dua gelas teh diambil temanynya di dapur. d. Surat dari kantor pusat dibaca Pak Harsono. e. Fatimah diantar Pak Meier ke airport. f. Sebuah paket mau dikirim Pak Haldoko ke Jerman. g. Padi yang sudah menguning mau dipanen Ibu Haldoko. h. Anak saya dipukul orang itu. i. Kami diundang Ibu Sutrisno ke remuhnya.

3. a. Uang kami kami hitung. b. Dia saya tunggu. c. Ibu kubantu. d. Samua masalah kamu bahas. e. Beberapa gunung kita lihat dari sini. f. Sepeda saya kamu rusak. g. Buku itu saya tulis kemarin.

4. a. Buku itu mau saya beli sekarang. b. Gunung itu tidak bisa kami lihat dari sini. c. Kopi ini tidak boleh kalian minum. d. Anjing saya sudah beberapa kali kaupukul. e. Nasi ini boleh Ibu makan. f. Masalah ini harus kita bahas sekarang. g. Apakah nasi itu akan Bapak masak hari ini? h. Paket itu sudah Anada sekalian ambil di kantor pos pusat? i. Teman saya sering saya antar ke kota. j. Kopermu boleh kamu bawa ke atas.

5. a. Teman-teman saya dijemput Pak Meier. b. Pak Haldoko saya cari. c. Surat ini kita baca. d. Tiga kilo beras dibeli ayah saya kemarin. e. Apakah teman-teman kita kamu undang? f. Tadi pagi ibu saya saya antar ke kota. g. Nanti saya dibantu Pak Haldoko kembali ke kampus.

6. a. Saya akan membeli buku ini di toko buku. Buku ini akan saya beli di toko buku. b. Kamu akan membeli buku ini di toko buku. Buku ini akan kamu beli di toko buku. c. Dia akan membeli buku ini di toko buku. Buku ini akan dibelinya di toko buku. d. Kita akan membeli buku ini di toko buku. Buku ini akan kita beli di toko buku. e. Kalian akan membeli buku ini di toko buku. Buku ini akan kalian beli di toko buku. f. Mereka akan membeli buku ini di toko buku. Buku ini akan dibeli mereka di toko buku.

7. a. Orang tuanya menunggu. b. Ayahku menjual mobil ini. c. Mereka sudah mencari teman-teman kalian. d. Dia tidak makan nasi itu. e. Saya menjual buku

itu. f. Kami membeli buah dan daging ini tadi. g. Aku menjemput teman kami. h. Kita harus mengirim paket itu ke Jerman. i. Kalian sudah menjual buku-buku saya? j. Saya mendapat celana yang berwarna coklat itu di toko „Sempurna“

8. a. baca b. menjemput c. menyanyi d. dipukul e. dijual f. pilih g. diantar h. menunggu i. dipanen

9. a. Anjing ini tidak boleh kita pukul. b.Padi yang tumbuh di sawah Pak Haldoko dirusak kumbang itu. c. Paket itu mau dikirim mereka ke Jerman. d. Apakah daging untuk dimasak sudah dibeli Ibu Haldoko? e. Mobil ini mau saya beli. f. Tadi kopi ayah kamu minum. g. Anak ini tidak boleh kalian pukul. h. Nanti sore dia kami ntar ke sana. i. Apakah rempah itu Anda bawa pulang di dalam koper?

10. a. Ich weiß, dass sie gerne einkaufen. b. Sie sieht, dass ihre Freundinnen schon gehen wollen. c. Herr Meier weiß nicht, dass seine Frau in die Stadt möchte.

11. a. Ich wähle dies, wenn ich darf. b. Wenn er kommt, kann ich nicht ausruhen. c. Sie können hier sitzen, wenn Sie wollen. d. Ich möchte ein grünes Hemd kaufen, wenn es das gibt. e. Wenn das so ist, komme (mache) ich nicht mit.

Lektion 8

1. a. Ich bin größer als er. b. Mein Auto ist nicht so teuer wie ihr Auto. c. Mein Auto ist weniger teuer als das meines Freundes. d. Sein Kind ist ebenso klug wie meins. e. Dieses Haus ist zu groß. f. Dieses Feld ist das größte in diesem Dorf.

2. a. Keluarga saya lebih besar daripada keluargamu. b. Anjing dia lebih kecil daripada anjing kita. c. Rumah kami sama besar dengan rumah kalian. d. Sekolah itu terlalu jauh dari sini. e. Masjid ini masjid paling besar di kota. f. Kota ini banyak lebih besar dari kota Jakarta. g. Mobil dia lebih cepat dari mobil saya.

3. a. meninggalkan b. mengantarkan c. merayakan d. membereskan e. membutuhkan, membereskan f. membangunkan g. mendengarkan

4. a. Ibu saya tidak mau membangunkan saya. b. Ayah saya membelikan saya mobil. c. Biasanya saya dibangunkan ibu. d. Saya mau membahas ini dengan Anda. e. Buku itu tidak membosankan. f. Kamu membosankan saya. g. Saya mendengar mereka berbicara. h. Irigasi harus dibereskan sekarang.

5. a. bekerja b. membangun, membutuhkan c. membelikan d. bersawah e. menyenangkan f. mengantar/mengantarkan g. bersih, membersihkan h. ditinggalkan i. dikirim j. pikirkan k. membeli l. pinjam m. menangis n. membantu o. mendengar/mendengarkan p. mendengarkan q. diselesaikan

6. a. Nanti sore kamar tamu akan saya bersihkan. b. Masalah itu sudah sering kami bicarakan. c. Istri teman saya dirawat istri saya. d. Kolega saya saya antar ke kampus. e. Kemarin saya dijemput Pak Harsono di kampus. f. Kemarin dulu kita diundang Pak Meier. g. Lebih baik hal ini kita pikirkan lagi.

7. a. Tiga helai kemeja saya beli untuk anak perempuan saya. / Anak perempuan saya saya belikan tiga helai kemeja. b. Semua teman saya saya kumpulkan nanti malam. c. Apakah kamar mandi saya bisa kamu bersihkan? d. Saya tidak bekerja karena kaya. e.Tidak mudah membangunkan dia? f. Dia meninggalkan desanya untuk hidup di kota. g. Pak Haldoko minum teh sedangkan istrinya bekerja. h.

Pak Haldoko sangat sibuk sehingga dia tidak ada waktu lagi untuk keluarganya. i. Teman-teman saya harus diundang. j. Buku ini membosankan. k. Saya mengantar anak saya ke dokter. / Anak saya saya antar ke dokter.

Lektion 9

1. a. Reinige dein Zimmer! b. Reinige bitte dein Zimmer! c. Würdest du bitte dein Zimmer reinigen?
2. a. Sei bitte etwas höflicher! b. Komm her! c. Schlaf jetzt bitte! d. Hol bitte mein Kind von der Schule ab! e. Können Sie bitte das Auto säubern! f. Würden Sie bitte den Brief ans Hauptbüro schicken? g. Stell dir vor, er will nicht kommen.
3. a. Tolong belikan saya sebuah buku baru! b. Tolong keluarlah dari kamar mandi sekarang! c. Tolong sajikan sebotol air putih pada tamu kita! d. Tolong/Coba baca berita ini! e. Tolong buka jendela dapur! f. Makanlah! g. Tolong berikan buku itu kepada saya! h. Tolong letekkan surat-surat itu ke atas meja!
4. a. Kauf ihm keine neuen Schuhe! b. Mach deine Einkäufe nicht auf jenem Markt! c. Hör nicht jetzt auf zu arbeiten! d. Säubert diese Scheune bitte nicht heute! e. Kind, sei nicht frech! f. Diesen Fisch solltest du nicht essen. g. Stört bitte unseren Gast nicht! Sei nicht mehr verärgert, Vater!
5. a. Jangan naik mobil ke airport! b. Jangan bernyanyi di kamar mandi! c. Jangan memukul anjing dia! d. Jangan datang sebelum kerjamu selesai! e. Jangan mengganggu saya! f. Jangan bermalam di hotel ini!
6. a. Tolong Pak Meier diantarkan ke airport! b. Barang ini jangen diletakkan ke dalam lemari. c. Tolong saya dibawakan sebotol air putih. d. Tolong bersihkan kamar saya! e. Coba baca surat penting itu! f. Kata dia jangan didengarkan!
7. a. Lasst sie ruhig lange warten! b. Lass uns jetzt spazieren gehen. c. Bitte! d. Treten Sie bitte ein. e. Lasst uns davor bei unserem Freund vorbeischauen.
8. a. Marilah kita menyanyi! b. Biarlah dia minum air putih! c. Silakan duduk! d. Biarlah dia pergi! e. Marilah kita tonton televisi.
9. a. duduk b. Belilah c. ambil d. Bermain e. pergi f. dicuci g. menangis h. baca i. antar j. bermain k. rayakan
10. a. Schicken Sie diesen Brief bitte an Frau Sutriso! b. Für was hat man Ihnen das Geld gegeben? c. Dieses Essen wird man den Gästen servieren. d. Nachher werde ich meine Mutter fragen. e. Gib dieses Buch niemand anderem. f. Ich möchte Sie (etwas) fragen. g. Leih diesem Menschen kein Geld.
11. a. Sieh mal die Kleine (dort). b. Ich wähle / nehme das Große. c. Gestern traf er sich mit Ahmad. d. Das Schmutzige muss gewaschen werden.
12. a. Saya mau keluar. Di mana pintunya? b. Kami mau berangkat sekaran. Di mana mobilnya? c. Saya mau naik bus sekarang. Di mana haltenya? d. Pak Haldoko membeli sapi. Sapi itu sekarang di kandang.

Lektion 10

1. a. mengotori b. menawari c. menyukai d. mewakili e. memberi f. memukuli g. membohongi h. memasuki i. mengepalai

2. a. Sie sind nicht in der Lage ein Auto zu fahren. b. Beschmutze mein Auto bitte nicht. c. Ich will bei diesem Fest nicht dabei sein. d. Ein Polizist näherts sich mir. e. An diesem Wochenende werde ich dich auf der Versammlung vertreten. f. Belüg deinen Vater nicht! g. Dieser Mensch wird von seinem Nachbarn nicht gemocht. h. Mein Freund besitzt drei Hunde. i. Dieses Gebäude darf man nicht betreten.

3. a. Setiap tahun saya mengunjungi tempat ini. b. Kemarin saya mengahwinkan anak perempuan saya. c. Polisi mendekati rumah saya. d. Dia tidak menyadari istrinya sudah berangkat. e. Setiap pagi ibu itu mencium anaknya. f. Kamu tidak boleh menikahi perempuan ini. g. Laki-laki ini membohongi istrinya. h. Kemarin saya menemukan sebuah dompet di jalan.

4. a. Laki-laki itu jangan dinikahi! … b. Rapat itu tidak mau dihadiri mereka. c. Sayur-sayuran ini tolong ditimbang! d. Kemarin dulu anak tetangga saya dipukul anak-anak nakal itu. e. Biasanya tempat itu dikunjungi banyak orang. f. Bantuanmu sangat aku hargai. g. Anak itu dilarang ayahnya keluar.

5. a. mendekati b. berharga, menghargai c. menghadiahkan d. kepala, mengepalai e. dikirim f. beri, memberi g. dekat h. membohongi i. biaya, membiayai j. menawarkan, menawari k. hadir, menghadiri

6. a. Die Schrift meines Vaters ist sehr schön. b. Er isst lieber Süßigkeiten als Gemüse. c. Unter dem Küchentisch gibt es viel Schmutz. d. Hier gibt es ein Schwimmverbot. e. Bis jetzt haben wir noch keinen Bericht erhalten. f. Er kauft Früchte auf dem Markt.

7. a. Tehnya harus ditimbang di atas timbangan. b. Tidak baik makan terlalu banyak manisan. c. Di sini tidak ada pasaran untuk kopi Indonesia. d. Kemarin saya bertemu dengan tunangan anak perempuan saya. e. Mengapa saya tidak dapat undangan? f. Laporan ini tidak menyenangkan.

Lektion 11

1. a. menghadiri, hadir, kehadiran b. mendengarkan, mendengar, kedengaran c. hujan, kehujanan d. keributan, ribut e. kedatangannya f. kelihatan

2. a. kedengaran b. kehujanan c. kelihatan d. kedatangan e. kemungkinan f. kebanjiran g. keributan h. kelaparan i. keharusan j. kesempatan

3. a. Die Abreise meiner Eltern ist schon nahe. b. Sie mögen meine Anwesenheit auf diesem Fest nicht. c. Herr Meier kann diesen Lärm auf Dauer nicht ertragen. d. Sie wurden vom Regen überrascht, als sie vom Fest heimkehrten. e. Dieser Mensch sucht nur Gerechtigkeit. f. Mehr als 350.000 Menschen leiden Hunger in jener Stadt. g. Offensichtlich langweilt ihn das Buch.

4. a. Pesawat itu kedengaran dari sini. b. Pohon kelapa kita tidak kelihatan dari sana. c. Keributan anak-anak tidak kedengaran dari rumah. d. Kolam ikan itu tidak

kelihatan dari rumah Pak Haldoko. e. Kelihatan mereka tidak suka pada kami. f. Kambing-kambing ini kelaparan. g. Mengapa kalian kemalaman?

5. a. Kami menunggu kedatangan Pak Meier. b. Kehadiran Anda sangat menyenangkan kami. c. Keberangkatan ibu saya harus ditunda. d. Saya tidak suka keributan ini. e. Kami tidak ada kesempatan menulis surat.

6. a. Keributan, kedengaran b. keadilan, ketidak-adilan c. kesempatan d. kemungkinan e. kelaparan f. kelihatan g. kemalaman

7. a. Ratnawati ist keine Bürokollegin von Susi. b. Ahmad und Siti sind gleichaltrig. c. Frau Haldoko und ihr Mann sind nicht gleich alt. d. Während ihrer Studienzeit waren sie Zimmerkameraden.

8. a. Ahmad teman sekelas Indrawati. b. Mbak Susi kolega Ahmad sekampung. c. Sayaseumur kamu. d. Sayatidak mau dia menjadi teman sekamar saya.

9. a. Je länger desto näher sind wir uns. b. Je älter unser Vater wird, desto reicher wird er. c. Je größer Ahmad wird, desto klüger wird er. d. Je länger es dauert, desto teurer werden die Sachen. e. In Herrn Harsonos Büro zu arbeiten ist fast wie Urlaub.

10. a. Semakin kita menunggu semakin banyak tamu akan datang. b. Semakin lama dia di sekolah semakin pintar dia. c. Semakin besar semakin naal mereka.

11. a. „Apa dia bilang sama ibunya?“ b. „Dia tidak mau kasih uang sama dia.“ c. „Apa kita bisa bikin?“ d. „Dia mau bikin apa?“ e. „Dia suka sama dia.“ f. „Habis bermain saya mau ke kampus.“

Lektion 12

1. a. terbesar b. terbuka c. terjatuh d. terbeli e. terselesaikan f. termasuk g. terbangun h. tertinggal i. tertidur j. terletak

2. a. Diese Schrift ist sehr klein, so dass ich sie nicht lesen kann. b. Welcher ist der älteste Tempel in Indonesien? c. Ich kann meine Freunde nicht sehen. d.Der Borobudur ist überall bekannt. e. Heute Morgen brachen wir überhastet auf, weil wir zu spät aufgewacht waren. f. Verzeihung! Ich habe aus Versehen deine Tasse benutzt. g. Welches Auto ist das teuerste? h. Jener Brief ist auf Indonesisch geschrieben. i. Lass mein kind nicht im Auto zurück!

3. a. Suara ayah saya tidak terdengar. b. Buku yang mahal itu tidak terbeli oleh saya. c. Maaf. Kopimu terminum oleh saya. d. Toko ini tertutup hari ini. e. Apakah toko ini terbuka? f. Harganya termasuk sarapan. g. Airport ini terletak dekat kota Yogyakarta. h. Ayah marah karena nasi gorengnya termakan oleh saya.

4. a. membersihkan b. mencarikan c. termasuk d. beli e. mengunjungi f. menarik g. terselesaikan h. didekati i. menjadi j. terbawa k. terlambat

5. a. Kenapa mahasiswa-mahasiswa selalu datang terlambat? b. Dia terkenal di mana-mana. c. Apa terjadi? d. Mengapa kamu sering terburu-buru? e. Apakah Ibu tidak takut terlambat? f. Kenapa dia tiba-tiba terjatuh dari pohon? g. Dia tersenyum waktu melihat tunangannya.

6. a. Herr Haldoko hat noch nie seine Kinder geschlagen. b. Herr Harsonos Kinder waren noch nie krank. c. Haben Sie ihn schon mal getroffen? d. Meine Kinder lügen nie.

7. a. Hasan belum pernah naik pesawat. b. Pak Meier sudah pernah ke Indonesia. c. Fatimah tidak pernah membohongi orang tuanya.

Lektion 13

1. a. Jetzt erst erinnere ich mich, dass sie in einer Viertelstunde kommen wird. b. Es sind noch dreiviertel Kilometer bis zu meinem Dorf. c. Mutter benötigt zweieindrittel Kilogramm Fleisch zum Kochen. d. Vorhin trank mein Vater zweieinhalb Gläser Wasser. e. Wir sind sehr, dass nur eindrittel der Ernte noch nicht verkauft ist. f. Dieses Forschungsprojekt läuft über dreidreiviertel Jahre.

2. a. Saya sudah menunggu selama tiga seperempat jam. b. Saya mau membeli setengah kilo daging. c. Sepertiga dari orang muda sudah meninggalkan desa ini. d. Saya termakan setengah dari kue ini. e. Seperti dari gedung itu sudah rusak. f. Dia minum satu setengah gelas teh.

3. a. Mein Vater bricht um 5.30 Uhr auf. b.Herr wird wird um 4.15 Uhr ins Laboratorium gehen. c. Heute morgen stand ich um 10.55 Uhr auf. d. Ich werde um Punkt 5 Uhr kommen. e. Jetzt ist es 5.12 Uhr.

4. a. Sekarang jam sebelas kurang seperempat. b. Kita akan makan pada jam setengah dua. c. Dia tertidur pada jam dua lewat dua puluh menit. d. Kami membangunkan dia lagi pada jam tepat 3. e. Sekarang jam dua belas kurang lima menit.

5. a. Welcher Tag ist morgen? b. Welcher Monat ist der nächste? c. Wie spät ist es jetzt? d. Welches Datum ist heute? e. Welches Jahr ist jetzt?

6. a. Vorgestern verkaufte mein Vater sein Auto. b. Morgen werden wir zusammenkommen, um das neue Projekt zu besprechen, das wir gemeinsam mit einigen deutschen Kollegen realisieren werden. c. Diesen Monat ist das Wetter nicht gut (schlecht). Letzten Monat konnten wir uns noch am Strand vergnügen. d. Vor drei Tagen trafen wir Herrn Harsono. e. Vor zwei Jahren wurde unser Dorf häufig von Überschwemmungen heimgesucht. Zu jener Zeit weinte meine Mutter oft. f. Nächste Woche machen sie Urlaub auf Bali, während ich ins Büro muss. g. Letzten Monat war dieses Gebäude noch nicht kaputt.

8. a. Kemarin dulu anak lali-laki saya tidak pulang. b. Saya mau berangkat lima hari depan. c. Dia mau berlibur selama tiga minggu. d. Minggu yang lalu kami mengunjungi kolega kami. e. Bulan depan (yang akan datang) saya akan nikah. f. Besok lusa saya akan menjemput kakak perempuan saya dari Jakarta. g. Berapa lama lagi dia mau tidur? h. Kapan kamu bisa membantu saya? i. Pada bulan Maret kami akan pindah ke Bandung. j. Sudah sejak sepuluh tahun mereka bekerja sama.

Lektion 14

1. a. penulis b. peserta c. penidur d. penjual e. pembantu f. pemain-pemain g. petani, pedagang h. pembersih

2. a. memperpanjang b. memperbarui c. memperdalam d. memperkecil e. mempersilakan f. memperbaiki g. memperlihatkan

3. a. Nachher müssen wir unsere Sachen fertig machen. b. Diese Straße wird man nächstes Jahr verlängern. c. Sein Reisepass kann nicht verlängert werden. d. Herr Haldoko möchte sein Haus vergrößern. e. Können Sie bitte das Ergebnis ihrer Forschung vorzeigen? f. Stell mich ihm bitte vor! g. Meiner Meinung nach muss dieses Gebäude renoviert werden. h. Sie haben schon alle wichtigen Umstände abgewogen. i. Wenn es so ist, können unsere Forschungsergebnisse nicht in Frage gestellt werden.

4. a. Foto ini harus dibesarkan / diperbesar. b. Kami mau mengecilkan / memperperkecil rumah kami. c. Pameran ini memamerkan banyak bahan yang menarik. d. Semua petani desa ini harus dilibatkan. e.Dia tidak mau memperkenalkan temannya. f. Aspek ini masih perlu diperdalam. g. Hari ini saya mau menyiapkan / mempersiapkan barang saya untuk keberangkatan. h. Pameran ini akan diperpanjang sampai bulan depan.

5. a. dipersilakan b. diperbarui c. diperbaiki d. dipertimbangkan e. siapkan / persiapkan f. diperdalam g. dipertanyakan h. diperpanjang

6. a. Nach dem Essen verabschiedet sich Herr Hrsono. b. Auf der Versammlung angekommen, stellt Herr Harsono sich vor. c. Frau Sulis macht sich bereit spazieren zu gehen.

7. a. „Saya mau pulang“, kata dia. b. „Di mana suamiku?“, tanya tetangga saya. c. „Saya tidak tahu“, jawab Pak Harsono. d. Mahasiswa itu berkata: „Saya tidak mau belajar.“ e. Polisi bertanya: „Bisa Anda memberi saya ransel Anda?“ f. Saya menjawab: „Tidak.“

8. a. Diese Arbeit ist nicht leicht zu erledigen. b. Antworte bitte sorgfältig! c. Frau Schmitz steht schnell auf. d. Er kommt mit Freude. e. Mit (grßer) Zufriedenheit nehmen wir Ihr Hilfe an.

Lektion 15

1. a. pengadilan b. perubahan c. pekerjaan d. pelajaran e. permainan f. persawahan g. perpanjangan h. perbaikan i. pertolongan j. pertanyaan k. pekuburan / perkuburan

2. a. pertanyaan b. pengadilan c. pengiriman d. pemandangan e. pembangunan f. penjualan g. pegunungan h. perjalanan

3. a. Gestern traf ich meinen Nachbarn auf dem Friedhof. b. Hadi hilft immer seinen Freunden. Seine Hilfe ist für sie sehr wichtig. c. Manchmal dauert der Versand eines Paketes von Indonesien nach Deutschland mehr as zwei Monate. d. Der Einfluss des Ölpalmenanbaus auf das lokale Klima ist dort deutlich sichtbar. e. Die Reise von Yogyakarta nach Jakarta ist sehr weit. f. Leider gibt es keine sichtbare Entwicklung. g. Heute will ich an einer Versammlung der Bauern teilnehmen. h. Die Verbesserung ihrer Untersuchung wird gewiss viel Zeit kosten.

4. a. Itu bukan pengalaman yang baik. b. Saya tidak perlu bantuan kamu. c. Masih ada pertanyaan? d. Sejak dua tahun tidak ada perubahan. e. Kemarin kami

berbicara tentang pengolahan tanah di Indonesia. f. Ini pekuburan / perkuburan paling besar kota ini. g. Hari ini saya sibuk dengan pengiriman buku. h. Penginapan itu sangat kotor.

5. a. bertemu, pertemuan b. petani, bertani, pertanian c. perkebunan d. pertolongan e. penelitian f. permusuhan g. pertemuan, pengalaman h. pertanyaan, bertanya i. pedesaan, desa

6. a. Diese Untersuchung ist unser wichtigstes Projekt. b. Unsere Frage lautet: Wo sind sie? c. Dies stellt das größte Problem dar. d. Dies ist die beste Aussstellung in Jawa Tengah dieses Jahr. e. „Ich suche eine Hose für mein fünfjährges Kind.“ „Die gibt es nicht (Die haben wir nicht). Möglicherweise gibt es das in einem anderen Geschäft.“ f. Wir denken, dass dies die wichtigste Aufgabe ist. g. Ich weiß, dass die Herberge „Bu Sulis“ die beste in dieser Gegend ist. h. Wo ist das Problem / Was ist los?

8 a. Dia belum pernah mencoba bumbu pedas ini. b. Pertanyaan itu tidak usah dijawab. c. Di daerah ini petani-petani menanam segala macam sayur, bunga serta pohon kelapa. d. Jalan e kantor pos tolong ditanyakan pada orang itu. e. Banyak orang tidak mengerti masalah itu. f. Makann itu jangan diberi pada binatang ini! g. Kamu sudah diberi dia uang? h. Saya takut kerja saya dipertanyakan kolega-kolega saya.

Lektion 16

1. a. Sie wurden von hunderten Mücken gestochen. 2. Sie kamen zu zweit. c. Fatimahs Großeltern trafen und verliebten sich in den sechziger Jahren. d. Als er letztes Jahr in Indonesien war, besuchte Herr Meier ungefähr zwanzig hinduistische und buddhistische Tempel. e. Sie sind beide ziemlich dumm. f. Alle drei Männer werden von der Polizei gesucht. g. Letztes Jahr waren tausende Menschen in dieser Gegend von einer Überschwemmung betroffen.

2. a. Kemarin delapan puluhan orang datang ke rumah dia. b. Empat minggu lagi ratusan ta akan memasuki gedung itu. c. Setiap tahun ribuan buah perabot rumah dijual di Indonesia. d. Kita berjalan-jalan bertiga. e. Pada tahun sembilan puluhan saya ke Indonesia unuk pertama kali. f. Saya melihat mereka keduanya berdiri di depan masjid. g. Ratusan tahun yang lalu belum ada pesawat terbang.

3. a. Wäre er klug, würde er nicht so sprechen. b. Wenn er mein Bruder wäre, würde ich ihm helfen. c. Wenn sie schon groß wäre, könnte sie mich nach Deutschland begleiten.

5. a. Seandainya saya di Jerman, saya mau mengunjungi kamu. b. Andaikata dia punya cukup banyak uang, dia bisa berlibur. c. Sekiranya saya ada waktu, saya mau bekerja. d. Seandainya dia punya sepeda, dia bisa lebih mudah mengungungi saya.

6. a. Saya akan datang secepat mungkin. b. Bersihkanlah kamar ini sebersih mungkin! c. Dia membantu dia sebaik mungkin. d. Saudara sepupu saya akan datang ke Jakarta secepat mungkin.

8. a. Hast du Geschwister? b. Sie ist meine Cousine. c. Ihre Eltern planen, ihr einen guten Schwiegerohn zu suchen. d. „Onkel, darf ich etwas fragen?“ e. „Wann

willst du uns wieder besuchen, Tante?“ f. Dia hat seinen Schwager noch nie getroffen. g. Mein Onkel ist schon alt, weshalb er nicht kommen kann.

Lektion 17

1. a. Hör gut zu! b. Udin wird ungefähr um 4 Uhr bei Bowo vorbeischauen. c. Plötzlich erkrankte Frau Harsono schwer. d. Diese Arbeit wird spätestens nächste Woch erledigt sein. e. Die von Herrn Harsono gesuchte Hilfskraft kann Frau Harsono nicht ersetzen, sondern nur helfen, den Haushalt so gut wie möglich zu führen. f. Das Kind, dessen Großvater verstarb, wird von seinem Freund umarmt. Sein Freund ist sicher, dass es noch wochenlang traurig sein wird. g. Wenn Sie auf jener wichtigen Versammlung nicht anwesend sein können, schreiben Sie wenigstens einen Brief. h. Die Dörfer in dieser Gegend sind schon seit Tagen von Überschwemmung betroffen. Die Reparatur der zerstörten Häuser wird Kapital von mindestens 3 Mrd. Rupiah benötigen. i. Alle meine Sachen wurden restlos gestohlen. j. Die Mutter umarmte ihr Kind ganz fest.

2. a. berjam-jam b. bermacam-macam c. secepat-cepatnya d. duduk-duduk e. membesar-besarkan f. mati-matian g. sia-sia h. kupu-kupu i. meminta-minta j. hati-hati

3. a. Lihatlah baik-baik! b. Murid-murid itu membaca sebanyak buku mungkin. c. Setiap pagi saya bangun selambat-lambatnya pada jam 7. d. Mereka duduk-duduk dan minum teh. e. Tolong kembali ke sana secepat-cepatnya. f. Kadang-kadang dia merenungkan musibat itu berhari-hari. g. Berminggu-minggu mereka mengunjungi tetangga mereka, yang sakit flu berat, di rumah sakit. h. Orang, yang selalu meminta uang di depan kantor pos, sudah hilang. i. Mereka bekerja mati-matian untuk menyelesaikan tugas itu. j. Jangan memperbesarkan hal itu k. Mobil tua saya sudah rusak habis-habisan.

4. a. Ahmads Kopf schmerzt, weil er von seinem Freund geschlagen wurde. b. Meine Kinder sind selten krank. c. Meine Mutter ist nie schwer krank. d. Meine Freundin hat Grippe. Ich möchte ihr Medizin bringen. e. Die Augen dieses kleinen Kindes schmerzen, weil es zu viel ferngesehen hat.

5. Muka saya sakit. b. Dia kena penyakit parah. c. Di sana ada banyak orang sakit paru-paru. d. Dia sakit apa?

6. a. Komm direkt hierher! b. Dieses Kind spricht wie ein Erwachsener. c. Er kleidet sich wie ein Javaner. d. Diese Augenkrankheit muss sorgfältig behandelt werden.

7. Mereka bekerja secara/dengan teliti. b. Dia berjalan secara orang tua. c. Kadang-kadang dia berbicara secara/seperti anak.

8. a. Sie haben ihre Nachbarn, deren Kind vergangene Woche verstarb, mehrere Male besucht. b. Ich habe meinen Rucksack verloren, in dem (mein) Geld und (mein) Reisepass waren. c. Ich suche einen Tisch, der ausreichend starke Beine hat. (Ich suche einen Tisch mit ausreichend starken Beinen). d. Er sucht eine Ehefrau, deren Eltern genügend reich sind. e. Ich möchte ein Haus kaufen, hinter dem sich ein Fischteich befindet.

9. a. Dia seorang kaya, yang orang tuanya bekerja di sebuah perusahaan pemerintahan. b. Ini penyakit parah yang pengobatannya sulit sekali. c. Dua minggu

yang lalu aku menerima sebuah paket dari Indonesia yang di dalamnya ada oleh-oleh, kue dan bumbu khas Jawa Tengah. d. Nanti sore aku mau mengunjungi temanku yang kakaknya baru menikah. e. Seandainya anak Ibu Sutrisno sudah besar dia mau tinggal di rumah besar yang di depannya ada halaman luas.

10. a. Apakah kamu kolega yang pesta perkehwinannya berlangsung kemarin? b. Apakah ini desa yang jalan-jalannya harus diperbaiki? c. Kami mencari sebuah rumah yang di dalamnya ada cukup banyak kamar. d. Ini perempuan yang anjingnya saya melihat kemarin. e. Apakah ini tas yang di dalamnya ada bahan yang berbahaya?

Lektion 18

1. a. Als Nachbarn müssen wir uns gegenseitig helfen. b. Diese Kinder prügeln sich gerne. c. Ich und meine Großmutter besuchen uns häufig. d. Diese Schüler müssen lernen sich gegenseitig zu vergeben. e. Gewöhnlich lieben Ehemann und Ehefrau einander.

2. a. Semua orang di tempat ini saling membantu/tolong-menolong. b. Di sekolah ini murid-murid tidak boleh pukul-memukul. c. Walaupun nikah mereka tidak cinta-mencintai. d. Bisasanya kami sering kunjung-mengunjungi. e. Kedua musuh itu tidak mau maaf-memaafkan.

3. a. Die beiden Feinde wollen sich nicht grüßen, geschweige denn zusammen arbeiten. b. Mein Kind hat vergessen, die Stalltür zu verschießen. Deshalb ist mein Vieh schon in alle Richtungen davongelaufen. c. Sie sind schon lange verfeindet. Sie haben den Grund ihrer Feinschaft schon vergessen. d. Seitdem sie verheiratet sind, haben sie immer zusammengelebt. e. Die beiden Tempel befinden sich dicht beieinander.

4. a. Walaupun tinggal berdekaten mereka jarang bertemu. b.Waktu bertemu mereka bersalaman. c. Mengapa kita bermusuhan? d. Anak-anak saya berlarian ke mana-mana. e.Biasanya suami dan istri hidup berdampingan. f. Sulis dan Ahmad berpacaran sejak satu tahun. g. Semua orang lain berpikir merek hanya berteman saja.

5. a. Der Schrank in seinem Zimmer enthält keine wertvollen Dinge. b. Unser Wohnzimmer ist mit Blumen geschmückt. c. Dieses Buch basiert auf unserer Forschung. d. Mit was ist diese Flasche beschriftet?

6. a. Ranselmu berisikan apa? b. Iniberdasarkan pengalaman orang lain. c. Kepala dia berhiaskan bunga. d. Pintu ini bertuliskan tulisan Jawa.

7. a. berdatangan b. berpacaran, mengunjungi/berkunjung ke c. berisikan d. bermusuhan e. berhiaskan f. berteman, tolong-menolong g. pukul-memukul h. berkenalan, kunjung-mengunjungi i. berdekatan j. berdasarkan k. berlarian l. berdasarkan

8. a. Ich kann nichts sehen. b. Überall gibt es gute Menschen. c. Er kann jederzeit kommen. d. Ich möchte ewas Schönes kaufen. e. Kein Mensch möchte geschlagen werden. f. Wir können überall hin gehen. g. Er hat überhaupt nichts Gutes getan. h. Wer darf mitmachen? Jeder. i. Wie viele (Früchte) hast du gewählt? Keine.

9. a. tidak seorangpun b. seseorang c. apapun d. di mana-mana e. apa-apa f. siapapun g. kapan saja h. apa-apa i. sesuatu j. mana saja k. tidak satupun

10. a. Rapat itu bisa berlangsung kapan saja. b. Saya tidak berkenalan dengan siapapun.c. Kenang-kenangan bisa dibeli di mana-mana. d. Kemarin tidak seorangpun ada di rumah. e. Saya tidak tahu seorangpun yang lebih baik dari kamu. f. Kita tidak bisa membuat apa-apa. g. Mereka bekerja sama dengan siapapun. h. Dia membuat sesuatu yang tidak baik. i. Saya tidak mengambil apapun. j. Tidk seorangpun bisa mengganti saya.

Lektion 19

1. a. Anak-anak berhenti bermain. b. Tetangga kami bertanam sayur. c. Anak-anak bermain polisi. d. Kedua laki-laki itu berhenti pukul-memukul. e. Suami saya bisa bermain tenis dengan baik. f. Suku-suku bangsa yang beragam mulai maaf-memaafkan.

2. a. Meines älteren Geschwisters Auto ist sehr teuer. b. Dieses Fleischhändlers Hände sind sehr schmutzig.

3. a. „O je, dieses Kind wurde durch seine Familie verlassen. b. „Wie hoch dieser Berg ist!“ c. „Aua, mein Kopf tut sehr weh!“ d. „Um Himmels willen, er hat alle Flaschen gelehrt!“ e. „Wie bitte? Sie sind schon gegangen?“ f. „Wow, dieser Kuchen ist ausgezeichnet.“ g. „“Diese Angelegenheit ist wirklich schwierig.“ h. „Wie dumm dieses Kind doch ist!“ i. „O je, wie kann ich dieses Ziel erreichen?“ j. „Wie schön doch das Leben im Dorf ist!“ k. „Wie schön es doch wäre, wenn du morgen kämest.“ l. „Auweia, ich habe meine Geldbörse verloren. Ich kann sie nicht finden.“

4. a. Sie mögen keine Polizeipräsenz in diesem Wohngebiet. b. Wir sind sehr besorgt über das Erscheinen dieses Berichts. c. Gestern konnten wir wegen der Schließung aller Geschäfte nicht einkaufen. d. Die Wichtigkeit der Einschulung aller Kinder kann nicht infrage gestellt werden. e. Wie lang ist dieser Fluss?

5. a. Je älter er wird, desto schwächer wird unser Großvater. b. Dieser Angestellte ist nicht nur träge, sondern auch dumm. c. Sie liebt alle indonesischen Gerichte, sowohl die scharfen als auch die süßen. d. Jede Wahl ist gut, diese ebenso wie jene.

6. a. Gereja Katolik yang bersejarah itu ramai dikunjungi baik orang Katolik lokal maupun turis dari luar negeri. b. Dia bukan hanya tersenyum melainkan juga tertawa. c. Ibu Schmitz yakin dia akan meraih tujuannya dengan baik hari ini ataupun pada minggu depan. d. Saya datang ke sini bukan hanya untuk bermain melainkan juga untuk belajar. e. Kepala desa itu berjanji bahwa dia bukan hanya akan berusaha mempertahankan budaya dan kebiasaan lokal di desanya tetapi juga melaksanakan proyek pembangunan gedung sekolah baru. f. Semakin teliti Anda belajar tentang sejarah Indonesia semakin mendalam pengetahuan Anda mengenai alasan kemerdekaan negara itu. g. Negara kesatuan Indonesia bukan hanya beragam suku bangsanya tetapi juga beragam agama. h. Mereka akan bertanggung-jawab baik disuruh maupun diminta.

7. a. dua puluh lima tambah tujuh sama dengan tiga puluh dua b. lima puluh lima kurang sebelas sama dengan empat puluh empat c. tujuh kali tiga sama dengan dua puluh satu d. enam puluh dibagi lima belas sama dengan empat

8. a. berkenalan dengan, memperkenalkan, perkenalkan b. ditulis c. sakit, sakit, penyakit, diobati, obat d. sebaik-baiknya, baik e. tinggal, meninggalkan, meninggal f. kunjung-mengunjungi, berkunjung, kunjungan, mengunjungi g. main, pemain, bermain h. berdatangan, datang, kedatangan i. penelitian, diteliti, penelitian, teliti j. pertanyaan, dipertanyakan k. melihat, melihatkan/memperlihatkan, lihat, terlihat/kelihatan,

Vokabelverzeichnis

A

ada [2; 3] es gibt, vorhanden sein; haben, besitzen
Ada apa? [2] Was gibt's? (Um.)
adalah [3] sein, etw. darstellen
mengadakan [16] abhalten, durchführen, veranstalten
keadaan [14] Zustand, Lage

adik [16] jüngeres Geschwister

adil [11] gerecht
keadilan [11] Gerechtigkeit
ketidak-adilan [11] Ungerechtigkeit
mengadili [15] verurteilen; Recht sprechen
pengadilan [15] Gericht, Gerichtshof

administrasi [3] Verwaltung, Administration

agak [8] ziemlich, ein wenig

agama [19] Religion

Agustus [13] August

ahli [19] Fachperson, Experte, Expertin

air [9] Wasser
air mata [19] Träne, Tränen
air putih [9] Trinkwasser

airport [4] Flughafen

ajar [4]
belajar [4] lernen

akan [3] /Zukunftsindikator/
akan tetapi [10] jedoch, aber (betont)

akhir [10] Ende
akhir minggu [10] Wochenende
terakhir [13] letzter, letze, letztes
akhirnya [16] schließlich, endlich

aktif [20,3] aktiv

aku [2] ich

alam [12] Natur (im weiteren Sinn)
mengalami [15] etw. erfahren, erleben
pengalaman [15] Erfahrung
berpengalaman [15] erfahren sein, Erfahrung haben

alang-alang [17] Alang-alang-Gras

alas
alasan [10] Grund, Anlass

alat [20,4] Mittel, Werkzeug
alat angkut [20,4] Transportmittel

amat [17] sehr (geh.)

ambil [6]
mengambil [6;7] nehmen; abheben (Geld)

ambisius [20,2] zielstrebig, ehrgeizig

Amerika [20,2] Amerika
Amerika Serikat [20,2] Vereinigte Staaten von Amerika

anak [1] Kind

anak [4]
beranak [4] ein Kind/Kinder haben; gebären, ein Kind bekommen

Anda [2] Sie (Anrede), du (unpersönlich)

andai
andaikata [16] angenommen dass, wenn … wäre
seandainya [16] angenommen dass, wenn … wäre

andal
mengandalkan [10] sich verlassen auf

anéh [15] seltsam, befrmdlich

anggota [8] Teil, Bestandteil; Mitglied

anggota badan [8] Körperteil
keanggotaan [11] Mitgliedschaft

angin [17] Wind
angin kencang [20,3] starker Wind
masuk angin [17] erkältet sein, sich erkälten

anjing [6] Hund

antar
mengantar [5] jmdn. begleiten/bringen
mengantarkan [8] jmdn./etw. bringen, jmdn. begleiten

antar(a)… [18] zwischen…, inter…
antar(a)bangsa [20,4] international

antara, di antara [7] zwischen
antara lain [7] unter anderem

anting-anting [17] Ohrring/e

apa [3] was
apa/apakah [1] (Fragepartikel)

apalagi [16] vor allem, überdies, geschweige denn

apartemén [16] (Etagen)wohnung

apotik [8] Apotheke

April [13] April

Arab [19] Arabien; Araber; arabisch

asing [15] fremd
orang asing [18] fremde Person, Ausländer, Ausländerin

asistén [14] Assistent, Assistentin

asli [11] original, ursprünglich

aspék [14] Aspekt

asyik [20,2] vertieft sein in, etw. eifrig verfolgen

atap [17] Dach

atas auf
di atas [3] auf

atau [1] oder

ATM [10] Geldautomat

atur
teratur [19] geordnet; aufgeräumt

Australia [20,2] Australien

awal [16] Anfang, Beginn
awal mula [16] anfangs, ganz am Anfang
dari awal mula [16] von Anfang an
pada awalnya [17] anfangs, zu Beginn

awas
mengawasi [17] auf jmdn. aufpassen

ayah [1] Vater

ayam [9] Huhn

B

baca [6]
membaca [6] lesen

badai [20,3) Sturm

badak [20,1] Nashorn

badan [8] Körper

bagai
berbagai [9] allerlei, verschiedene
sebagai [18] als (Adv., zur näheren Erläuterung eines Bezugswortes)

bagaimana [5; 9] wie?; wie (Konj.)

bagasi [12] Gepäck

bagi (1) [15] *für, was ... betrifft, mit Bezug auf*

bagi (2)
membagi [19] teilen
dibagi [19] geteilt durch (Math.)
bagian [19] Teil

bagus [3] schön (nicht für Menschen und Gegenstände), gut, prima

bahan [5] Ding, Gegenstand, Sache, Material

bahas [5]
membahas [5] etw. besprechen, erörtern

bahasa [4] Sprache
berbahasa [4] eine Sprache sprechen
bahasa Indonesia [4] Indonesisch (Sprache)
bahasa Jerman [4] Deutsch (Sprache)

bahaya [5] Gefahr
berbahaya [5] gefährlich sein

bahwa [7] dass (Konj.)

baik [4] gut, schön; Okay!
membaik [14] sich bessern, besser werden
memperbaiki [14] in Ordnung bringen, reparieren, verbessern
kebaikan [19] Güte, Wohltat, Nutzen

Baiklah! [6] In Ordnung!, Okay!

baju [4] Oberteil (Jacke, Bluse etc.)

bandara [13] (großer) Flughafen

bangsa [18] Volk

bangun (I) [1] aufstehen
membangunkan [8] aufwecken

bangun (II)
membangun [8] bauen, errichten

banjir [11] Überschwemmung
kebanjiran [11] von einer Überschwemmung betroffen sein

bank [8] Bank, Kreditinstitut

banténg [20,1] Wildbüffel

bantu
membantu [5] (jmdm.) helfen
bantuan [10] Hilfe
pembantu [14] Hilfskraft, Hausangestellter, Hausangestellte

banyak[2] viel, viele
kebanyakan [20,3] Mehrzahl, Mehrheit, die meisten

Bapak, Pak [2] Sie, mein Herr (Anrede)

barang [5] Ding, Sache

barat [20,4] Westen

baring
berbaring [13] liegen, sich hinlegen

baru [2, 4] neu; eben erst
memperbarui [14] erneuern, modernisieren, verbessern

basah [12] nass

batas [15] Grenze (auch übertr.)
perbatasan [15] Grenze

batik [7] Batik

batuk [17] husten

bawa
membawa [5, 7] etw. bringen, mitbringen; mitnehmen, bei sich haben
membawakan (ben.) [9] jmdm etw. bringen

bawah [2]
di bawah [3] unter
bawahan [17] Mitarbeiter; Untergebener

bayang [9]
membayangkan [9] sich etw. vorstellen

bayar
membayar [8] (etw.) bezahlen

beasiswa [20,2] Stipendium

bébék [9] Ente

beberapa [2] einige

béda
berbéda [14] unterschiedlich sein
membédakan [14] unterscheiden
perbédaan [15] Unterschied
pembédaan [15] Unterscheidung

bedah [20,2] Operation (med.)
ahli bedah [20,2] Chirurg

begini [7] so, solcherart (engl. „like this“)

begitu [7] so, auf diese Weise, solcherart (engl. „like that“)

belakang [9]
di belakang [9] hinter

belanja
berbelanja [4] einkaufen, Einkäufe machen

beli
membeli [5] etw. kaufen
membelikan [8] jmdm. etw. kaufen
terbeli [12] (s. Grammatik L. 12)
pembeli [14] Käufer, Käuferin

beliau [2] er, sie (sehr höflich)

belum [1] noch nicht
sebelum [5] bevor
sebelumnya [5] davor (zeitl.), zuvor

benar [7] richtig; stimmt; Recht haben, richtigliegen
membenarkan [16] gutheißen, billigen, zustimmen zu

bencana [20,3] Katastrophe
bencana alam [20,3] Naturkatastrophe

berangkat [5] aufbrechen, abreisen
keberangkatan [11] Abreise, Aufbruch

berani [16] mutig, unerschrocken

berapa [6] wie viele?; wieviel?
berapa kali [6] wie oft?
berapa lama [6] wie lange?
keberapa [6] der/die/das wie vielte?

beras [7] ungekochter Reis

berat [8] schwer (nicht im Sinne von schwierig)

bérés [8] in Ordnung
membereskan [8] in Ordnung bringen

beri
memberi [8] etw. geben
memberi [10] jmdm. etw. geben
memberikan [8] etw. geben

berita [8] Bericht/Nachrichten

bersama-sama [2] gemeinsam

bersih [1] sauber
membersihkan [8] säubern
kebersihan [11] Sauberkeit
pembersih [14] Reinigungsmittel; Reinigungskraft

bersin [17] niesen

besar [1] groß
membesarkan [14] vergrößern
memperbesar [14] vergrößern
membesar-besarkan [17] etw. übertreiben, etw. aufbauschen

bésok [3] morgen
bésok lusa [4] übermorgen

betul [12] richtig, wahr
kebetulan [16] zufälligerweise

biasa [11] gewöhnlich; gewöhnt sein
biasanya [7] normalerweise, gewöhnlich
kebiasaan [19] Gewohnheit, Brauch

biaya [10] Ausgaben, Kosten
membiayai [10] etw. finanzieren, bezahlen

bicara
berbicara [8] sprechen
membicarakan [8] etw. besprechen

bikin [11] machen (Umg.)

bilang [11] sagen (Umg.)
boléh/bisa dibilang [20,3] man kann betrachten als, man kann sagen dass

binatang [5] Tier

bincang
berbincang [7] sich unterhalten

bingung [8] verwirrt

bintang [12] Stern

biru [7] blau

bisa [1] können (Modalverb)

bodoh [16] dumm

bohong
  berbohong (kepada) [10] (jmdn. be-)lügen
  membohongi [10] jmdn. belügen

bohong [4] Lüge; gelogen
  berbohong [4] lügen
  membohongi [10] jmdn. belügen

boléh [3] dürfen

bosan [8] gelangweilt
  membosankan [8] langweilig sein

botol [9] Flasche

buah (1) [6] /Klassifikator für unbelebte Gegenstände und Pflanzen/

buah (2) [10] Frucht
  buah-buahan [10] allerlei Früchte

buang
  membuang [19] wegwerfen

buat [5]
  membuat [5] machen; etw. unternehmen

buaya [20,1] Krokodil

budaya [14] Kultur

Budha [12] Buddha; buddhistisch

buka [9]
  membuka [9] (etw.) öffnen
  terbuka [12] (s. Grammatik L. 12)

bukan [1] kein, /Negation von Nomen/
  …, bukan? [12] …, nicht wahr?

buku [7] Buch

bulan [7; 12] Monat; Mond

bumbu [11] Gewürz (zubereitet)

bumi [20,3] Erde

bunga [15] Blume

bungkus [6] Packung

bunuh
  membunuh [19] töten, ermorden

buru-buru
  terburu-buru [12] in Eile, gehetzt

buruk [17] schlecht
  memburuk [17] sich verschlechtern, schlecht werden

burung [20,1] Vogel

bus [7] Bus

butuh
  membutuhkan [8] benötigen

C

cabé [7] Chili

cakap [4]
  bercakap-cakap [4] plaudern, sich unterhalten
  percakapan [18] Gespräch, Unterhaltung

candi [12] Tempel

cangkir [11] Tasse

cantik [19] hübsch, schön

capai
  mencapai [16] etw. erreichen, erlangen

capék [13] erschöpft, müde

cara [14] Art, Weise
  secara [17] auf … Weise

cari [5]
  mencari [5] etw./jmdn. suchen
  mencarikan (ben.) [12] jmdm. etw. (aus-)suchen/besorgen

celana [6] Hose

cengkeh [7] Gewürznelke

cepat [5] schnell

cerita [14] Geschichte, Erzählung
  bercerita tentang [14] sprechen über

Cina [19] China; Chinese; chinesisch

cincin [19] Fingerring

cinta [16] Liebe
mencintai [16] jmdn. lieben
cinta-mencintai [18] einander lieben
jatuh cinta [16] sich verlieben

cita-cita [20,2] Wünsche, Wunschtraum

cium
mencium [10] küssen; riechen
menciumi [10] wiederholt o. intensiv küssen bzw. riechen

coba [9] /Bildung höflicher Imperativ/
mencoba [9] versuchen; testen, ausprobieren

coklat [1] Schokolade

contoh [10] Beispiel
contohnya [10] zum Beispiel

cuaca [8] Wetter

cuci [9]
mencuci [9] waschen

cucu [16] Enkel/in

cukup [3] genug, genügend, ausreichend; ziemlich

cukup [3] genügend, ausreichend

curi
mencuri [10] stehlen

cuti [20,1] Freizeit, Urlaub; freihaben, Urlaub haben

D

daérah [3] Gegend, Region

dagang [4]
berdagang [4] Handel treiben
pedagang [14] Händler

daging [6] Fleisch

dahsyat [20,3] fürchterlich, gewaltig

daki
mendaki [12] besteigen (Berg)

dalam [3; 14] in; tief
di dalam [3; 5] in; in (zeitlich) tief
dalam negeri [20,4] Inland
mendalam [17] tiefgehend, tief empfunden
mendalamkan [14] vertiefen
memperdalam [14] vertiefen (auch im übertragenen Sinn)

damai [9] friedlich, friedfertig
berdamai [9] aufhören zu streiten, Frieden schließen
secara damai [17] auf friedliche Weise

damping nahe, eng, vertraut
berdampingan [18] Seite an Seite, zusammenleben

dan [1] und
dan lain-lain [6] usw.

dapat [5]
mendapat [5] etw. bekommen, finden, erhalten
mendapatkan [10] bekommen, erhalten
mendapati [10] finden

dapur [1] Küche

darah [8] Blut
berdarah [8] bluten

dari [3] von her

dasar [18] Basis, Grundlage
berdasarkan [18] etwas als Basis haben, basieren auf

datang [2] kommen
berdatangan [18] von überall herkommen
kedatangan [11] Ankunft; das Kommen
pendatang [19] Ankömmling, Fremder

dekat [3] nahe, in der Nähe (von)
dekat (dengan) [5] jmdm. nahe sein (übertragen)
berdekatan [18] einander nahe sein
berdekat-dekatan [18] einander

nahe sein
mendekati [10] sich jmdm. nähern

demam [17] Fieber

dengan [2] mit
dengan begitu [13] damit, auf diese Weise

dengar
mendengar [8] hören, etw. hören
mendengarkan [8] etw. zuhören, einer Sache lauschen
kedengaran [11] hörbar
terdengar [12] hörbar; zu hören sein
memperdengarkan [14] zu Gehör bringen, etw. hören lassen

depan [7] vor (räumlich); kommend, folgend (zeitlich)

désa [5] Dorf
pedésaan [15] dörflich

Desember [13] Dezember

destinasi [20,4] Zielort

dewasa [6] erwachsen

di [1] in, an, auf, /allgemeine Ortsbestimmung/

dia [1] er, sie, es

diam [9] schweigen, still sein

dingin [3] kalt

dini [6]
dini hari [6] früh morgens

diri [14] selbst
terdiri dari/atas [12] bestehen aus

diri [4]
berdiri [4] stehen; aufstehen

dokter [8] Arzt
kedokteran [20,2] Medizin, Heilkunde

domestik [20,4] inländisch, einheimisch

dompet [10] Geldbörse, Portemonnaie

duduk [1] sitzen, sich setzen
duduk-duduk [17] herumsitzen

dukacita [17] Trauer, Kummer

dulu [4] früher, früher einmal; erst mal, erst

dunia [20,1] Erde, Welt

E

ékonomi [20,4] Ökonomie

ékor [6] Schwanz; /Klassifikator und Zählwort für Tiere/

ékskursi [5] Exkursion

e-mail [19] e-mail

énak [3; 11] wohlschmeckend, lecker; angenehm

éndémik [20,1] endemisch

engkau [2] du

erat [13] eng, fest (auch übertr.)

Éropa [13] Europa

erti
mengerti [11] (jmdn./etw.) verstehen

F

Februari [13] Februar

flu [17] Influenza

foto [12] Foto

G

gabah [8] geernteter, nicht enthülster Reis

gadis [17] Mädchen

gajah [20,1] Elefant

gaji [16] Lohn, Gehalt

ganggu [9]
mengganggu [9] (jmdn.) stören

ganti
mengganti [17] ersetzen, jmds. Platz einnehmen

garpu [11] Gabel

gedung [7] größeres Gebäude

gelas [6] Trinkglas

gelincir
tergelincir [12] ausrutschen

gemar
menggemari [20,4] etw. mögen, Gefallen finden an

gembira [4] froh, fröhlich
bergembira [4] froh/fröhlich sein
menggembirakan [19] erfreulich; erfreulich sein; jmd. erfreuen

gempa [20,3] Beben
gempa bumi [20,3] Erdbeben

gemuk [9] dick

gerak
bergerak [20,4] sich bewegen

geréja [19] Kirche

gigit
menggigit [9] beißen; stechen (Insekten)

goréng [11] gebraten

gula [9] Zucker

gunung [3] Berg
gunung berapi [12] Vulkan
pegunungan [15] Gebirge

H

habis [17; 11] aufgebraucht, alle; nach (Umg.)
habis-habisan [17] restlos, in Gänze

hadiah [10] Geschenk
menghadiahkan [10] etw. zum Geschenk machen, etw. verschenken

hadir (di) [10] anwesend sein
menghadiri [10] anwesend sein bei, etw. beiwohnen
kehadiran [11] Anwesenheit

hal [8] Angelegenheit

halaman [6] Hof

halte [10] Haltestelle

hambar [13] fade, geschmacklos

hampir [8] fast

hanya [3] nur

harga [6] Preis
berharga [10] Wert haben, wertvoll sein; kosten
menghargai [10] etw. wertschätzen; etw. respektieren

hari [3] Tag
hari ini [3] heute

harimau [20,1] Tiger

harus [3] müssen
keharusan [11] Notwendigkeit, Pflicht

hasil [5] Ergebnis, Resultat
berhasil [5] Erfolg zeitigen, erfolgreich sein
keberhasilan [11] Erfolg

hati
hati-hati [10] vorsichtig
perhatian [19] Aufmerksamkeit, Interesse; Zuwendung

haus [1] durstig

héndak [16] wollen
kehéndak [16] Wunsch, Wille

henti [9]
berhenti [9] anhalten, aufhören

héran [7] erstaunt

hias
hiasan [18] Schmuck, Verzierung
berhiasan [18] geschmückt sein mit

hidup [11] leben, lebendig
kehidupan [20,3] Leben, Existenz

hijau [7] grün

hiking [20,4] wandern

hilang [17] verschwunden; verschwinden
kehilangan [17] Verlust, Verschwundensein, Verschwinden

hindar
tidak terhindarkan [12] unvermeidbar

Hindu [12] hinduistisch

hitam [7] schwarz

hitung [6]
menghitung [6] zählen; rechnen

hobi [12] Hobby

hotél [3] Hotel

hubung
berhubungan dengan [20,3] in Verbindung mit, betreffend, bezüglich
menghubungkan [20,4] verbinden, zusammenbringen
hubungan [13] Verbindung, Beziehung

hujan [9] Regen
kehujanan [11] vom Regen überrascht werden

hutan [14] Wald
perhutanan [14] Forstwirtschaft

I

ia [2] er, sie, es (Nebenform von dia)

ibu [1] Mutter

Ibu, Bu [2] Sie, meine Dame (Anrede)

idé [15] Idee, Vorstellung

ikan [9] Fisch

iklim [15] Klima

ikut [3] mitmachen, folgen
… berikutnya [12] folgender, nächster … (z.B. Tag, Jahr)

ilmu [16] Wissen; Wissenschaft
ilmuwan [16] Wissenschaftler

imigrasi [18] Einwanderungsbehörde

inap [9]
menginap [9] übernachten
penginapan [15] Herberge, Unterkunft

indah [12] schön, hübsch, reizend

India [19] Indien

Indonesia [2] indonesisch; Indonesien

industri [20,4] Industrie
industri pariwisata [20,4] Tourismusindutrie

informasi [14] Information(en)

ingat [13] sich erinnern, etw. erinnern

ingin [7] möchten, wünschen
keinginan [16] Wunsch, Verlangen

ini [2] dies (Demonstrativpron.)

institut [14] Institut

internét [15] Internet

ipar [16] Schwager, Schwägerin

irigasi [8] Bewässerung

isi [18] Inhalt
berisikan [18] etwas zum Inhalt haben, beinhalten

istirahat [4]
beristirahat [4] ausruhen

istri [5] Ehefrau

itu [2] das, jenes (Demonstrativpron.)

J

jadi [11; 19] also, schließlich, das heißt (Umg.); gleich, ergibt (Math.)
menjadi [5] werden
menjadikan [18] etw. machen zu
terjadi [17] vorkommen, vorfallen, passieren

jalan [3] Straße, Weg (auch im übertragenen Sinn)
berjalan [14] gehen; stattfinden,

laufen
berjalan kaki [15] zu Fuß gehen
berjalan-jalan [4] spazierengehen
perjalanan [15] Reise

jam [13] Stunde; Uhr; Uhrzeit (vgl. Grammatik Lektion 13)
jam … [13] … Uhr

janji
berjanji [19] versprechen, versichern

Januari [13] Januar

jarang [6] selten

jas [10]

jatuh [8] fallen
terjatuh (= jatuh) [12] fallen

jauh [2] weit (weg), weit (weg) sein

Jawa Tengah [11] Zentraljava

jawab
menjawab [14] antworten

jemput [5]
menjemput [5] jmdn. abholen

jendéla [9] Fenster

jenis [15] Art

Jerman [2] deutsch; Deutschland

jual
menjual [7] verkaufen
penjual [14] Verkäufer, Verkäuferin
penjualan [15] Verkauf, Verkaufen

juga [1] auch; ebenfalls

Juli [13] Juli

Jumat, Jum'at [13] Freitag

Juni [13] Juni

K

kabar [4] Nachricht
Apa kabar? [4] Wie geht's?
Kabar baik! [4] Gut!

kabut [12] Nebel, Dunst
berkabut [12] neblig/dunstig sein

kadang-kadang [13] manchmal

kagum
mengagumi [20,1] bewundern, staunen über

kakak [16] älteres Geschwister

kakék [16] Großvater

kalau [7] wenn, falls

kali [6;19] … mal (mit bestimmten und unbestimmten Zahlwörtern)
kali ini [12] diesmal
untuk pertama kali [16] zum ersten Mal

kalian [2] ihr

kamar [1] Zimmer
kamar mandi [1] Badezimmer
kamar tidur [1] Schlafzimmer
kamar tamu [1] Wohnzimmer

kambing [6] Ziege

kami [2] wir (exkl.)

Kamis [13] Donnerstag

kampung [6] Wohngegend, Dorf, Viertel

kampus [3] Universitätsgelände

kamu [2] du

kanan [5] rechter, rechtes, rechte
di sebelah kanan [5] rechts, auf der rechten Seite

kandang [9] Stall
kandang sapi [9] Kuhstall

kandung
mengandung [20,4] enthalten, beinhalten

kantong [10] Tasche

kantor [2] Büro, Dienststelle, Amt

kantuk
mengantuk [7] müde sein

kapal [13] Schiff

kapan (InterrPron) [4] wann

karena [6] weil; wegen
 karena itu [6] deswegen

kartu kredit [10] Kreditkarte

karya [16] Arbeit
 karyawan [16] Arbeiter
 karyawati [16] Arbeiterin

kasih (1) [11] geben (Umg.)

kasih (2) [16]
 kekasih [16] Liebster, Liebste, Liebling

kata [14] Wort
 berkata [14] sagen
 mengatakan [14] etw. sagen

Katolik [19] Katholik; Katholiken; Katholizismus; katholisch

kaya [5] reich
 kekayaan [20,3] Reichtum

ke [3] hin zu

kebun [15] Garten; Plantage
 kebun binatang [20,1] Zoo
 kebun sawit [15] Ölpalmenplantage
 perkebunan [15] Plantagenwirtschaft

kecéwa [13] enttäuscht
 mengecéwakan [13] enttäuschend

kecil [1] klein
 mengecilkan [14] verkleinern
 memperkecil [14] verkleinern

kedai [20,1] Kiosk
 kedai kopi [20,1] Coffeeshop

kejut
 terkejut [12] sich erschrecken
 mengejutkan [19] jmdn. erschrecken

kelahi
 berkelahi [9] sich streiten

kelapa [11] Kokosnuss

kelas [11] Klasse

keliar
 berkeliaran [18] herumreisen, umherwandern

keliling [4]
 berkeliling [4] an einem Ort umhergehen

kelompok [16] Gruppe

keluar (dari) [2] hinausgehen (aus)

keluarga [6] Familie

kemarin [4] gestern
 kemarin dulu [4] vorgestern
 kemarin lusa [4] vorgestern

kembali [5] zurück; zurückkehren

kembali! [7] gerne! [Erwiderung auf Dank]

kembang
 berkembang [15] sich entwickeln
 mengembangkan [18] etw. entwickeln, zu etw. machen
 perkembangan [15] Entwicklung

keméja [6] Hemd

kemudian [4; 13] dann, danach; … später

kena [8] betroffen sein (von)
 mengenai [19] bezüglich, betreffs

kenal
 mengenal [5] kennen; kennen lernen
 mengenalkan [14] jmdn. vorstellen
 terkenal [12] bekannt, berühmt
 berkenalan [18] eiander kennen
 berkenalan dengan [18] jmdn. kennen, mit jmdm. bekannt sein
 memperkenalkan [14] jmdn. vorstellen
 memperkenalkan diri [14] sich vorstellen
 Perkenalkan! [14] Gestatten! (Vorstellungsfloskel)

kenang
 kenangan [19] Erinnerung
 kenang-kenangan [19] Andenken, Souvenir

kenapa? (Um.) [3] warum?

kencang [20,3] heftig, stark (Wind)

kendara
mengendarai [10] etw. fahren
kendaraan [10] Fahrzeug

kenyang [3] satt

kepala [5] Kopf
kepala désa [5] Dorfoberhaupt
mengepalai [10] Kopf von etw. sein, etw. leiten/anführen

keponakan [16] Nichte, Neffe

kera [20,1] Affe

kereta [14] Fahrzeug
kereta api [14] Eisenbahn

keringat [13] Schweiß
berkeringat [13] schwitzen

kerja [3] Arbeit, Tätigkeit, Beschäftigung
bekerja [4] arbeiten
bekerja-sama [13] zusammenarbeiten
pekerjaan [15] Arbeit, Tätigkeit

kertas [6] Papier

kesan
mengesankan [15] beeindruckend
terkesan [15] beeindruckt

khas [11] speziell, original

khawatir [12] besorgt

khayal
berkhayal [16] sich vorstellen, phantasieren, träumen

kijang [20,1] Zwerghirsch

kilo [6] Kilogramm; Kilometer

khusus
khususnya [11] vor allem, insbesondere

kira
sekiranya [16] angenommen dass, wenn … wäre

kira-kira [7] ungefähr

kiri [5] linker, linke, linkes
di sebelah kiri [5] links, auf der linken Seite

kirim
mengirim [7] schicken
pengiriman [15] Senden, Verschicken, Versand

kita [2] wir (inkl.)

kolam [9] Teich, Becken
kolam ikan [9] Fischteich

komunikasi [19] Kommunikation, Verbindung, Verständigung
berkomunikasi [19] miteinander kommunizieren, in Verbindung sein

konflik [18] Konflikt

Konghucu [19] Konfuzianer, Konfuzianismus, konfuzianisch

koper [7] Koffer

kopi [1] Kaffee

korban [20,3] Opfer

kosong [8] leer
mengosongkan [8] leeren, ausleeren, entleeren

kota [2] Stadt

kotor [9] schmutzig
mengotorkan [9] etw. beschmutzen
mengotori [10] beschmutzen, verschmutzen
kotoran [10] Schmutz, Müll, Exkrement

krupuk, kerupuk [20,1] knusperige Chips (oft mit Fisch- oder Krabbengeschmack)

Kristen [19] Christ; Christen; Protestanten; Protestantismus; protestantisch

kuat [17] stark, kräftig

kubur [15] Grab
menguburkan [17] beerdigen
pekuburan [15] Friedhof
perkuburan [15] Friedhof

kucing [6] Katze

kué [11] Plätzchen, Kekse; Kuchen

kuliah [5] studieren
  berkuliah [5] studieren

kulit [20,2] Haut
  penyakit kulit [20,2] Hautkrankheit
  ahli penyakit kulit [20,2] Hautarzt

kumbang [5] Käfer

kumpul
  berkumpul [8] sich versammeln
  mengumpulkan [8] etw. sammeln, versammeln
  perkumpulan [15] Versammlung, Zusammenkunft
  pengumpulan [15] Sammeln, Sammlung

kuning [7] gelb
  menguning [7] gelb werden, sich gelb färben

kunjung [5]
  berkunjung (ke) [5] (jmd./etw.) besuchen
  kunjung-mengunjung [18] einander besuchen
  kunjung-mengunjungi [18] einander besuchen
  mengunjungi [10] jmdn./etw. besuchen
  kunjungan [13] Besuch

kuno [20,4] alt, antik

kupu-kupu [17] Schmetterling

kurang [8; 13] weniger, /Komparativ/; vor (Uhrzeit)
  mengurangi [19] verringern, reduzieren, weniger machen
  dikurangi [19] minus (Math.)
  sekurang-kurangnya [17] wenigstens

kursi [2] Stuhl

kutu [10] Laus
  mengutui [10] lausen

L

laboratorium [4] Laboratorium

laci [19] Schublade

ladang [5] Trockenfeld
  berladang [15] Trockenfeldbau betreiben

lagi [3] wieder, erneut

lagi [7; 13] erneut; … später, mehr (bei Zeitangaben)

lain [5] anderer, andere, anderes
  melainkan [12] sondern; vielmehr (Konj.)
  selain itu [9] daneben, darüber hinaus

laki-laki [2] Mann; männlich

laksana
  melaksanakan [13] durchführen, realisieren

laku
  melakukan [8] etw, machen, etw. durchführen, tun

lalu [17] dann
  berlalu [16] vorüber sein; verstreichen, vorüber gehen (Zeit, Gelegenheit)
  melalui [15] über, via mittels

lalu lintas [11] Straßenverkehr

lama [4] lange (zeitlich)
  selama [13] für die Dauer von, über einen Zeitraum von, für (die Dauer)
  selama-lamanya [20,2] auf Dauer, für immer

lambat [17] langsam; spät
  terlambat [12] verspätet, verspätet sein
  selamat-lambatnya [17] spätestens

lampu [2] Lampe

langsung [4] direkt, unmittelbar
  berlangsung [10] vonstattengehen, stattfinden

lanjut ausgedehnt, andauernd
  melanjutkan [18] etw. fortsetzen, weiterführen

lapang
lapangan [20,4] offenes Feld, großer Platz
lapangan terbang [20,4] Flugplatz

lapar [1] hungrig
kelaparan [11] Hunger, hungern

lapor
melapor [10] berichten, melden
laporan [10] Bericht, Meldung

larang
melarang [10] verbieten
larangan [10] Verbot

lari [18] laufen, davonlaufen
berlarian [18] in alle Richtungen herumlaufen

laut [10] Meer
lautan [10] Ozean

laut [7] Meer
pos laut [7] Schiffspost

lebih [8] mehr; /Komparativ/
selebih-lebihnya [17] höchstens

lemah [17] schwach (körperlich)
melemah [17] schwach werden

lemari [2] Schrank

lembar [6] Blatt /Klassifikator für Papier/

lengkap [4] vollständig, komplett

lepas [16] frei, ungebunden
melepaskan [16] freilassen, gehen lassen

letak [9] Lage, Position (auch übertr.)
meletakkan [9] setzen, stellen, legen
terletak [12] liegen, sich befinden

letus
meletus [20,3] explodieren, ausbrechen
letusan [20,3] Explosion, Ausbruch

léwat (1) [13] nach (Uhrzeit)

léwat (2) [13] vorübergehen, vorüberfahren etc.

léwat (3) [7] via, mit, durch, vermittelst (im konkreten u. übertragenen Sinn)

libat
melibatkan [14] einbeziehen

libur [7] frei (Arbeit etc.); frei haben, Urlaub haben
hari libur [7] Feiertag, freier Tag
berlibur [7] frei haben, Urlaub haben

lihat [5]
melihat [5] etw./jmdn. sehen
terlihat [12] sichtbar, sichtbar sein
kelihatan [11] sichtbar sein (auch im übertragenen Sinn); zu sehen sein

lingkung
lingkungan [15] Umgebung
lingkungan alam [15] natürliche Umwelt

liput
meliputi [14] einschließen, umfassen, einbeziehen

lokal [15] örtlich, lokal

lokét [13] Schalter (Büro)

luar [2] außen
di luar [2] draußen; außerhalb
luar biasa [20,3] außergewöhnlich
luar negeri [19] Ausland

luas [5] ausgedehnt, weit

luka [8] Wunde, verwundet/verletzt sein

lupa [8] vergessen
melupakan [10] etw. vergessen

lusa [4] übermorgen

M

maaf
maaf-memaafkan [18] einander vergeben
Maaf! [2] Entschuldigung! / Verzeihung!

macam [7] Sorte, Art
bermacam-macam [13] vielerlei, diverse

macet [9] Stau

mahal [6] teuer

mahasiswa [6] Student, Studentin

main [6]
bermain [6; 20,1] spielen; sich vergnügen, Spaß haben
pemain [14] Spieler, Spielerin, Darsteller, Darstellerin

maju [15] vorwärts gehen, Fortschritte machen

makan [1] essen
makan siang [4] Mittagessen; zu Mittag essen
memakan [5] etw. essen, verbrauchen, verzehren
makanan [6] Essen

makin
makin … makin … [11] je … desto
semakin … semakin … [11] je … desto …

maksud [18] Absicht, Zweck, Bedeutung
maksudnya [18] das heißt, will sagen

mal [11] Einkaufszentrum, Shopping Mall

malam [2] Abend, Nacht
bermalam [9] übernachten

malas [16] faul, arbeitsscheu

Malaysia [20,4] Malaysia

malu [9] beschämt, sich schämen

mampir [6] vorbeischauen

mampu [17] fähig sein, in der Lage sein

mana welcher, welche, welches (InterrPron.)
(di, ke, dari) mana wo? wohin?, woher?
di mana-mana (saja) [11] wo auch immer; überall

mandi [1] baden, duschen

manis [10] süß
manisan [10] Süßigkeit

manusia [20,3] Mensch (Gegensatz von Tier); Menschheit

marah [6] ärgerlich, erzürnt

Maret [13] März

Mas [2] /Anrede für jüngere Männer oder Bedienstete/

masa [20,2] Zeit, Zeitepoche
masa depan [20,2] Zukunft

masak [6]
memasak [6] (etw.) kochen

masalah [7] Problem

masih [1] noch

masjid [6] Moschee
masjid agung [6] große Moschee, Freitagsmoschee

masuk [1] eintreten, eintreten in, etw. betreten; hereinkommen
memasuki [10] etw. betreten
termasuk [12] einschließlich

masyarakat [19] Gesellschaft

mata [12] Auge
mata kuliah [20,2] (Studien)fach

mati [17] tot
mati-matian [17] mit großer Anstrengung, mit aller Kraft

mau [1] wollen

mayoritas [18] Mehrheit, Majorität

Mbak [2] /Anrede für jüngere Frauen oder Bedienstete/

Mei [13] Mai

méja [1] Tisch
méja makan [1] Esstisch

Melayu
Bahasa Melayu [18] Malaiisch, malaiische Sprache

mémang [3] in der Tat, wirklich, tatsächlich

memperpanjang [14] verlängern (auch im übertragenen Sinn)

menantu [16] Schwiegersohn, Schwiegertochter

mengapa? [6] warum?

menit [3] Minute

menung
bermenung [17] grübeln, nachsinnen

mérah [7] rot

merdéka [19] frei, unabhängig
kemerdékaan [19] Unabhängigkeit

meréka [1] sie (Pl.)

merica [7] Pfeffer

meskipun [14] obwohl

méter [15] Meter

métode [14] Methode, Verfahren

mie, mi [11] Nudeln

mimpi [16] Traum
bermimpi [16] träumen

Minggu [13] Sonntag

minggu [7] Woche

minoritas [18] Minderheit, Minorität

minta [7] bitten, etw. erbitten
meminta [7] bitten, etw. erbitten
meminta-minta [17] betteln
minta diri [14] sich verabschieden

minum [1] trinken
minuman [9] Getränk

mirip [11] ähnlich

miskin [5] arm

mobil [2] Auto

modal [8] Kapital, Geld für Investitionen

moderen [20,3] modern

moga
semoga [17] hoffentlich, möge …

mohon
bermohon [14] um Erlaubnis bitten
bermohon diri [14] sich verabschieden
permohonan [14] Gesuch, Antrag
Mohon maaf! [2] Entschuldigung!

mual [17] Übelkeit empfinden

muda [2] jung

mudah [5] einfach, leicht

mudah-mudahan [3] hoffentlich

muka [15] Gesicht, Oberfläche
permukaan [15] Oberfläche
permukaan laut [15] Meeresoberfläche, Meeresspiegel

mulai [1] beginnen
mulai dari … sampai di [13] von … bis (Zeitangabe)

muncul [19] auftauchen, erscheinen

mungkin [6; 20,2] möglich, möglich sein; möglicherweise
kemungkinan [11] Möglichkeit

muntah [17] sich übergeben

murah [3] preiswert; billig

murid [6] Schüler

muséum [14] Museum

musibah [17] Katastrophe

musim [9] Jahreszeit
musim hujan [9] Regenzeit
musim kemarau [9] heiße Jahreszeit, Trockenzeit

musuh [15] Feind
bermusuhan [18] Feinde sein, verfeindet sein
permusuhan [15] Feindschaft

N

nafkah [11] Lebensunterhalt

naik [5] etw. besteigen; etwas als Verkehrsmittel benutzen

nakal [6] unartig, ungezogen, frech

nama [2] Name
atas nama [12] im Namen; auf den Namen
bernama [4] heißen

nanti [3] nachher, später
nanti (+ Tageszeit) [4] /verweist auf eine in der Zukunft liegende Tageszeit/

nasi [1] Reis (gekocht)

nasihat, naséhat [20,2] Rat, Ratschlag, Ermahnung

nasional [18] national

negara [18] Staat

negeri [19] Land, Staat

nénék [16] Großmutter

ngemil [20,1] snacken, naschen

ngeri [20,1] entsetzt sein
mengerikan [20,1] entsetzlich, schrecklich

nikah (dengan) [10] verheiratet sein (mit)
menikah (dengan) [10] (jmdn.) heiraten
menikahkan [10] jmdn. verheiraten
menikahi [10] jmdn. heiraten
pesta pernikahan [16] Hochzeitsfest

nikmat
menikmati [11] etw. genießen

nol [6] Null

Novémber [13] November

nyaman [11] angenehm, bequem, sicher

nyamuk [9] Mücke

nyanyi
menyanyi [7] singen (intr.)

nyawa [17] Leben (phys.), Seele

O

obat [8] Medizin
mengobati [17] behandeln, therapieren
pengobatan [17] Behandlung, Therapie

obrol
mengobrol (intr.) [11] plaudern, schwatzen

obyék [20,4] Objekt
obyék wisata [20,4] Sehenswürdigkeit

Oktober [13] Oktober

olah
mengolah [14] bearbeiten, verarbeiten
pengolahan [14] Verarbeitung, Bearbeitung, Nutzung

oléh [7] /kennzeichnet das Agens im Objektfokus/

oléh-oléh [11] Mitbringsel

ongkos [20,2] Kosten

oom [16] Onkel (Anrede)

orang [3; 6] Mensch Menschen; Leute , fakultativ auch Mann oder Frau; /Klassifikator für Menschen/Personen/

P

pacar [16] Freund/in (amourös, nicht mit *teman* zu verwechseln)
berpacaran [18] eine amouröse Beziehung haben

pada [4] /Partikel zur Bildung von Zeitangaben/
pada (+ Tageszeit) hari [4] /verweist auf Tageszeit/

padi [5] Reis (auf dem Feld)

pagi [2, 4] Morgen; (als Tageszeit bis ca. 11 Uhr)

pahit [9] bitter; ungesüßt (bei Kaffee oder Tee)

pakai (Umg.) [9; 11] (versehen) mit (als Ingredienz); benutzen
memakai [11] benutzen; etw. tragen (Kleidung)
pakaian [6] Kleidung

pakar [14] Spezialist, Spezialistin

pakét [7] Paket

paksa
terpaksa [18] gezwungen sein

pala [7] Muskat

paman [16] Onkel (nicht als Anrede)

pamér
memamérkan [14] ausstellen, zeigen
paméran [14] Ausstellung

pamit [18] sich verabschieden

panas [3] heiß
kepanasan [15] sich heiß fühlen, überhitzt sein

Pancasila [18] /Bezeichnung der indonesischen Staatsprinzipien/

pandai [6] fähig
pandai + Verb [6] etw. können (Fähigkeit)

pandang
pemandangan [15] Aussicht, Panorama

panén [7] Ernte
memanen [7] ernten

panggil
memanggil [11] jmdn. rufen

panjang [14] lang
memanjangkan [14] verlängern
perpanjangan [15] Verlängerung

pantai [13] Strand

parah [17] arg, ernst, schlimm (Krankheit, Situation etc.)

pariwisata [20,4] Tourismus

paru-paru [17] Lunge/n

pasang [6] Paar

pasar [6] Markt
pasaran [10] Markt (allgemein), Absatzmarkt

paspor [10] Pass

pasti [3] gewiss, sicherlich

pasti [7] gewiss, bestimmt

payung [12] Schirm

pedas [11] scharf (Essen)

pegawai [2] Angestellter

pelan [11] langsam

pelihara
memelihara [14] behüten, aufpassen auf, pflegen

pelosok [20,1] Ecke, Winkel, Region (geographisch)

peluk
memeluk [17] umarmen
pelukan [17] Umarmung

pencil
terpencil [15] abgelegen, entlegen

pengaruh [15] Einfluss, Wirkung

penting [3] wichtig

penuh [20,3] voll

perabot
perabot rumah [16] Möbel

pérak [19] Silber

percaya [16] glauben, vertrauen
mempercayai [16] jmdm. glauben/vertrauen
kepercayaan [20,3] Vertrauen, Zuversicht

perempuan [1] Frau; weiblich

pergi [2] gehen, weggehen

periksa
memeriksa [17] untersuchen (auch med.)
pemeriksaan [17] Untersuchung (auch med.)

perintah
pemerintah [16] Regierung
pemerintahan [16] Regierung; Regierungs...

peristiwa [17] Ereignis, Geschehnis

perlu [3] benötigen, brauchen
tidak perlu [9] nicht nötig haben; etw. nicht brauchen

pernah [12] je, jemals
belum pernah [12] noch nie
sudah pernah [12] schon einmal
tidak pernah [12] niemals

pertama [6] erste/r/s

pertanian s. tani

pesawat [4] Flugzeug

pesta [10] Fest

pikir
berpikir [8] denken, überlegen, nachdenken
berpikir tentang [8] an etw. denken, nachdenken über
memikirkan [8] etw. bedenken/überdenken

pilih [5]
memilih [5] etw./jmd. auswählen, wählen
pilihan [11] Auswahl, Wahl

pindah [8; 13] wegziehen, umziehen (Ort); umsteigen

pinggir [3] Rand, Saum
pinggir jalan [3] Straßenrand

pinjam
meminjam [8] etw. leihen
meminjamkan [8] etw. verleihen

pintar [6] klug

pintu [9] Tür

piring [6] Teller

pisah
berpisah [7] sich trennen
perpisahan [16] Trennung

pisang [1] Banane

pisau [11] Messer

pohon [11] Baum
pohon kelapa [11] Kokospalme

polisi [10] Polizei; Polizist, Polizistin

polusi [11] (Umwelt)verschmutzung

porsi [13] Portion

pos [3] Post
kantor pos [3] Post(gebäude)

propinsi [14] Provinz

proyék [4] Projekt

pucat [17] blass
memucat [17] blass werden

pucuk [6] /Klassifikator für Briefe/

pukul
memukul [7] schlagen
memukuli [10] wiederholt schlagen, verprügeln
pukul-memukul [18] sich gegenseitig schlagen, sich prügeln
berpukul-pukulan [18] sich gegenseitig schlagen, sich prügeln

pulang [6] heimkehren

pulau [13] Insel
kepulauan [18] Archipel, Inselwelt

punggung [17] Rücken

punya
punya (Umg.) [5] haben, besitzen
mempunyai [10] haben, besitzen

pupu [16] /Zählwort für Verwandtschaftsgrade/

pupuk [5] Dünger

pusat [2] Zentrum

pusing [17] schwindelig; verwirrt, ratlos

putih [4] weiß

putus
keputusan [19] Entscheidung
mengambil keputusan [19] eine Entscheidung treffen

R

Rabu [13] Mittwoch

ragam
beragam [19] vielfältig sein
keragaman [19] Vielfalt

raih
meraih [19] etw. erlangen, etw. erreichen

rajin [6] fleißig

raksasa [20,1] Riese; riesig

ramah [6] nett, freundlich, liebenswürdig

ramai [6] belebt, gedrängt

rangka [14] Rahmen
dalam rangka [14] im Rahmen von, im Zusammenhang mit

ransel [10] Rucksack

rantau
merantau [20,2] in die Fremde gehen, auswandern

rapat [8] Versammlung

rapi [1] ordentlich, geordnet
merapikan [19] aufräumen, ordnen

rasa [13] Gefühl
merasa [13] etw. fühlen
terasa [20,3] spürbar sein

rawan [20,3] anfällig für, gefährdet durch

rawat
merawat [8] pflegen (Kranken)

raya [11] groß, erhaben
jalan raya [11] Hauptstraße, Schnellstraße
merayakan [8] etw. feiern

réaksi [19] Reaktion

rekan [17] Kollege
rekan kerja [17] Arbeitskollege

rempah [7] Gewürz

renang [4]
berenang [4] schwimmen

rencana [10] Plan
berencana [10] planen

renung
merenungkan [16] über etw. nachsinnen/grübeln

republik [18] Republik

resép [8] Rezept

resépsionis [12] Rezeptionist, Rezeptionistin

réstoran [4] Restaurant

ribut [9] laut, lärmend; geschäftig; streitend
keributan [11] Lärm

ringan [20,1] leicht
makanan ringan [20,1] Imbiss, Snack

risau [19] unruhig, aufgeregt
kerisauan [19] Aufregung, Unruhe

riset [4] Forschung

rokok [12] Zigarette
uang rokok [12] Trinkgeld
merokok [19] (etw.) rauchen (Zigarette etc.)

Rp. S. rupiah

rumah [2] Haus
rumah-rumahan [10] Puppenhaus

rumah tangga [16] Haushalt

rupa [15] Form, Gestalt
merupakan [15] sein, darstellen (bei Nicht-Personen)
rupanya [17] anscheinend, offensichtlich

rupiah [6] Indonesische Rupiah (Währung)

rusak [5] defekt, zerstört, kaputt
merusak [5] etw./jmdn. zerstören
kerusakan [20,3] Zerstörung, Schaden

S

S1 s. sarjana 1

saat [17] Zeitpunkt, Moment, Augenblick

Sabtu [13] Samstag

sadar [10] bewusst
menyadari [10] sich einer Sache bewusst sein, etw. bemerken

sahut
menyahut [20,1] entgegnen, erwidern

saja [8] nur, bloß
siapa saja [18] wer auch immer, jeder
apa saja [18] was auch immer, alles
berapa saja [18] wieviel auch immer
kapan saja [18] wann auch immer
di mana saja [18] wo auch immer, überall

saji [9]
menyajikan [9] servieren, anbieten

sakit [8] schmerzen; krank sein, an etw. erkrankt sein
penyakit [17] Krankheit
penyakit dalam [20,2] innere Krankheit
ahli penyakit dalam [20,2] Internist
orang sakit [17] Kranke/r
jatuh sakit [17] krank werden
rumah sakit [17] Krankenhaus

salah [11] falsch

salah satu [20,2] (irgend)ein

salam
bersalaman [18] sich die Hände schütteln

saling [16] einander, gegenseitig, /drückt Reziprozität aus/

sama (1) [11] /(Präp.) markiert ein Objekt/

sama (2) [8] gleich, ebenso
sama dengan [19] gleich (Math.)
bersama (dengan) [2] gemeinsam (mit)
bersama-sama (dengan) [2] gemeinsam (mit)

Sama-sama! [2] Gern. (Antwort auf Dank)

sambil [11] während

sampah [19] Müll, Abfall

sampai [3, 4] bis; ankommen
Sampai bertemu (lagi) Auf Wiedersehen, Tschüss

samping [6]
di samping [6] neben; außerdem

sana [4]
di sana [4] dort

sangat [5] sehr

santai [11] entspannt (sein), lässig (sein)

sapi [9] Rind, Kuh

sarapan [1] frühstücken; Frühstück

sarjana [20,2] akademischer Grad
sarjana 1 [20,2] Bachelorabschluss

saté [11] Fleischspießchen

satu [6] eins
kesatuan [18] Einheit, Einheits…

saudara [2] Bruder, Schwester; Verwandter; Kamerad
bersaudara [16] Geschwister sein; Geschwister haben
saudara sepupu [16] Cousine, Cousin

saudari [2] Schwester

sawah [5] Nassreisfeld
bersawah [8] Nassreisfelder haben/bebauen und davon leben
persawahan [15] Reisanbau

sawit
kelapa sawit [15] Ölpalme

saya [1] ich

sayang [9] leider
sayang sekali [9] leider (verstärkt)

sayur [1] Gemüse
sayur-sayuran [10] verschiedenerlei Gemüse

sebab [18] Grund, Ursache, Anlass
menyebabkan [19] etw. verursachen, hervorrufen

sebelah [5] Seite (örtlich)

sebentar [9] Moment, Augenblick
sebentar lagi [9] kurz danach, ein wenig später

sebut
tersebut [12] erwähnt

sedang [1] dabei sein etw. zu tun

sedangkan (Konj) [13] während, wohingegen

sederhana [14] einfach, schlicht

sedia [9] bereit, fertig
bersedia [9] bereit sein, willig sein
menyediakan [9] vorbereiten, fertig machen, bereitstellen bereit, fertig
tersedia [12] bereitgestellt, vorbereitet

sedih traurig
bersedih [4] traurig sein

sedikit [7] ein wenig, ein bisschen; wenig, etwas

segala [7] alle …

segan [8] zögernd, zurückhaltend

segar [11] frisch

segera [7] sofort, sogleich, schnell

séhat [17] gesund
keséhatan [17] Gesundheit

sehingga [8] sodass

sejak [10] seit

sejarah [12] Geschichte
sejarah lama [12] alte Geschichte
bersejarah [12] geschichtsträchtig, eine große Geschichte haben

sekali [2] sehr (immer nachgestellt)

sekarang [1] jetzt

sekolah [6] Schule; in die Schule gehen
bersekolah [6] in die Schule gehen
menyekolahkan [8] einschulen, in die Schule schicken

selain (dari) itu [7] außerdem, darüber hinaus, daneben

selalu [1] immer

selam
menyelam [20,4] tauchen

selamat [2; 17] /allgemeines Grußwort/; sicher, unversehrt;
menyelamatkan [17] retten
menyelamatkan jiwa …. [17] jmds. Leben retten

Selasa [13] Dienstag

selesai [1] abgeschlossen, erledigt; mit etw. fertig sein
menyelesaikan [8] etw. erledigen, zu Ende bringen
terselesaikan [12] lösbar sein (Problem), erledigt werden können

seluruh [20,4] ganz, völlig, alle

sembuh [8] genesen, gesund werden

sementara [8; 17] während; vorübergehend
untuk sementara [17] vorerst, für den Augenblick

sempat
kesempatan [11] Gelegenheit

semua [1] alle, alles

senang [3] zufrieden
menyenangkan [8] zufriedenstellend, erfreulich; jmdn. zufriedenstellen; jmd. erfreuen

sendiri [14; 16] selbst., persönlich; eigen (vgl. Grammatik Lektion 11)
tersendiri [18] einzeln, getrennt, gesondert)

séndok [11] Löffel

Senin [13] Montag

senyum
tersenyum [12] lächeln

sepatu [6] Schuh

sepeda [4] Fahrrad
bersepeda [4] Fahrrad fahren

seperti [9] wie, so wie (Konj.)

September [13] September

sering [3] oft
seringkali [18] oft (verstärkend)

serta [11] mit; und
beserta [19] zusammen mit, nebst
peserta [14] Teilnehmer, Teilnehmerin

sesal
menyesalkan [11] bedauern

sesekali [20,3] gelegentlich, dann und wann

setelah + Verb [3] nach, nachdem
setelah itu [4] danach

strup [20,1] Limonade

séwa [12] Miete
séwa mobil [12] Automiete

siang [4] Mittagszeit (ca. 11 Uhr bis 15 Uhr)

siap [1] fertig, bereit
menyiapkan [13] vorbereiten, fertig machen
mempersiapkan [14] vorbereiten, fertig machen

siapa? [3] wer?

sia-sia [17] vergeblich

sibuk [2] beschäftigt

sila
mempersilakan [14] jmdn. höflich bitten etw. zu tun
mempersilakan masuk [14] jmdn. hereinbitten

silakan [9] /höfliche Aufforderung/

simpul
kesimpulan [19] Resümee, Zusammenfassung
mengambil kesimpulan [19] Bilanz ziehen

Singapura [20,4] Singapur

singgah
persinggahan [20,4] Zwischenaufenthalt, Zwischenstation

singkat [5] kurz (zeitlich)

sini [4]
di sini [4] hier

situ
di situ [15] dort (= di sana)

situasi [8] Situation

sop [15] Suppe

sopan [9] höflich, gesittet

sopir [12] Fahrer, Chauffeur

soré [4] Nachmittag (ca. 15 Uhr bis Sonnenuntergang)

soto [9] Fleischsuppe

stasiun [14] Station, Bahnhof

studi [5] Forschung, Studie, Studium

suami [5] Ehemann

suara [11] Stimme

suatu [15] *ein; eins; ein gewisser; irgendein*
sesuatu [18] etwas, irgendetwas

subur [5] fruchtbar

sudah [1] bereits

sudut [19] Winkel, Ecke

suhu [15] Temperatur

suka [1] mögen, etw. gerne tun
menyukai [10] etw. mögen

suku [18] Ethnie, Volksgruppe
suku bangsa [18] Volksgruppe

sulit [5] schwierig

sumbang
sumbangan [19] Beitrag, Anteil

sumber [18] Quelle (auch im übertragenen Sinn)
sumber daya alam [20,3] natürliche Ressourcen

sungai [11] Fluss

supaya [13] damit, um zu

surat [2] Brief
surat-menyurat [18] korrespondieren

suruh [9]
menyuruh [9] befehlen, anweisen

susah [8] schwierig

syukur [3] glücklicherweise

T

tadi [4] vorhin
tadi (+ Tageszeit) [4] /verweist auf eine zurückliegende Tageszeit/

tahan [11] (etw.) aushalten, ertragen
menahan [19] zurückhalten, aufhalten, zügeln
mempertahankan [19] aufrechterhalten, gewährleisten

tahu [5] wissen; kennen
mengetahui [19] kennen, erkennen, sich einer Sache bewusst sein/werden

tahun [6] Jahr

taksi [7] Taxi

takut [12] Angst haben; etw. fürchten

tamat [20,2] Abschluss, Ende (u.a. Ausbildung)

tambah mehr, zusätzlich
ditambah [19] plus (Math.)

tamu [1] Gast

tanah [14] Land, Erde

tanam
menanam [15] etw. anpflanzen

tanda tangan [10] Unterschrift
menandatangani [10] unterschreiben

tangan [8] Hand

tanggal [13] Datum

tanggung-jawab
bertanggung-jawab [16] verantwortlich sein, Verantwortung tragen

tangis
menangis [7] weinen (intr.)

tani [5]
bertani [14] Landwirtschaft betreiben
pertanian [5] Landwirtschaft
petani [8] Bauer, Bäuerin

tanpa [9] ohne

tante [16] Tante

tanya [5]
bertanya [5] fragen
menanyakan [14] nach etw. fragen
mempertanyakan [14] in Frage stellen
pertanyaan [15] Frage

tapi [16] /Kurzform von tetapi/

tarik
menarik [12] interessant sein
tertarik (pada) [12] interessiert (an)

tawa
tertawa [12] lachen

tawar
menawarkan [10] etw. anbieten
menawari [10] jmdm. etw. anbieten

téh [1] Tee

téko [3] Kaffeekanne, Teekanne

telekomunikasi [16]
Telekommunikation

televisi [6] Fernseher

teliti [14] gründlich, sorgfältig, genau
meneliti [14] erforschen, genau untersuchen
penelitian [15] Forschung
peneliti [19] Forscher, Forscherin

telur [1] Ei

teman [3, 4] Freund, Freundin, guter Bekannter, gute Bekannte
berteman [4] Freunde sein, befreundet sein; einen Freund haben

tempat [3] Platz, Ort, Stelle
tempat kerja [3] Arbeitsstelle

temu [4]
bertemu [4] sich treffen
bertemu dengan [4] sich treffen mit
menemui [13] jmdn. treffen, sich treffen mit
menemukan [13] finden; entdecken
pertemuan [15] Treffen, Versammlung

tenang [9] ruhig, still, in Frieden

tengah [5; 9] Mitte; Hälfte, halb
di tengah [5] in der Mitte, inmitten
tengah malam [9] Mitternacht, spät nachts

ténis [19] Tennis

tentang [5] bezüglich, über
menentang [16] sich (etw.) widersetzen, gegen etwas sein

tentu [9] gewiss, natürlich

tepat [9] genau präzise
tepat waktu [9] pünktlich

terang
keterangan [14] Erklärung, Erläuterung

terbang [13] fliegen
penerbangan [20,4] Flug
perusahaan penerbangan [20,4]

terima
menerima [10] empfangen, entgegennehmen

Terima kasih (atas)! [2] Danke (für ...)!

terlalu [8] zu (Übermaß)

terminal [3] Station, Endhaltestelle
terminal bus [3] Busterminal

ternak [9] Vieh
beternak [9] Viehzucht betreiben

terus [11] fortwährend, ununterbrochen

tetangga [9] Nachbar

tetap [16] dauerhaft, fest, konstant

tetapi [2; 7] aber (Konj.); sondern (Konj.)

tiap [9]
setiap [+ Nomen] [9] jeder, jede, jedes

tiba [14] ankommen, eintreffen
tiba-tiba [2] plötzlich

tidak [1] nicht, /Negation von Verben und Adjektiven/; nein
tidak ... lagi [6] nicht mehr
sama sekali tidak [9] überhaupt nicht, auf keinen Fall
setidak-tidaknya [17] wenigstens

tidur [1] schlafen
tertidur [12] einschlafen (unbeabsichtigt)
penidur [14] Vielschläfer, Vielschläferin schläfrige Person

tiket [13] Fahrkarte, Eintrittskarte

tim [14] Team

timbang
menimbang [10] wiegen, wägen
mempertimbangkan [14] etw. bedenken, in Erwägung ziehen
timbangan [10] Waage

pertimbangan [15] Abwägung, Abchätzung

timur [20,4] Osten

tinggal [2] wohnen
meninggal [17] sterben
meninggalkan [8] etw./jmdn. Verlassen, zurücklassen
tertinggal [12] zurückgelassen, zurückgelassen werden
peninggalan [20,4] Rest, Überbleibsel; Hinterlassenschaft
Selamat tinggal! [19] /Abschiedsfloskel der abreisenden Person/

tinggi [8] hoch; groß (bei Körpergröße)
ketinggian [15] Höhe

tipu
menipu [13] betrügen

TK, taman kanak-kanak [6] Kindergarten

toko [5] Geschäft, Laden

toleran [18] tolerant

tolong [9] /Bildung höflicher Imperativ/
menolong [9] helfen
tolong-menolong [18] sich gegenseitig helfen
pertolongan [15] Hilfe

tonton [6]
menonton [6] zuschauen (Vorführung, Fernseher etc.)

topan [20,3] Taifun

tradisionil [19] traditionell

tropis [5] tropisch

truk [16] Lastwagen

tsunami [20,3] Tsunami

tua [2] alt
orang tua [6] Eltern
ketua [16] Ältester, Vorsitzender

tugas [14] Auftrag, Aufgabe

tuju
menuju [20,4] etw. ansteuern, Kurs nehmen auf
tujuan [16] Ziel, Absicht
bertujuan [20,4] zum Ziel haben in Richtung auf
setuju [16] zustimmen, einverstanden sein

tukang [6] Spezialist für etwas (Handwerk, Handel)

tulis
menulis [5] (etw.) schreiben
bertuliskan [18] beschrieben mit, beschriftet mit
tulisan [10] Schrift; Schriftstück
penulis [14] Verfasser, Verfasserin, Autor, Autorin

tumbuh [5]
bertumbuh [5] wachsen
tumbuhan [15] Pflanze

tunai [7] bar
uang tunai [7] Bargeld

tunang
tunangan [10] Verlobter, Verlobte
bertunangan [10] miteinander verlobt sein

tunda
menunda [11] aufschieben, vertagen

tunggu [6]
menunggu [6] (auf etw./jmdn.) warten

turis [19] Tourist

turun (dari) [12] hinuntergehen, herabsteigen, aussteigen; fallen (Niederschläge)

turut
menurut [13] gemäß, zufolge
menrurut … saya [13] nach … Meinung

tutup [9]
menutup [9] (etw.) schließen, verschließen
tertutup [12] geschlossen,

verschlossen (auch im übertragenen Sinn)

U

uang [3] Geld

ubah
berubah [15] sich verändern
mengubah [20,2] verändern, umwandeln
perubahan [15] Veränderung

udara [7] Luft
pos udara [7] Luftpost

ulang tahun [8] Geburtstag
berulang tahun [8] Geburtstag haben

ular [20,1] Schlange

umum [18] allgemein, gewöhnlich; öffentlich
pada umumnya [18] im Allgemeinen, generell

umur [6] Alter
berumur … [6] … Jahre alt sein

undang
mengundang [7] einladen
undangan [10] Einladung

unggul [20,2] erstklassig, exzellent

universitas [3] Universität

unta [20,1] Kamel

untuk [1] für; um zu

untung
untungnya [4] glücklicherweise

urus
mengurus [16] regeln, organisieren, führen, leiten
urusan [7] Angelegenheit; etwas zu Erledigendes

usah [6]
tidak usah [6] nicht nötig sein

usaha
berusaha [17] sich bemühen, sich anstrengen
perusahaan [16] Unternehmen, Betrieb

utama [20,4] bester, erster
terutama [15] vor allem

V

visa [18] Visum

W

Wah! [6] /Ausruf des Erstaunens/

wakil [10] Vertreter
mewakili [10] jmdn. vertreten

waktu [2, 7] Zeit; als (Konj.)
waktu itu [13] zu jener Zeit

walaupun [8] obwohl

walikota [7] Bürgermeister
gedung walikota [7] Rathaus

wanita [11] Frau
kewanitaan [11] Weiblichkeit

warna [7] Farbe
berwarna [7] farbig, farbig sein

warta [16] Nachricht
wartawan [16] Journalist

warung [3] Garküche

wilayah [20,4] Region, Gegend

wisatawan [20,4] Tourist

wujud
terwujud [20,2] Wirklichkeit werden, sich realisieren

Y

ya [1] ja

yaitu [18] das heißt, und zwar

yakin [10] sicher sein, überzeugt sein

yakni [18] das heißt, und zwar

yang [5] der, die, das (Relativpron.)

Z

zaman [18] Zeitalter, Zeit
zaman kuno [20,4] alte Zeiten, Antike